統計データが語る日本人の大きな誤解

本川 裕

日経プレミアシリーズ

まえがき

これまで日本では統計調査、社会調査が盛んに行われるとともに、膨大な業務情報が収集されてきている。だが、今やそれらの集計結果である統計データの多くがネット上で誰でもが容易に利用できる環境になった。それは、ガリレオの時代の望遠鏡と同様に人類が新しい観察手段を手にしたということを意味している。研究、調査、政策立案、商品企画と、特定の目的でそれを利用する人間も多くなったが、ネットサーフィンという言葉の通り、統計データの海を泳ぎまくる人間も出てくる。すると、思わぬ発見にいろいろと遭遇することになる。

本書は、私が遭遇したこうした発見のうち、重要なことなのに日本人の多くが誤解したままでいる事柄について、経済、生活、健康、価値観のそれぞれの分野ごとにまとめたものである。

統計データには、誤解を解く力がある。もともとの統計データは、世の中の実態を反映しているだけで、われわれの思い込みに迎合する必要はないからだ。

一例を挙げよう。かねてより小学校や中学校など義務教育の先生に女性が多くなったという印象を私は持っていた（実際、統計的にも確かめられる）。これは、一般企業では女性の活用が進まないなかで、学校の先生はおおむね男女の扱いには差がないので、優秀な女性が教師になりたがるためだと考えていた。他方、海外、特に欧米先進国では、一般に男女の不平等が日本ほどではないし、どんな職業でも基本的には男女同等に活躍しているのだから、男の先生は日本より多いはずだと思い込んでいた。

そこで、日本では他国と比較してどれだけ女性の教師が多いのかを明らかにするために調べてみた結果が図1である。

驚いたことに、経済協力開発機構（ＯＥＣＤ）の国際比較教育データ集によれば、ＯＥＣＤ諸国とG20諸国のうちでデータの得られる36カ国の中では男性教師の方が多い国はない。同数なのはサウジアラビアだけである。日本の女性教師比率は65・0％とサウジアラビア、トルコ、中国、インドネシアに次いで低い。すなわち、いわゆる先進国の中でも最も女性教師比率が低いのである。ドイツ、フランス、米国といった国は８割を超えており、イタリアでは96・１％、そして最も高いロシアでは98・９％と、ほとんどが女性教師なのである。対象とした学校は小学校（初等教育）だが、中学校をとっても全体に女性教師比率は下がるが傾向は同じである。

図1　世界的に小学校の先生には女性が多く、日本の女性比率は先進国の中で最低

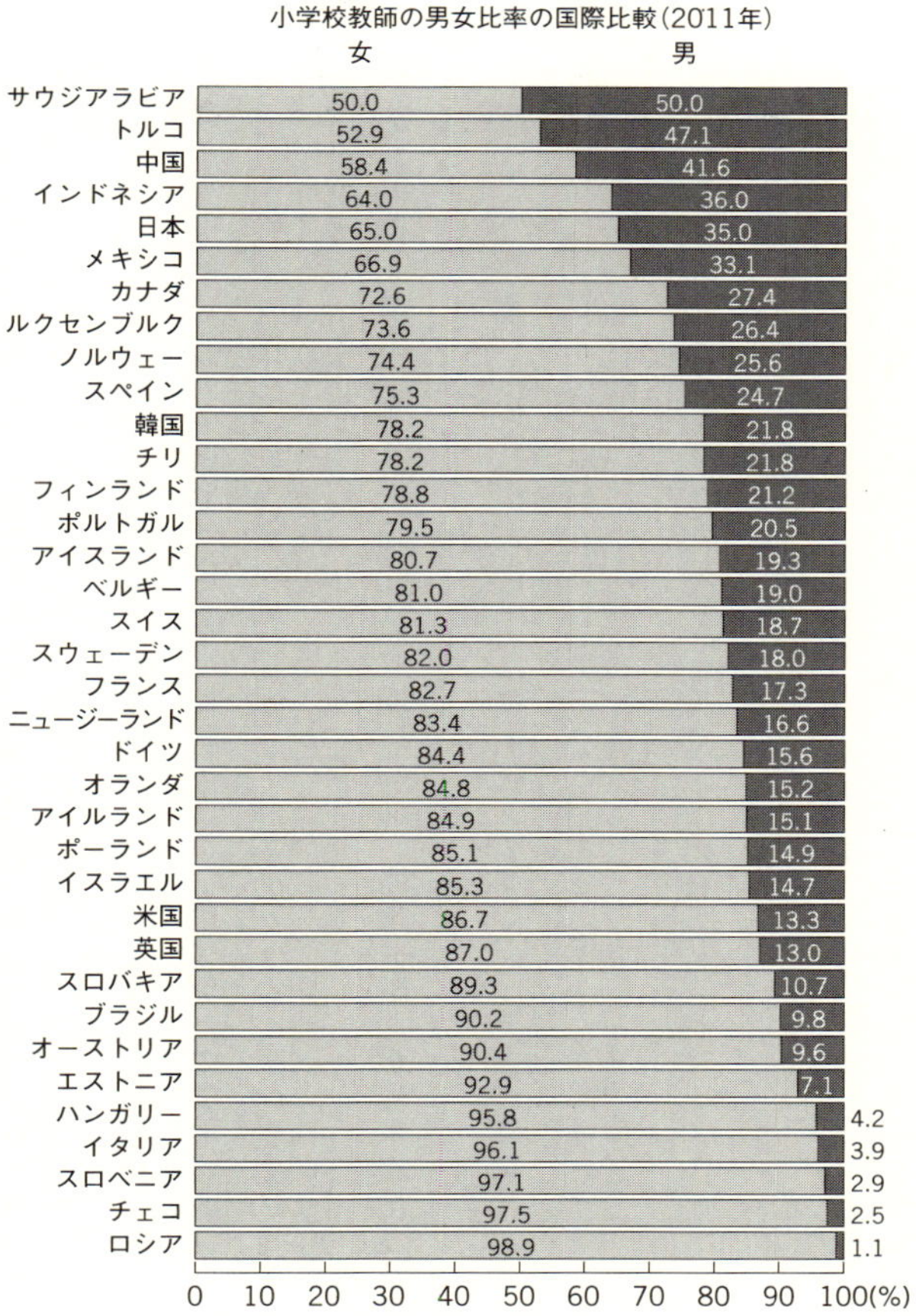
小学校教師の男女比率の国際比較(2011年)
女
男
サウジアラビア 50.0 50.0
トルコ 52.9 47.1
中国 58.4 41.6
インドネシア 64.0 36.0
日本 65.0 35.0
メキシコ 66.9 33.1
カナダ 72.6 27.4
ルクセンブルク 73.6 26.4
ノルウェー 74.4 25.6
スペイン 75.3 24.7
韓国 78.2 21.8
チリ 78.2 21.8
フィンランド 78.8 21.2
ポルトガル 79.5 20.5
アイスランド 80.7 19.3
ベルギー 81.0 19.0
スイス 81.3 18.7
スウェーデン 82.0 18.0
フランス 82.7 17.3
ニュージーランド 83.4 16.6
ドイツ 84.4 15.6
オランダ 84.8 15.2
アイルランド 84.9 15.1
ポーランド 85.1 14.9
イスラエル 85.3 14.7
米国 86.7 13.3
英国 87.0 13.0
スロバキア 89.3 10.7
ブラジル 90.2 9.8
オーストリア 90.4 9.6
エストニア 92.9 7.1
ハンガリー 95.8 4.2
イタリア 96.1 3.9
スロベニア 97.1 2.9
チェコ 97.5 2.5
ロシア 98.9 1.1
0 10 20 30 40 50 60 70 80 90 100(%)

（注）小学校（Primary education）。イタリア、オランダ、スイス、ノルウェーは公立のみ。カナダは2010年。
（資料）OECD, Education at a Glance 2013

私の思い込みは、ものの見事に打ち砕かれた。どの国でも保育士や看護師という職業にはもともと女性が多く、かつては保母、看護婦と呼ばれていたほどである。小中学校の先生も同じような性格を持っていることが分かった。しかし、それでは、途上国や日本では、なぜ、男の先生が相対的に多いのだろうか。むしろ、解明すべきなのは、そうした点であることが明らかとなった。

また、主要先進国の国民は小学校時代に女の先生に必ず教わることになっているので、男女の役割に対する標準的な考え方についても、女性の見方の影響が強くなっていると想定される。ビジネスへの影響を考えるなら、例えば、初等教育向け商品の販売会社が世界市場で勝負するなら、こうしたデータを知らないで済ますわけにはいかないであろう。

私の立場は専門家の立場ではない。あえていうならばデータ分析家の立場である。シンクタンクで仕事をしているときから、経済の定点調査のため、また行政や企業などのクライアントからの調査依頼に応じて、常に、種々の統計データを扱っていた。

基本的には、調査内容に沿って統計データを観察、分析、グラフ化していたが、調査研究の新しい企画や予備的調査のために、社会経済の新しい潮流を先取りすることも大切であり、そのため手当たり次第に面白そうな統計データに探索的に当たってみることもしていた。

シンクタンク解散後に、在職中に見つけた興味深い統計データに加えて、新しく探索、発掘した全分野網羅的な統計データを分かりやすいグラフにしてネット上に公開する「社会実情データ図録」サイトの運営を始め、９年が経過し、図録ページ数も１２００を超えた。

こうした経験のなかで、ここで触れた女性教師比率のように、新たに発見した統計データによって、思い込んでいた誤解から解き放たれる経験を何度も味わった。

本書は、こうして発見した統計データのうち日本人にとって重要と考えられるものを分野ごとに、内容の脈絡を考えながら、まとめたものである。結果として、日本社会に関する誤解に囚われない斬新な見方を提示できたのではないかと自負している。

統計データは、大量のデータの観察によって真実を明らかにするものであって、何も、誤解や思い込みを解くためにあるわけではない。統計データは、考えていたこと（仮説）が、その通り、当てはまっていることを実証してくれる場合も多い。その場合、どの程度当てはまっているかも教えてくれる。文句なく当てはまっている場合もあれば、時期や属性の限定など、条件付きで当てはまっている場合もある。つまり仮説の内容を、より精緻なものにしてくれるのである。

例えば、日本経済の成長率が低下してきていることを統計データで明らかにするため、毎年の成長率の折れ線グラフを描いてみれば、傾向的に成長率が低下してきていることばかりでなく、

1973年までの高度成長期には9％前後の変動、その後、1990年度までの安定成長期には4％前後の変動、それ以降の低成長期には1％前後の変動と、実は、段階的に成長率が低下してきていることに気づくはずだ（巻末図録対照表参照）。

また、統計データによって、思ってもみなかった予想外の事態が進行していることに気づくことも多い。

例えば、アジア太平洋の10カ国を対象にした調査の中の「悩み事や重大な相談事をまず誰に相談するか」という設問で、友人や父母などより夫婦を挙げる人がどの国でも1位である点は同じだが、米国、インド、韓国といった日本以外の回答率がいずれも40％台であるのに対して、日本だけが60％と群を抜いて多くなっていることが分かった。つまり、日本人の夫婦の親密さは尋常ではないのだ。これが何を意味しているかは分からない。しかし、これは、他国とは異なる夫婦関係が日本では成立していると感じさせるデータである（巻末図録対照表参照）。

このように統計データは、仮説を実証、精緻化したり、思い込みや誤解を解いたり、予想外の状況に気づかせたりする。その結果、貴重な発見に結びつく場合が多い。ビッグデータが注目され、情報化社会の中で新たに収集されるようになった膨大な業務情報の分析に関心が集まっているが、それも、これと同じ理由からであろう。

統計データは、したがって、いち早く活用できた人に、調査研究の上で、あるいは商品やビジネスモデルの開発など企業実務の上で、大きなメリットを与える可能性があり、今後、さらに注目度が高まるはずである。日本人の多くが、気づかなかったり誤解したりしていれば、そこにビジネスチャンスが潜んでいる可能性も高いからである。本書が誰もが知るベストセラーにならなければという条件付きであるが、本書の読者は、日本人の大きな誤解から解放される少数の一人となりうるだろう。

本書は、統計データによって日本人の誤解を解くことに焦点を合わせて執筆されているが、その分析結果が興味深いというだけでなく、分析の過程やグラフ化の仕方などが、こうした統計データの活用法の一般的な実例ともなっているので、学べる点は多いと思う。

また、最後の第5章では、総まとめとして、統計データを扱うときの技術的な注意点、そして統計データから勘違いした情報を読み取らないための留意点についても解説した。読者の皆さんが、種々の関心から、本書を役立てていただければ幸いである。

私は、上記の社会実情データ図録サイトで評判になった図録や準備中の図録をもとに、公益財団法人統計情報研究開発センター（シンフォニカ）月刊誌『ＥＳＴＲＥＬＡ』に「統計から社会の実情を読み取る」と題した連載記事を2011年7月号から執筆し、現在も続けている。
これは、統計データという現代的な観察手段を使って、モラリスト（習俗観察者）の伝統を引き継ごうという目論見から始めた連載であったが、結果として、一般に思い込まれている既成概念が、いかに根拠の薄いものであるかということを、統計データを素直に読み取ることによって明らかにするという内容の記事が多くなった。このことが、本書の執筆につながった。本書は、社会実情データ図録サイトに掲載した統計データの分析をもとに執筆したものであるが、内容の半分ほどは、同連載を再編集したものである。

本書のデータについて本文中に記載された私の解釈はあくまで、一つの解釈に過ぎない。掲載された統計グラフは、原データが持つ情報をカットし過ぎないようにし、極力、多くの解釈の余地を残せるように制作したつもりである。そうでなければ、私の解釈自体が説得力を減じるという考えからである。すなわち、統計データそのものに語らせることができれば、それが理想なのである。私のコメントに沿って本書を読み進めるほかに、統計データ自体を眺め、読者なりの読み取り方で本書を有意義に活用していただければ幸いである。

ただ、本書の統計グラフはモノクロで掲載するほかなかったので、サイトのカラー・グラフに比べて、取り上げる国数や項目数を整理するなどして、やや情報量を落としている場合がある。

その分、私の解釈以外の解釈の余地が狭まっているかも知れない。本書で取り上げているそれぞれのテーマについて関心を持たれた方は、多くの場合、本書のグラフの元グラフが図録サイトにも掲載されているので、是非、参照されたい（巻末資料として掲げた対照表をご覧いただきたい）。

最後に、この場を借りて、雑誌に一連の論考の発表の機会を与えて下さり、毎回、拙文を編集していただいている統計情報研究開発センターの山根亜紀子さんに感謝申し上げたい。また、本書の執筆の機会を与えていただき、原稿の改善に向けて貴重なご意見を下さった日本経済新聞出版社の田口恒雄氏には心から感謝する次第です。

２０１３年10月

本川　裕

目次

まえがき　3

第1章
日本は世界一「小さな政府」
——意外な日本経済の実像——　21

1　身近に捉える経済規模
——東京のGDPは韓国に匹敵。最小の鳥取はパラグアイと同規模——　22

2　日本の技術力は高まっている
——「失われた20年」の間にも技術立国の地歩は高まった——　28
対欧米の技術力依存から逆依存への継続的な傾向
対照的な技術動向——エレクトロニクスと自動車

特許出願件数はＴＯＫＹＯがシリコンバレーを凌駕

3　経済格差は拡大したのか
――小泉改革は格差を広げたのではなく縮めた――……41
格差が広がっているとされた根拠データ
家計調査データは格差縮小を示している
上位１％の金持ちが富を独占しているか
生活必需品を買えない貧乏人が多いか
統計データが示す経済格差の状況

4　誤解されている政府の大きさ
――日本は世界一「小さな政府」――……64
公務員数規模と財政規模から見た政府の大きさ
日本の公務員の給与水準は恵まれているか

5　無駄な公共事業が多いというのは本当か
——異常な水準に縮小した公共事業…… 77
日本の公共事業はどこまで増えて、どこまで減ったのか
地方の公共事業が減り、国の公共事業が維持されている

第2章
本当に仕事で多忙なのか
——日本人の意外な生活実態——…… 93

1　日本はむしろ仕事のストレスの少ない国
——データの表し方によって変わる仕事のストレスの大小——…… 94
日本は仕事のストレスの多い国？　少ない国？
「中ストレス型」と「両極分化型」

2　日本人の労働は長くて辛い？
——長時間労働を必ずしも辛いと感じていない日本人——…… 103
長時間労働が特徴となっている日本

疲れを知らない日本人

3　睡眠時間の減少は多忙のせい？
——自由行動のため大きく減った睡眠時間、オシャレになった日本人女性——……115
「趣味・娯楽」や「身の回りの用事」の増大に伴う「睡眠」の減少
日本の女性はどこまでキレイになるのか

4　意外な自殺率の動き
——自殺率は上昇したのではなく元来の水準に戻っただけ——……134
自殺は本当に増えているのか
増加要因アプローチと減少要因アプローチ
年齢別、男女別の自殺構造の大変貌
なぜ男ばかりが自殺するようになったか
日本人の自殺率は高いが「うつ」状態は多くない
本章をまとめると

第3章 日本人は食べ過ぎではない
——食と健康をめぐる誤解——……159
1 日本人は食べ過ぎなのか?
——バランスのとれた日本型食生活——……160
比較的少ない日本人の摂取カロリーはバブル期以降低減傾向
日本型食生活の基本をつくったのは米食
2 日本人は寿司が好き?
——寿司好きは日本人だけではない——……177
地域で異なる寿司好きの程度
曲折を経てきた「すし」の歴史
回転寿司の影響
日本食による世界への貢献

3　日本人は食品の品質に厳しい？
――案外、食の安全に無頓着な日本人――　190
4　日本の医療費は高い？
――現実にはコストパフォーマンスのきわめて高い日本の医療――　197
5　ダイエットはそんなに必要？
――世界の中でも痩せている日本人――　206
第4章　日本はいまだに儒教国
――日本人の価値観と幸福度――　215
1　控え目であいまいなのは日本人の弱点か？
――はっきりさせない見方には強みも――　216
あなたは自分の父親を超えられたか
謙虚過ぎる日本人？

神は存在するか？
あいまいな日本人（中間的回答の多さ）

2 日本人の倫理的態度の特徴
——死に対するもともとの許容度の高さ——……234
同性愛への許容度が高くなった日本人
倫理的態度の国際比較
日本人の独特な死生観

3 熱血先生だから言うことを聞く？
——教育現場に残る儒教の影——……249

4 女は女に生まれたい
——「おとこ社会」の虚妄に囚われているのは男だけ——……259
生まれ変わるとすれば男？　女？
他にも目立つ男女の逆転現象
日本の幸福度の男女格差は他の東アジア諸国と同様に大きい

第5章
なぜ誤解が広がるのか
——統計データの正しい使い方—— …… 275
1 データの誤用や欠落が誤解を生む
——誤解が広がる技術的な要因—— …… 276
データの誤用が誤解を生む
統計学上の知識があった方が誤用を避けやすいケース
データの不在や見落とし・無視が誤解を温存する
2 思い込み自体が誤解を生む
——誤解が広がる心理的・社会的な要因—— …… 290
他殺の半減に誰も注目しないわけは?
常に悪化していると意識されがちな景気
思い込みや畏れによる誤解
なぜ公表されるデータの偏りから誤解が生じるのか

エピローグ
　真実は役に立つか
　不都合な真実は明かすべきものなのか？
　　　　　　　　　　　　　309

参考文献　316

巻末図録対照表　318

第 1 章

日本は世界一「小さな政府」

——意外な日本経済の実像——

1 身近に捉える経済規模
——東京のGDPは韓国に匹敵。最小の鳥取はパラグアイと同規模——

最初に、経済面における思い込みによる誤解を取り上げよう。

日本経済は1980年代には昇る日の勢いがあり、ジャパン・アズ・ナンバーワンなどと評されたため、日本人は過剰なまでの自信、すなわち自己過信に陥った。しかし、バブル経済の崩壊後は、今度は、逆に、失われた10年、失われた20年などと自己評価しているように、過剰なまでの自信喪失に陥った。この節と次の節では、そんなに自信喪失に陥らなくともよいのではないか、ということを統計データで示すこととする。

中国経済の躍進は目覚ましく、中国のGDP（国内総生産）はついに2010年に、米国に次ぐ世界第2位となった。日本は1968年から占めてきた「世界第二の経済大国」の座を中国に明け渡したわけである。だからといって、日本経済はそんなに肩身の狭い思いをする必要はないということを、ここでは都道府県別のGDP規模の大きさから示してみよう。

英国エコノミスト誌は、東日本大震災で被災したルネサスエレクトロニクスの那珂工場が世界の自動車産業にとって不可欠のマイコン部品を生産しており、同工場の予想より早い稼働再開に

表1-1　日本の地方ブロックGDPの同等国（2008年）

北海道	ウクライナ	**中　国**	南アフリカ
東　北	アルゼンチン	**四　国**	ニュージーランド
関　東	ロシア	**九　州**	ノルウェー
中　部	韓国	**沖　縄**	グアテマラ
関　西	オランダ		

（資料） *The Economist* June 11th 2011

よって、グローバル経済の停滞が防がれたことを紹介し、「地方に分散している企業がいかに重要な役割を果たしているかを東京中心のエリートたちはほとんど知らない」と述べた。そして、こうした局地的重要性（pocket dynamism）によって北は北海道から南は九州まで「一般に思われているより」日本の各地域の経済ポテンシャルはずっと大きくなっているとし、日本地図に経済規模が同等の国を表1－1のような対照で地図上に示している（2011年6月11日号）。

実は、エコノミスト誌は、すでに2011年1月15日号に米国各州の同等経済規模国（例えば、カリフォルニア経済はイタリア経済に匹敵）を地図上で示しており、2月26日号では中国の各地域についても同様の地図グラフを掲載している。6月11日号の掲載地図グラフは、いわば同誌の「おはこ」ともいうべき手法を日本にも当てはめて、見栄えある誌面構成をねらったものである。

しかし、日本人にとっては、関東、中部、中国といった地方ブロック名は、馴染みがないわけではないが、おおまかな便宜的区分という色彩が強い。地方自治体である都道府県に比較すると、やはりピンとくる程度は劣ると言わねばならない。熊本県民であれば、九州の同等のGDP国よりは、熊本県の同等のGDP国を知りたいだろう。そこで、今回はエコノミスト誌のお得意の手法を都道府県に当てはめた地図グラフを作成した。

都道府県別の県内総生産が各国のGDPに相当し、ともに該当する地域の経済規模を表している。図1－1には、各都道府県の県民経済計算による県内総生産（2010年度）と同等のGDP（2010暦年）を有する国を日本地図に記載した地図グラフを示し、それとともにこの地図グラフの元となった県内総生産、および各国GDPを大きい方から並べた棒グラフを図1－2に掲げた。なお、東京都、大阪府などは県内総生産ではなく都内総生産、府内総生産であるが、ここでは県内総生産という用語で表すものとする。

国内最大の経済規模を有しているのは首都を抱える東京都であり、県内総生産は91・1兆円、都道府県計496兆円の18・4％を占めている。この経済規模は、ほぼ、韓国一国の経済規模（89・1兆円）に匹敵している。

第2位は大阪府の36・4兆円であり、東京都の半分以下と東京都を大きく下回っているが、国レベルでは中東イランの経済規模に匹敵している。第3位は、愛知県の31・6兆円であり、これは南アフリカの経済規模と同等である。

第4位は神奈川県（タイと同等）、第5位は埼玉県（香港と同等）、第6位は千葉県（イスラエルと同等）、第7位は北海道（チリと同等）、第8位は兵庫県（アイルランド）であり、以上、北海道を除く8位までの経済規模の累積は、全国の49・7％となっている。ほぼ3大都市圏に当たるこれら7都府県のGDPが日本経済全体のGDPの半分を占めているのである。

都道府県の中で最も経済規模が小さいのは鳥取県の1・8兆円であり、南米パラグアイのGDPとほぼ同等である。次に経済規模が小さいのは高知県の2・2兆円であり、中東ヨルダンのGDPとほぼ同等である。

韓国、タイ、フィリピンといった馴染み深い国が日本の都道府県レベルの経済規模であり、また、日本より人口規模の大きなパキスタン（1・7億人）、バングラデシュ（1・5億人）といった国が経済規模では、それぞれ、静岡県、長野県と同等で日本地図の中にすっぽり収まってしまう姿に日本経済のスケールの大きさがうかがわれる。

このように、われわれにとって身近な都道府県の経済規模が世界各国のGDPに匹敵するレベルにあることを知れば、日本経済は、それほど捨てたものではないことが実感されるのではないだろうか。

図1-1　日本列島には各国経済がつまっている

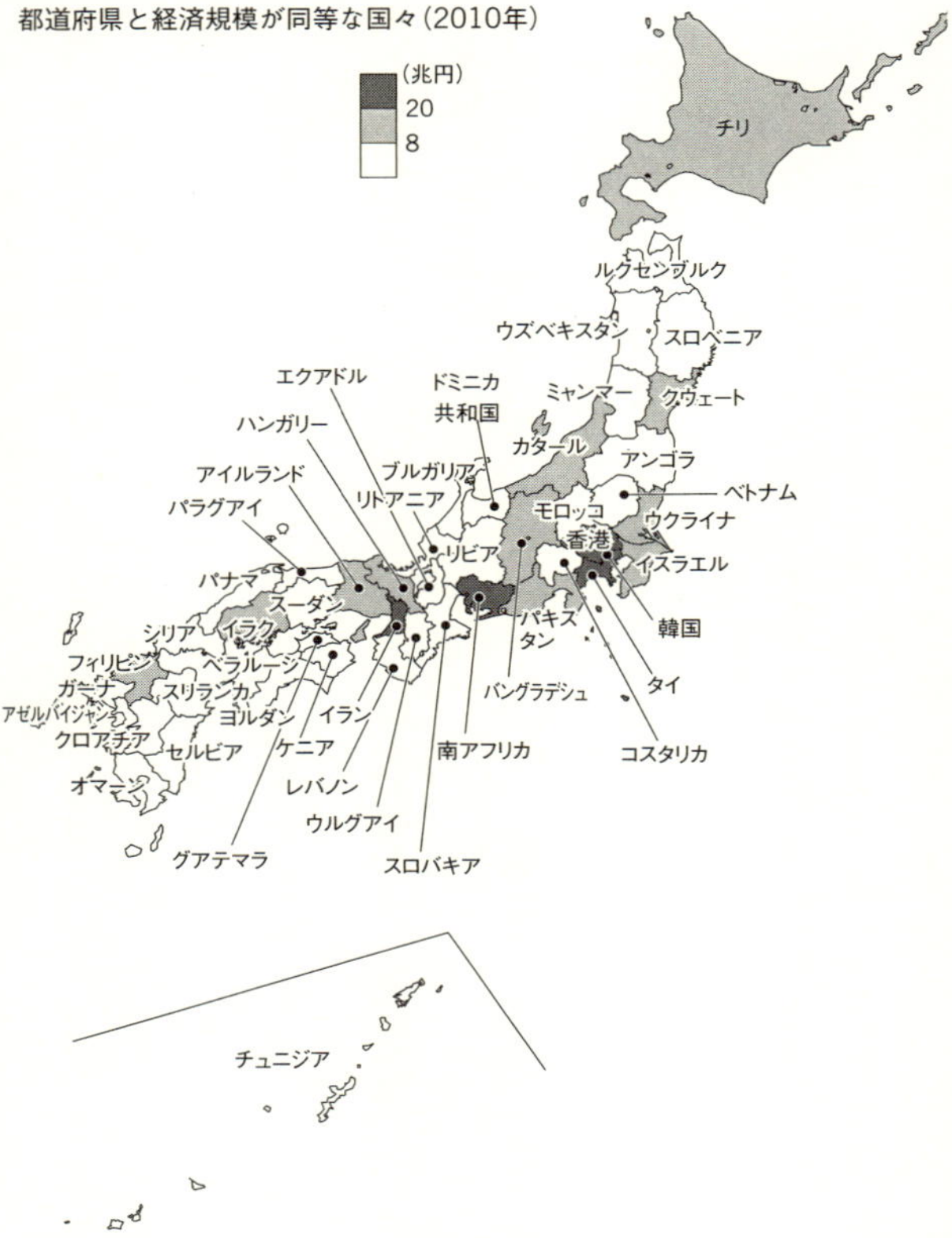

（注）ほぼ同等の国を掲げた。なるべく多くの国を対照させるため、GDP順位を崩さない限りで多少同等国選定の幅を大きく取った。GDP換算レートは、IMFデータベースのドル換算レート（1ドル＝87.8円）を用いた。国は暦年、都道府県は年度の計数。
（資料）各県県民経済計算、IMF, World Economic Outlook Database, April 2013

図1-2　都道府県の経済規模ランキング
(世界の同等経済規模国を左右に対照)

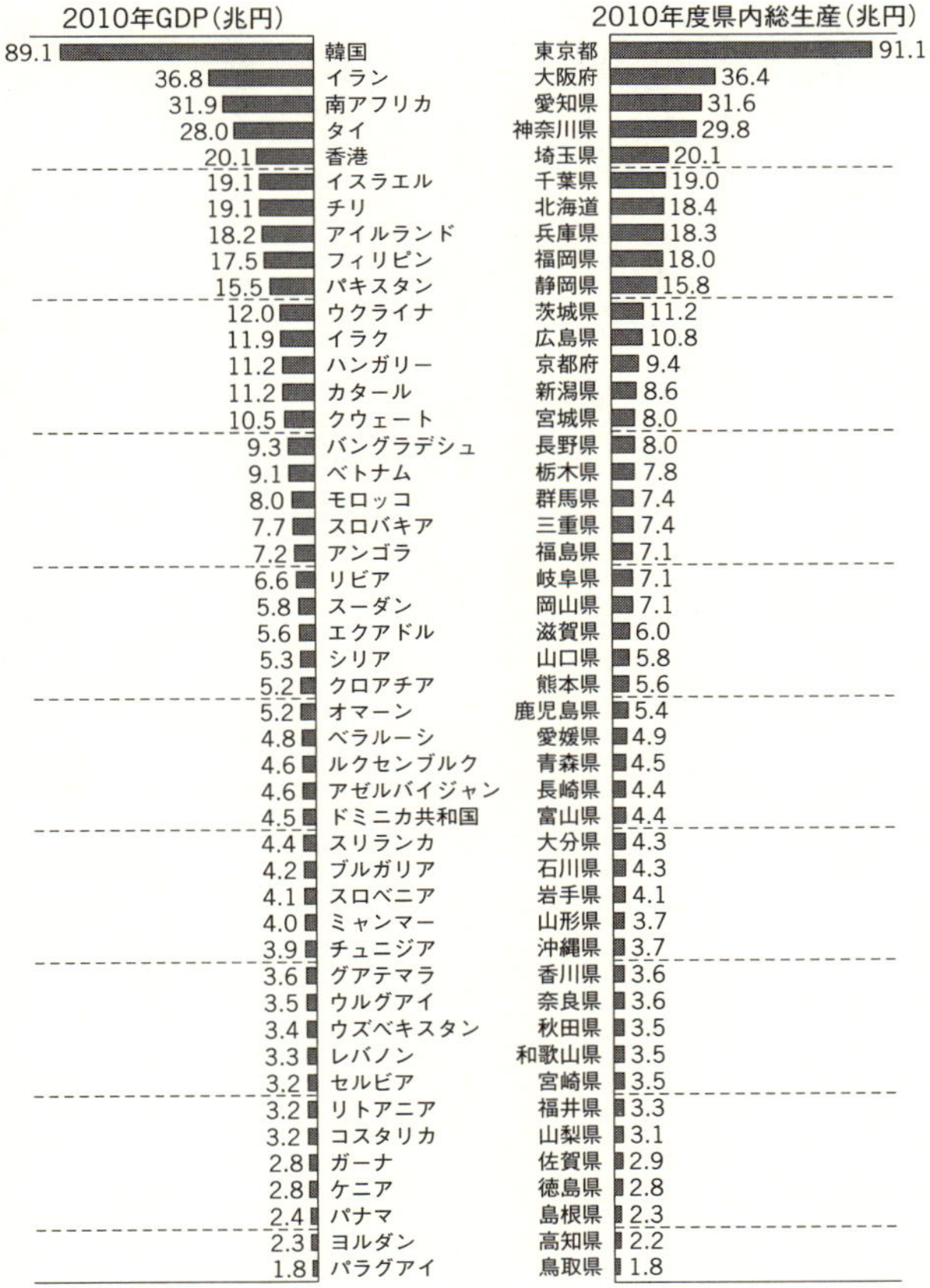
2010年GDP(兆円)
2010年度県内総生産(兆円)
89.1 韓国 東京都 91.1
36.8 イラン 大阪府 36.4
31.9 南アフリカ 愛知県 31.6
28.0 タイ 神奈川県 29.8
20.1 香港 埼玉県 20.1
19.1 イスラエル 千葉県 19.0
19.1 チリ 北海道 18.4
18.2 アイルランド 兵庫県 18.3
17.5 フィリピン 福岡県 18.0
15.5 パキスタン 静岡県 15.8
12.0 ウクライナ 茨城県 11.2
11.9 イラク 広島県 10.8
11.2 ハンガリー 京都府 9.4
11.2 カタール 新潟県 8.6
10.5 クウェート 宮城県 8.0
9.3 バングラデシュ 長野県 8.0
9.1 ベトナム 栃木県 7.8
8.0 モロッコ 群馬県 7.4
7.7 スロバキア 三重県 7.4
7.2 アンゴラ 福島県 7.1
6.6 リビア 岐阜県 7.1
5.8 スーダン 岡山県 7.1
5.6 エクアドル 滋賀県 6.0
5.3 シリア 山口県 5.8
5.2 クロアチア 熊本県 5.6
5.2 オマーン 鹿児島県 5.4
4.8 ベラルーシ 愛媛県 4.9
4.6 ルクセンブルク 青森県 4.5
4.6 アゼルバイジャン 長崎県 4.4
4.5 ドミニカ共和国 富山県 4.4
4.4 スリランカ 大分県 4.3
4.2 ブルガリア 石川県 4.3
4.1 スロベニア 岩手県 4.1
4.0 ミャンマー 山形県 3.7
3.9 チュニジア 沖縄県 3.7
3.6 グアテマラ 香川県 3.6
3.5 ウルグアイ 奈良県 3.6
3.4 ウズベキスタン 秋田県 3.5
3.3 レバノン 和歌山県 3.5
3.2 セルビア 宮崎県 3.5
3.2 リトアニア 福井県 3.3
3.2 コスタリカ 山梨県 3.1
2.8 ガーナ 佐賀県 2.9
2.8 ケニア 徳島県 2.8
2.4 パナマ 島根県 2.3
2.3 ヨルダン 高知県 2.2
1.8 パラグアイ 鳥取県 1.8

(注)(資料)右ページ参照

2　日本の技術力は高まっている
――「失われた20年」の間にも技術立国の地歩は高まった――

対欧米の技術力依存から逆依存への継続的な傾向

日本のエレクトロニクス・メーカーの業績不振や日本企業が出荷するＩＣ（集積回路）メモリーや、液晶パネルの世界シェアが落ちていることなどをもって日本の産業競争力が低下していると言われることが多い。日本の経済成長率が低いレベルを続けていること、貿易収支が赤字に転換したことなど、経済のパフォーマンスの悪さを示す指標とともにこうした点が指摘されると、本当に日本の産業はどんどん国際市場で敗退を続けているように思えてしまう。

産業界や個別企業の論客は、自らが関係する事業分野などに関して税制上の優遇措置や規制緩和を求めたい動機が存在する場合が多い。そこで、政府に自らが望む政策の実施を求めるため、そうした政策が実施されないから産業競争力が一般的に落ちているのだという論陣を張りがちである。この場合、真実はどうか、ということはあまり関係ない。この事情は、社会改良家が、日本社会は悪い方向に向かっているという証拠を常に示し続ける傾向にあるのと同じことである。

産業競争力の基本は技術競争力であることは、誰しも異存がないところであろう。そこで、日本の技術競争力に関して継続観察できる客観的なベンチマーク指標がほしいところである。

この目的のため、私がかつて日本の製造業の競争力基盤の研究（1997年度）を行った際に注目した技術貿易収支の推移データを紹介しよう（図1－3）。自らの主張に都合の良いデータを示し続ける多くの論客に対抗して、真実からそう遠くない大枠を見定めながら、大局的見地から適切に論点を判断していくためには、こうした指標を常に参照し続けることが望ましい。

図1－3のもととなった科学技術研究調査（総務省統計局）における技術の輸出入とは「外国との間におけるパテント、ノウハウや技術指導などの技術の提供、技術の受け入れに伴う対価の受入と支払」をいう。

欧米に対する技術依存度を指標化するため、技術貿易について、輸入から輸出を引いた額を輸出入の合計で割った値を算出した。輸入だけで輸出がない場合は、技術依存度100％となり、逆に、輸入がなく輸出だけの場合、技術依存度マイナス100％となる。この値がプラスのときは海外に技術を依存している状況、マイナスのときは逆に海外が日本に技術を依存している状況を示している。

これは、輸出入から国際競争力を指標化する「貿易特化係数」と輸出と輸入が逆であるが、同

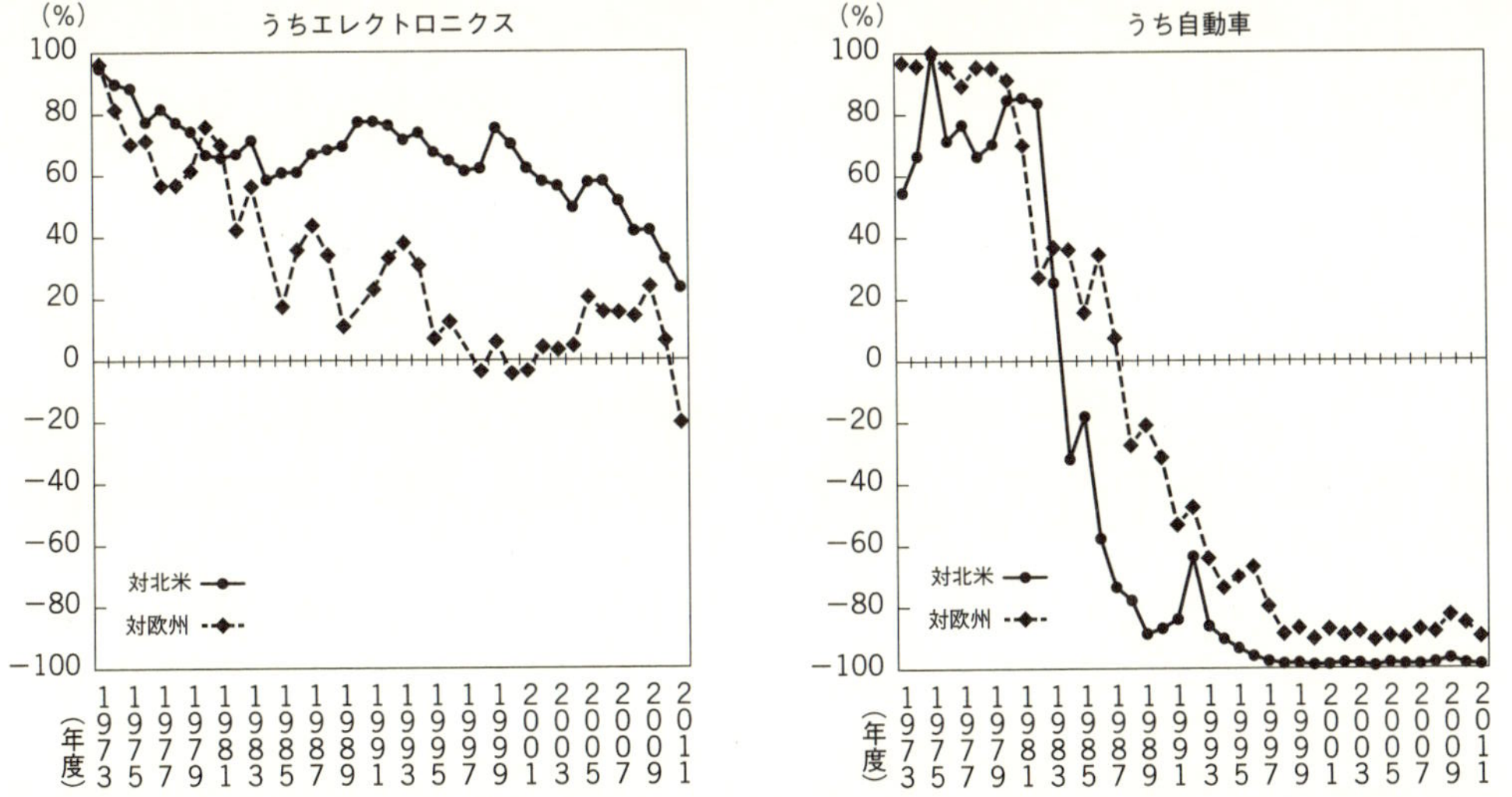

（注）技術依存度＝（輸入－輸出）／（輸入＋輸出）×100。エレクトロニクス＝2002年以降「電子応用・電気計測器」「情報通信機器」「電子部品・デバイス」の合計、それ以前は「通信・電子・電気計測器」。
（資料）総務省統計局「科学技術研究調査報告」

図1-3　技術立国への道まっしぐら

技術依存度（技術貿易輸入超過率）の推移

製造業

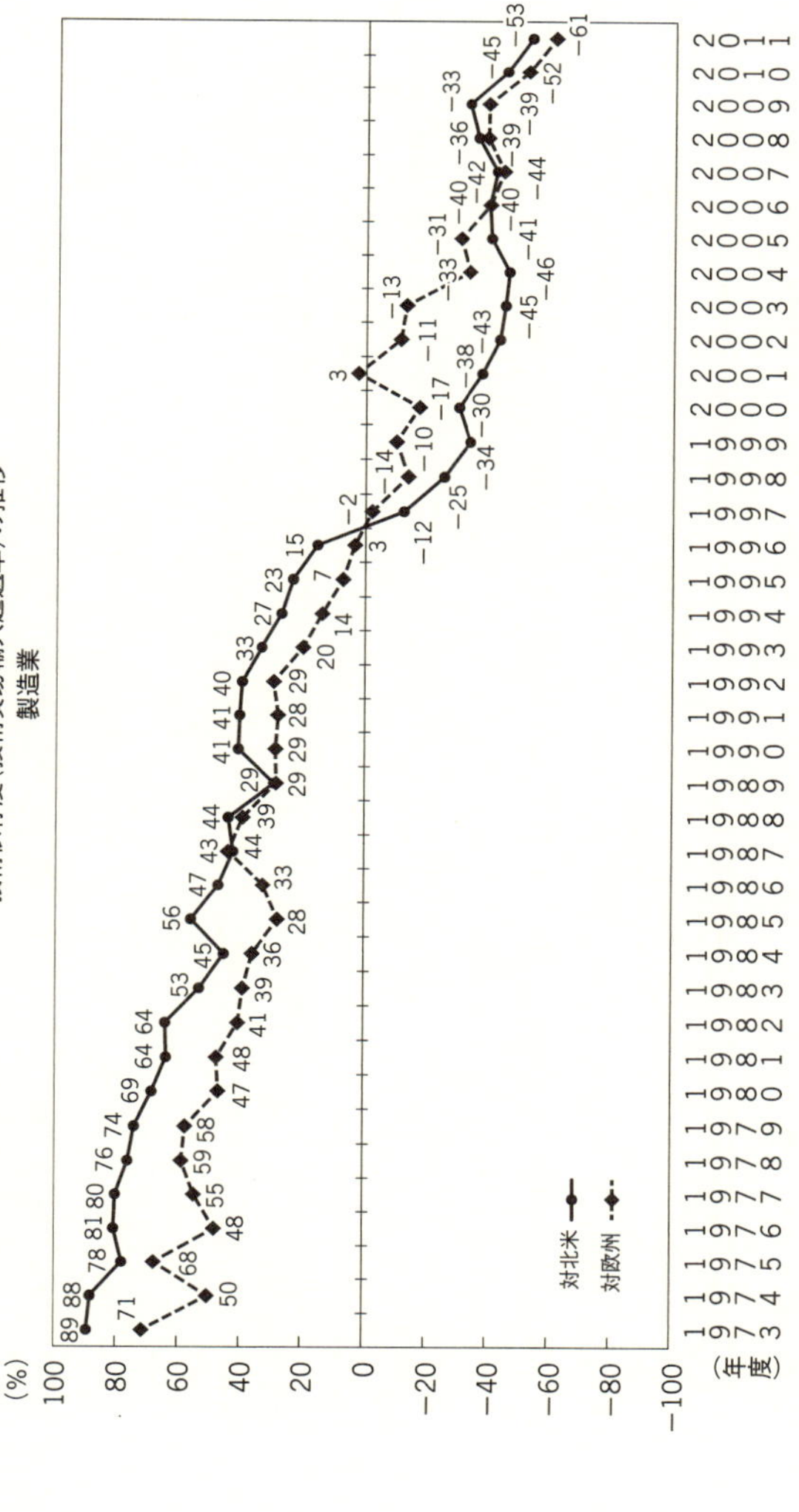

様の指標算出法である。ところが、技術貿易については、OECD（経済協力開発機構）など外国での指標算出方法の影響を受けてであろうが、技術輸出額÷技術輸入額の指標を「技術貿易収支比」と名づけ使用するのが一般的である（例：文部科学省「科学技術要覧」）。これだと1以下であると技術依存状態、1以上であると技術輸出超過となるが、グラフにしてみるとあまり分かりやすくない。

また技術貿易の指標は、普通は対全世界で計算されるが、アジアへの工場進出に伴ってアジアへの技術輸出が拡大した分、日本の技術貿易の収支尻はプラス方向に底上げされる傾向にある。日本の技術力の指標としては、こうしたアジアとの関係の影響を除き、むしろ、対北米、対ヨーロッパの指標を抜き出して計算しないと真の姿が得にくいのである。

こうした観点から、欧米に対する技術依存の状況が長期的にどう変化してきたかを見るため、図では、北米と欧州に対する製造業の技術貿易状況の推移を示した。製造業に限定したのは、技術の中心が製造業であることと、調査範囲についてソフト産業などに産業の範囲が拡大してきている要因を除去する必要があるためである。

北米に対して、製造業全体では1970年代前半には依存度80～90％と全面依存の状況にあったが、その後、技術依存度を一貫して低下させてきており、1997年度には、依存（輸入超過）

から逆依存（輸出超過）に転換している。さらにこの傾向はその後も継続し、２０１１年度はマイナス53％と過去最低になっている。

欧州に対しても、ほぼ、北米と同様の推移を辿っている。依存から逆依存に転換したのも、北米と同じ１９９７年度である。ただし、出発点の依存度は北米より小さかったが、近年では、逆依存の状況は北米とほぼ同等となっている。２０１１年度の値はマイナス61％と対北米以上に逆依存となっている。

今や、日本の製造業は基本的に欧米に対して技術輸出超過国である。そして、日本経済が停滞を続けていたとされる、いわゆる「失われた20年」の間にも着実に技術立国としての地歩を強化していたのである。

対照的な技術動向──エレクトロニクスと自動車

特定業種の動きとしては、エレクトロニクスと自動車が対照的な推移を示している。

エレクトロニクスについては他産業とは異なり、２０００年代前半までは50～80％の依存度で上下を繰り返しており、目立った低下傾向にはなかったのに対して、自動車産業は１９８０年代に急速に依存度が低下し、大きな逆依存の状況に転換した結果、１９８０年代後半からはマイナス80～90％以上の大きな逆依存の状況が継続している。

自動車産業に関しては、依存度が１９８０年代半ばに大きく低下しているのが目立っているが、この時期は、日産テネシー工場（83年操業開始）、トヨタとＧＭの合弁によるＮＵＭＭＩ工場（84年）、トヨタのケンタッキー工場（86年）、カナダ工場（86年）、マツダとフォードの合弁の米国フラットロック工場（87年）など、北米現地工場が集中的に操業を開始した時期と一致しており、対米進出に伴う技術指導が大きく作用していると考えられる。

エレクトロニクス分野は、いわゆるＩＴ（情報通信）技術、ソフト技術が大きな構成要素となっている分野であり、米国の開発優位の状況が技術貿易の赤字という面にも表れていたといえる。プリンターやカメラなど精密機械の分野も、図には示していないが同様の傾向にあった。

エレクトロニクス産業におけるこうした技術依存状況の継続は、技術輸入全体に占めるシェアの大きさから注目されるが、さらに、この分野の技術輸入によって可能となっている半導体、通信機器、電子部品などのエレクトロニクス製品がその他の日本製品のパーツとして日本産業全体を支えているという実態が重要である。

このように、自動車産業が１９８０年代半ばに対北米自立を達成する一方で、エレクトロニクス産業に関しては、１９８０年代半ばから１９９０年代にかけて、対北米依存が横ばい、ないし上昇の傾向にあった。1980年代にマスコミなどで注目された「日米逆転」は、自動車産業の動きを反映したものであり、1990年代に話題となった「日米再逆転」は、エレクトロニクス産業の動きを背景としていると考えることができる。

素材産業や自動車産業の好調と、それと対照的なエレクトロニクス産業の低迷という動きは、プロセス技術、加工技術、組立技術といった製造技術面で日本が欧米に追いつき追い越した半面、電子技術、組み込みソフトといった要素技術面の重要な分野で、なお、後れをとっていたことの表れであったといえよう。

また、こうした動きは、機械産業における国際競争力に関して、摺り合わせ型技術分野が日本ではなお強く、モジュール型技術分野は弱体化しているという点とも関連が強い。

ところが、図1－3で見たように、エレクトロニクスに関しても2000年代後半から依存度が下降し、対北米では20％程度までに低下してきており、対欧州では逆依存になっているのが最近の傾向である。これまで弱かった分野を含め、本格的な日本の技術優位の時代が到来したようにも見える。もっとも、これは2007年以降、技術輸出額が減らないなかで技術輸入額が急減しているためであり、外貨建てで支払っている特許料など海外からの輸入技術の対価が円高傾向のなかで円換算では割安になった影響も大きいと考えられる。今後も、この指標の動向からは目が離せないといえよう。

特許出願件数はTOKYOがシリコンバレーを凌駕

もう一つ、日本の技術基盤が決して弱くないことを示すデータを見ておこう。これは国際特許の出願数を各国の国内地域別に集計したデータであり、いわば世界のテクノポリス地域の分布を示すものといえる（図1－4参照）。

データはPCT（特許協力条約）に基づく特許の国際出願数によっている。まず、データの性格を理解しておく必要があるだろう。

発明を保護する特許権は各国ごとに生じ、各国ごとに保護されることになっている（工業所有権の保護に関するパリ条約における「各国特許の独立」の原則）。ただ、例えば日本で出願した特許が認められて登録されるまでには時間がかかる。同じ特許を米国にも同時に出願すればよいわけだが、半年出願が遅れた場合、その間に別の者が同じ特許を米国で出願してしまうと米国ではその特許を取れないことになる。そこでパリ条約では、特許に関する同盟を組んだ国同士なら、1年間の優先権を認めることにした。これは1年以内に米国にも出願し、日本で特許が認められれば、日本の出願日が米国においても有効となる仕組みである。

図1-4　世界のテクノポリス地域
～東京がシリコンバレーを押さえてトップ～

PCT特許出願件数のトップ60地域(2008年6月)

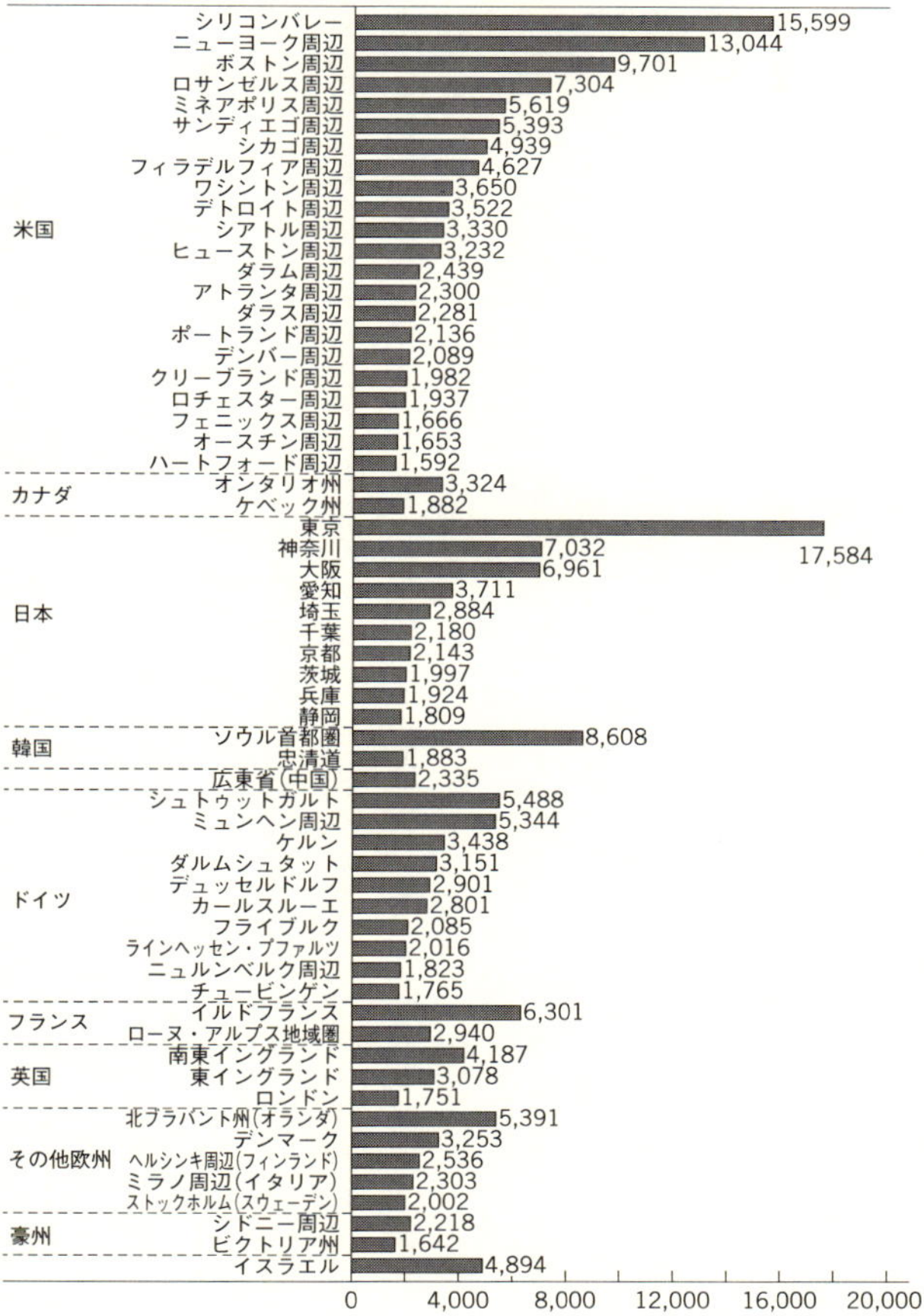
米国
シリコンバレー 15,599
ニューヨーク周辺 13,044
ボストン周辺 9,701
ロサンゼルス周辺 7,304
ミネアポリス周辺 5,619
サンディエゴ周辺 5,393
シカゴ周辺 4,939
フィラデルフィア周辺 4,627
ワシントン周辺 3,650
デトロイト周辺 3,522
シアトル周辺 3,330
ヒューストン周辺 3,232
ダラム周辺 2,439
アトランタ周辺 2,300
ダラス周辺 2,281
ポートランド周辺 2,136
デンバー周辺 2,089
クリーブランド周辺 1,982
ロチェスター周辺 1,937
フェニックス周辺 1,666
オースチン周辺 1,653
ハートフォード周辺 1,592
カナダ
オンタリオ州 3,324
ケベック州 1,882
日本
東京 17,584
神奈川 7,032
大阪 6,961
愛知 3,711
埼玉 2,884
千葉 2,180
京都 2,143
茨城 1,997
兵庫 1,924
静岡 1,809
韓国
ソウル首都圏 8,608
忠清道 1,883
広東省(中国) 2,335
ドイツ
シュトゥットガルト 5,488
ミュンヘン周辺 5,344
ケルン 3,438
ダルムシュタット 3,151
デュッセルドルフ 2,901
カールスルーエ 2,801
フライブルク 2,085
ラインヘッセン・プファルツ 2,016
ニュルンベルク周辺 1,823
チュービンゲン 1,765
フランス
イルドフランス 6,301
ローヌ・アルプス地域圏 2,940
英国
南東イングランド 4,187
東イングランド 3,078
ロンドン 1,751
その他欧州
北ブラバント州(オランダ) 5,391
デンマーク 3,253
ヘルシンキ周辺(フィンランド) 2,536
ミラノ周辺(イタリア) 2,303
ストックホルム(スウェーデン) 2,002
豪州
シドニー周辺 2,218
ビクトリア州 1,642
イスラエル 4,894
0
4,000
8,000
12,000
16,000
20,000

（注）発明者の居住地域による集計。集計地域区分は国際的に定められた地域統計分類単位（NUTS）の2レベル。ただし日本は3レベル（都道府県レベル）、英国は1レベル、米国は3レベル（州より下の179区分）である。またデンマークやイスラエルといった小規模国は国単位で集計している。
（資料）OECD, Compendium of Patent Statistics 2008

ところが1年間の優先権では短か過ぎるという課題が生じた。出願人は日本で特許出願して認められてから他国（複数）にも出願しようとする。そもそも認められないような特許を他国に出願しても認められない可能性が高く、手間や特許出願手数料が無駄になるからである。にもかかわらず、特許を出願して1年以内に審査を通って認められることは期待できない。そこでPCT国際出願制度ができた。

これに基づき国際的に定められた手続きを取れば、1年の優先権が2年半（30カ月）に延長できるのである。国際出願は所定の受理官庁（原則としてその国の特許庁）に提出される。そして複数の国を指定して国際出願を行った後にそれらの国での特許出願手続きに移行し、各国で認められればPCT国際出願日が各国の出願日と見なされるわけである。

こうして、PCT国際出願されている特許のデータベースができることとなった。PCT国際出願が多くの国で普及したので、このデータベースにより国際的な特許動向が分析できることとなったのである。PCT出願数は各国の発明活動の活発さを表す一つの指標となっている。

PCT出願数からみた世界のトップ60地域のランキングについては、第2位のシリコンバレーを押さえて、東京が第1位となっているのが目立っている。

トップ5位を掲げると、

1. 東京（日本）
2. シリコンバレー（米国）
3. ニューヨーク周辺（米国）
4. ボストン周辺（米国）
5. ソウル首都圏（韓国）

であり、米国ではシリコンバレー以外にもテクノポリス地域が多く存在している点、韓国がヨーロッパの主要地域を押さえて世界ランキング5位に入っている点が注目される。日本は首都圏への集中が著しく、神奈川、埼玉、千葉といった周辺県を合わせると圧倒的な集積となっている。研究開発拠点は地方にあっても本社を居住地として発明の出願が行われる影響もあると考えられる。

このように、日本産業の技術競争力は決して衰えているとはいえない。経済のパフォーマンスが冴えないとしたら、高齢化など社会状況の変化、あるいは、こうした技術競争力を生かし切れない経営者の能力や国の制度、教育・人材育成など事業環境面での問題点に理由を求める必要がある。

3 経済格差は拡大したのか
──小泉改革は格差を広げたのではなく縮めた──

格差が広がっているとされた根拠データ

2006年の通常国会では、ライブドアの堀江貴文社長（ホリエモン）の逮捕などをきっかけにして、小泉政権（2001年4月～2006年9月）の構造改革政策によって、社会格差が広がりつつあることが国会論戦のテーマになった（小泉政権を継いだ翌年の安倍政権の通常国会でも格差問題は大きなテーマとなった）。

当初、野党の批判に対して小泉首相は、客観データでは小泉政権になって特に格差拡大は進行していないとしていたが、その後、ゆるやかな格差拡大は以前から進みつつあることを認め、2月2日には、「格差が出ることが悪いとは思わない」、「勝ち組、負け組というが、負け組に再挑戦するチャンスがある社会が小泉改革の進む道」という論法に転じた。

ちょうどこの頃、OECDが発表した「対日経済審査報告書」で相対的貧困率の国際比較データが示され、2006年7月には日本の格差拡大を示すデータとして日本のマスコミにも紹介さ

図1-5　相対的貧困率の国際比較

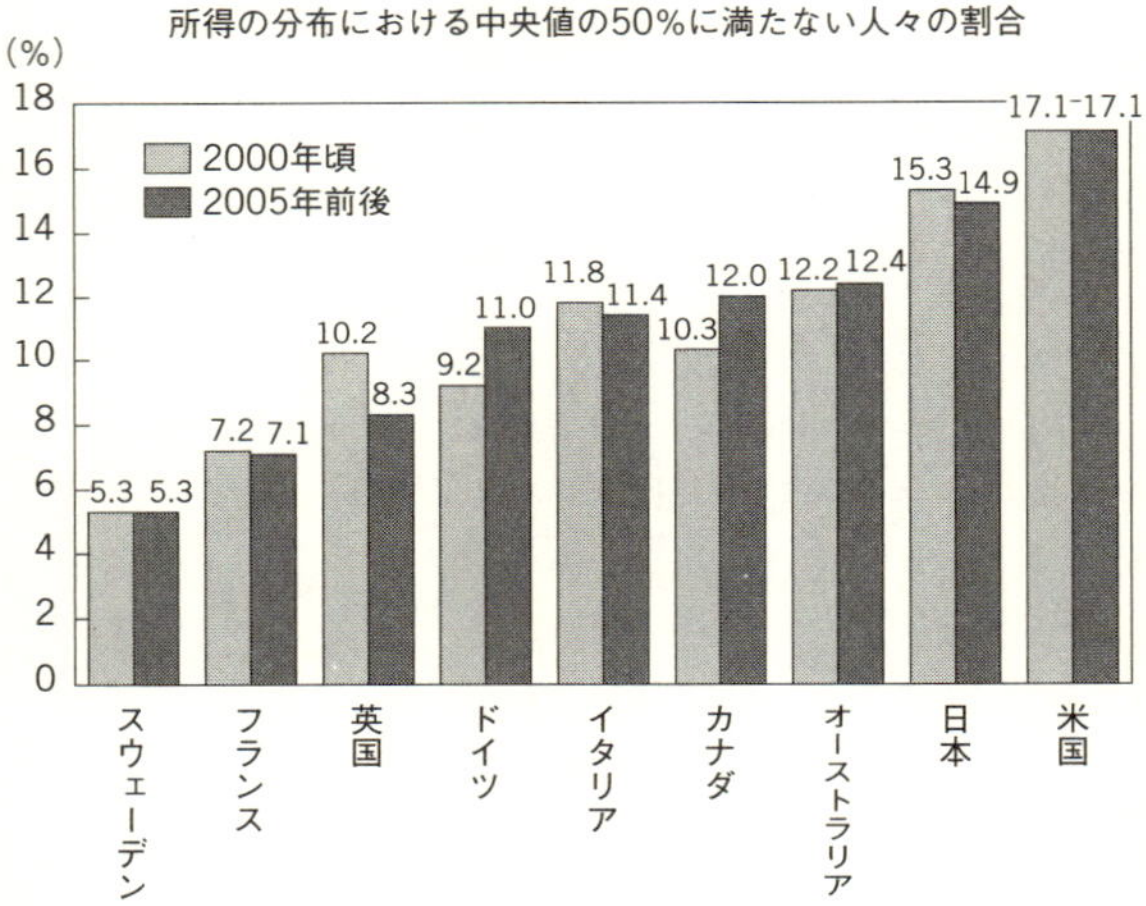
所得の分布における中央値の50%に満たない人々の割合
(%)
18
16
14
12
10
8
6
4
2
0
2000年頃
2005年前後
5.3 5.3
7.2 7.1
10.2 8.3
9.2 11.0
11.8 11.4
10.3 12.0
12.2 12.4
15.3 14.9
17.1 17.1
スウェーデン
フランス
英国
ドイツ
イタリア
カナダ
オーストラリア
日本
米国

（資料）OECD（2008.10）"Growing Unequal? Income Distribution and Poverty in OECD Countries"

れた。図1－5にこの相対的貧困率のデータを掲げた（厳密には「対日経済審査報告書」で示されたデータとは異なるが同じ概念のデータである）。

これは、世界の中で日本は米国に次ぎ貧困層が多いことを証拠だてるデータであり、日本社会は中流家庭が多くを占める格差の小さな平等な社会だと思っていた国民は大いにビックリし、小泉改革によってもたらされる社会には大きな問題があると感じるようになった。2009年に民主党への政権交代が起こる3年前のことである。

相対的貧困率とは、国民を所得の高い方から並べてちょうど真ん中の人の

（参考1）相対的貧困率と年齢別賃金格差の相関

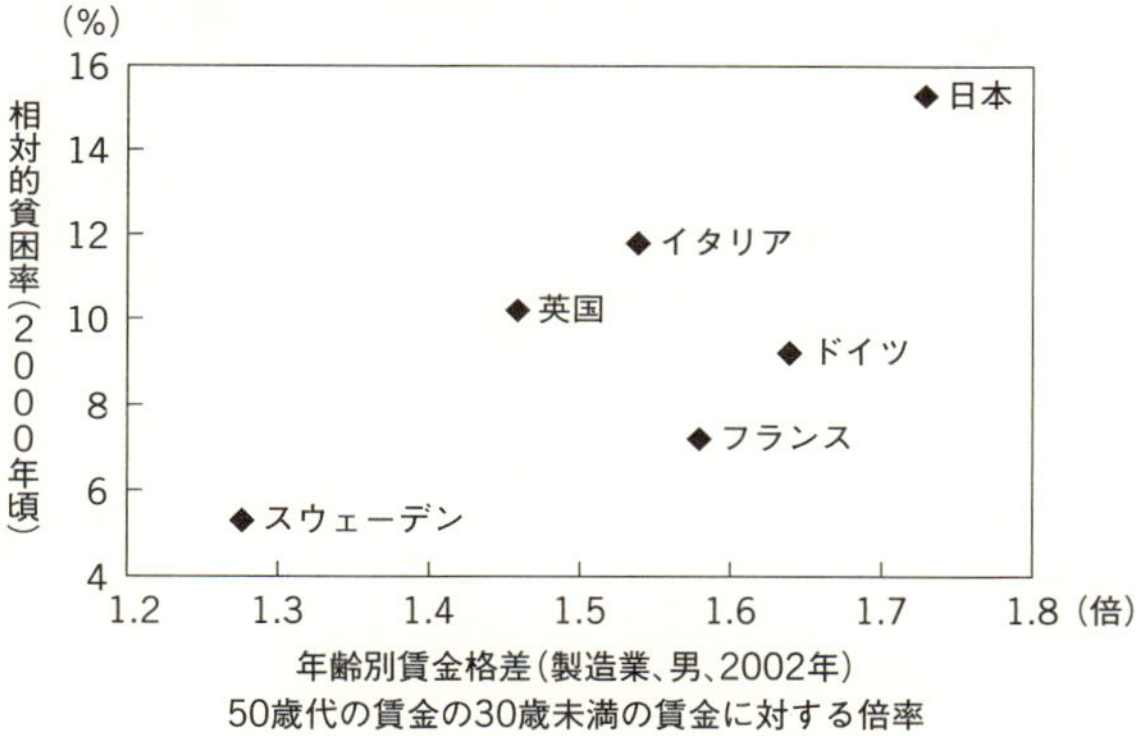
（%）
16
14
12
10
8
6
4
相対的貧困率（2000年頃）
日本
イタリア
英国
ドイツ
フランス
スウェーデン
1.2
1.3
1.4
1.5
1.6
1.7
1.8（倍）
年齢別賃金格差（製造業、男、2002年）
50歳代の賃金の30歳未満の賃金に対する倍率

（資料）（独）労働政策研究・研修機構「データブック国際労働比較2009」

（参考2）日本の相対的貧困率の年次推移

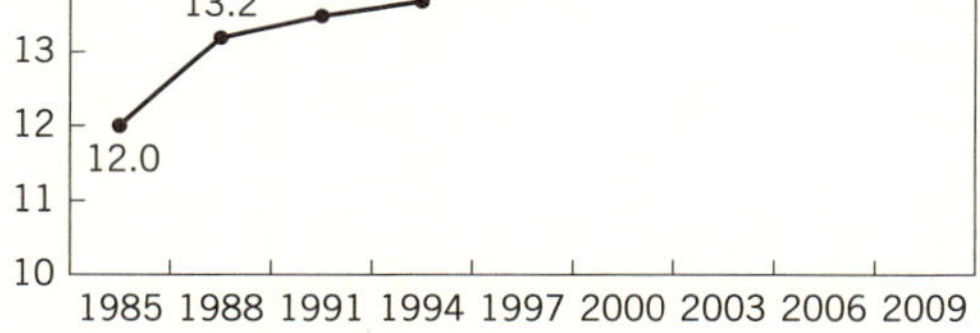
（%）
17
16
15
14
13
12
11
10
12.0
13.2
13.5
13.7
14.6
15.3
14.9
15.7
16.0
1985
1988
1991
1994
1997
2000
2003
2006
2009

（資料）厚生労働省「平成22年国民生活基礎調査の概況」

所得を求め、この所得の半分の値を貧困線と仮定し、これ以下の水準にある人を貧困者としてその割合を示す指標である。

貧困線は、一般に、これ以下では生活していけないと判断される基準である。低開発国に広がる貧困の基準として従来から用いられていたのは、1日の所得1・25米ドル未満といった絶対的貧困だった。ところが、絶対的貧困のほとんど存在しない先進国においても貧困問題が無視できないことが理解されるようになって、米国などは独自の貧困線を設定するようになった。しかし、これは各国の貧困対策への考え方によって基準が異なるし、日本のように貧困線を設定していない国も多いので国際比較には適さない。

そこで、新たに先進国にも応用できる判定基準として広く用いられるようになったのが相対的貧困率である。国際的に通用している指標だからといって、しかし、あくまでこれが仮定に過ぎないことに変わりはない。国によって経済事情は大きく異なるのに、どの国でも平均所得の半分以下では生活していけないと誰が決めたのかと、もっともな疑問を呈しても仕様がないのである。

実は、相対的貧困率は年齢別の所得格差によって影響されていると考えられる。生涯所得においてまったく平等な国が二つあるとする。一方は、若い頃200万円の年収で中高年になると800万円の年収となるが平均年収（年収のばらつきの中央値）は500万円の国であり、もう一方は、年齢にかかわりなく年収が500万円の国であるとする。前者では相対的貧困率は年収250万円以下の者の比率であるからかなりの比率となるが、後者では定義上ゼロ％である。前者の国の貧困度が大きいというのは定義上そうであるに過ぎない。

年齢別賃金格差と相対的貧困率との相関図を参考1に掲げたが、対象国数は少ないものの年齢格差が大きい国ほど相対的貧困率も高いという結果になっている。このように日本には、年功賃金の考え方が根強く、年齢別の所得格差が大きいから相対的貧困率も高く出るという側面があり、このことを無視して貧困度を論ずることは妥当ではなかろう。

また、高齢化が進むと働いていない高齢者が増え、年金収入のみの低所得世帯も増えてくるので、ますます相対的貧困率が上昇する。参考2には、相対的貧困率の時系列変化を追ったデータを掲げたが、ここに示されている相対的貧困率の上昇には、終身雇用・年功賃金が見直され、年齢別所得格差は低くなりつつあるものの、一方でそれを上回る勢いで高齢化が進展している状況がうかがえるのである。

もっとも当時、こういうふうに理解してこのデータが使われることはなく、「貧困」率の上昇とだけ理解されて、小泉改革や行き過ぎた自由主義経済の弊害の証拠と見なされたのであった。

格差を示すデータは相対的貧困率以外にも多く存在し、それらは、むしろ日本の格差は大きくはない、また拡大していないことを示していた。それらを以下に紹介するが、残念なことに、私のサイトに掲載したそれらのデータが本格的に参照されることはなかった。

家計調査データは格差縮小を示している

全国の世帯の所得・収入は、毎年、家計調査（総務省統計局）や国民生活基礎調査（厚生労働省）によって調べられている。これらの調査結果から算出した所得分布のジニ係数が科学的・客観的な格差指標として用いられることが多いが、正確さを期するために分かりやすさが失われており、格差の実態についてもかえってイメージの薄い論争を招く結果となっている。

図1－6には、分かりやすい指標として低所得層20％と高所得層20％のそれぞれの平均所得について、後者の前者に対する倍率で示した格差についての毎年のデータを示した。ジニ係数が0・1だけ上昇したとして、その意味を説明できる人はほとんどいないが、この倍率が4倍から5倍になったとしたら、所得額で格差が25％広がったと多くの人が理解できるので分かりやすいのである。このため国際的にも格差指標として、ジニ係数と並んでしばしば参照される。

見ていただきたいのは家計調査である。家計調査は戦前の社会政策的な都市労働者の生計費調査の系譜に連なる統計調査であり、そのため、勤労者世帯以外の自営業世帯の収入調査は行って

図1-6　小泉改革以降、所得格差は縮まる傾向

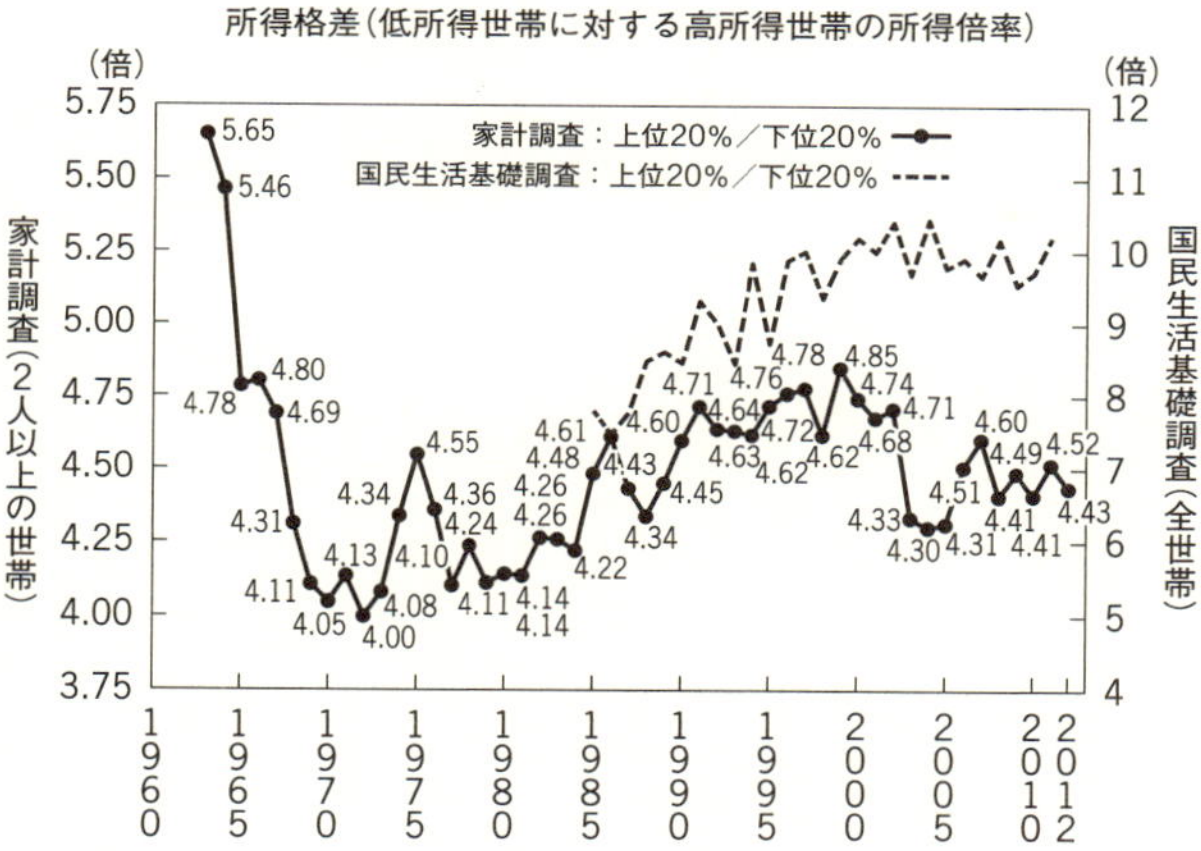
所得格差（低所得世帯に対する高所得世帯の所得倍率）
（倍）
（倍）
家計調査：上位20%／下位20%
国民生活基礎調査：上位20%／下位20%
家計調査（2人以上の世帯）
国民生活基礎調査（全世帯）
5.75
5.50
5.25
5.00
4.75
4.50
4.25
4.00
3.75
12
11
10
9
8
7
6
5
4
1960
1965
1970
1975
1980
1985
1990
1995
2000
2005
2010
2012

（注）所得の期間は国民生活基礎調査は表示年次の１年間、家計調査は表示年次が属する各月調査における過去一年間の収入の平均なので、半年ずれている。
（資料）総務省統計局「家計調査」、厚生労働省「国民生活基礎調査」

おらず、また農林漁家や単身者を含むようになったのは最近である。しかし、年間収入（過去1年間の収入）については収入階級区分の集計のため全世帯を対象に聞いており、長い時系列データが得られ、また、家計調査は人々が親しんでいる調査なので、まず、これに注目したい。

家計調査のデータで長い時系列を得られるのは2人以上の世帯の集計である。すなわち、国民生活基礎調査と異なって、近年顕著に増加している高齢単身世帯を含んでいない。したがって、高齢化の影響を一定程度排除できており、本当の意味での格差状態を知るには、むしろ、都合がよい。

高度成長期に大きく縮小した所得格差は、その後、1972年の4倍から1999年の5倍近くへと徐々に拡大していった。1980年代後半のバブル経済の時期は、特に格差が拡大した時期であった。こうした長期的な格差拡大傾向に反して、巷間の見方や国民の格差意識とは裏腹に、聖域なき構造改革、規制緩和の推進を掲げた2001年4月以降の小泉政権下では、むしろ所得格差は縮小に転じている。中長期的にも2012年にかけて縮小傾向にあると見て取れる。これは一体どうしたことであろうか。

なお、国民生活基礎調査のデータは、相対的貧困率データと同じように全世帯の結果なので高齢化の影響をかなり受ける。しかし、こちらの調査の結果でも、2000年代前半には上昇傾向に歯止めがかかり、2000年代後半には、むしろ低下傾向が表れている。高齢化の影響を除いて考えると、所得格差はむしろ縮小の方向にあるといえるのである。

低所得世帯、高所得世帯といっても、実は、年齢を重ねるのに伴って所得が高くなるライフサイクルを反映した側面が大きい。この点をどこまで見込むかによって解釈が分かれてくる。

古くは、ロシアにおける農民層分解に関するレーニン仮説とチャヤノフ仮説の対立として示されてきた事柄である。レーニンは、農民層の零細層と大規模層の格差拡大（農民層分解と呼ばれた）を資本主義の発達によるものとして、その延長線上の社会主義革命につなげた。一方、チャヤノフは、この格差は農家の世代交代による違いを反映しているものに過ぎないと捉えた。歳をとり家族が増えると農地も増えるが、相続でもう一度農地が細分されるというサイクルを仮定したのである。

チャヤノフ的なライフサイクル仮説によれば、オイルショック後の長期的な格差拡大は、若い世代と中高年世代の所得格差の拡大、すなわち日本的経営の年功賃金制度の確立に伴うものであると考えることができる。

ところが、バブル崩壊後、こうした年功賃金制度は企業収益の低迷のなかで見直され、賃金カーブのフラット化が進行している。1990年代には全体としてフラット化が進行したが、2000年代に入ると、特に中高年40歳代後半から50歳代のフラット化が進行した。退職金も特に大卒ホワイトカラーで大きく削減された。リストラの動きや早期退職制度などが複雑に絡み合って、こうした動きを促進していたと考えられる。中高年の自殺が増えたのもこうした社会の構造改革の痛みを反映しているものと見なしうる。中高年の相対的な賃金水準の引き下げは、当然、ライフサイクルを強調する見方からは、格差の縮小に結びつく。

実質所得の推移を計算してみると、2000年代前半の所得格差の縮小は、低所得層の所得低下が小幅であったのに対して高所得層の平均所得が大きく低下したためであることが分かる。社会保障制度による低所得層の所得低下抑制機能によって、低所得者の所得低下には歯止めが掛かっていたのに対して、小泉政権下の改革ムードのなかで団塊の世代がリストラ対象年齢となったことが大きいのではないだろうか。リストラ対象になった人とそうでない人との所得格差は広がっているだろうが、中高年と若い世代との所得格差はむしろ縮小しており、これが全体の所得格差縮小につながっていると考えられる。

実際、図1－7では家計調査における格差の動きと、国民生活基礎調査による世帯主の年齢階級別所得格差（ここでは30歳代世帯主と50歳代世帯主の世帯所得の格差を取り上げている）の推移を比較したが、両者は高度成長期は別にして、それ以降大きくはパラレルな動きを示している。特に２００１年以降、50歳代の相対所得の低下が家計調査における２００３年からの所得格差の縮小に結びついていると見てとれる動きになっている（家計調査の所得は各月の過去１年間の所得の平均なので、実際は表示年より半年過去にずれている点に注意）。

一般には小泉改革は、新自由主義的な考え方に基づく競争促進と既得権益の打破により格差拡大に結びついたと理解されており、そういう面もあったといえようが、小泉政権期における経済構造への影響としては、小泉改革に先行して進められ、いわば小泉改革を招いたともいえる民間

図1-7　所得格差の推移は年齢間格差の推移とパラレル

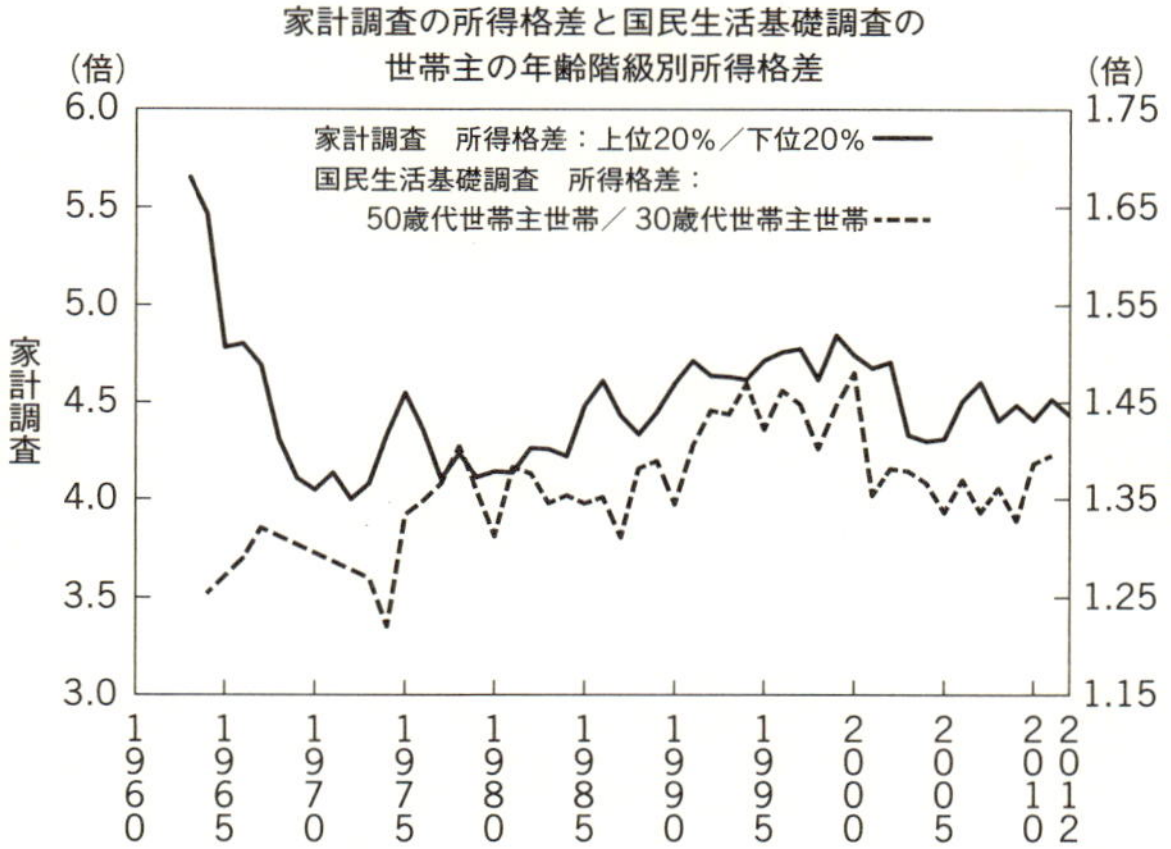
家計調査の所得格差と国民生活基礎調査の
世帯主の年齢階級別所得格差
(倍)
(倍)
家計調査　所得格差：上位20%／下位20%
国民生活基礎調査　所得格差：
50歳代世帯主世帯／30歳代世帯主世帯
家計調査
国民生活基礎調査
6.0
5.5
5.0
4.5
4.0
3.5
3.0
1.75
1.65
1.55
1.45
1.35
1.25
1.15
1960
1965
1970
1975
1980
1985
1990
1995
2000
2005
2010
2012

（注）家計調査は2人以上世帯、国民生活基礎調査は単独世帯を含む全世帯が対象（但し、30歳代、50歳代が世帯主の場合は単独世帯は少ない）。
（資料）総務省統計局「家計調査」、厚生労働省「国民生活基礎調査」

におけるリストラ旋風や中高年就業者層の既得権益の打破の方が経済格差拡大への影響は大きく、そのため、家計調査の所得格差データでは、小泉改革が格差縮小をもたらしたかのように見えるのだと私は考えている。

図１－６において、２００６年９月までの小泉政権下で大きく縮まった所得格差が、その後、いったん拡大したのは、格差拡大をもたらす小泉政権下の制度改革の影響が遅れて発現したという見方もあるかもしれない。しかし、私の考え方からは、小泉後への政権移譲とともに、官民において改革疲れが生じ、そのため、一時期格差が拡

大してしまったと見た方が正しいと思われる。

上位1％の金持ちが富を独占しているか

先に掲げた相対的貧困率のデータを見て、日本の富は金持ちに独占され、生活に困窮している貧乏人も多い国だと間違って信じ込む人がいるかもしれない。それは事実誤認であり、適切とはいえないことを示すために、国際比較の上で日本の金持ちや貧乏の程度を示すデータをここで掲げておこう。

まず、上位1％の金持ち（高額所得者）の所得シェアが他国と比較して拡大しているかどうかについて検討してみよう。

近年は、途上国ばかりでなく先進国においても国民層の経済格差が大きな社会問題となっている。日本における格差問題はもっぱら貧困層が陥っている苦境の側面がクローズアップされる傾向にあるが、米国の格差問題は、どちらかというと富裕層による富の独占への批判として強く表れる点が特徴となっている。

米国における富裕層への著しい富の集中、そして具体的には、リーマンショック後の金融危機対応において、政府が高所得者を多く抱える金融界の代表である銀行を救済したことへの反感がベースとなって、米ニューヨーク・ウォール街で反格差デモ「ウォール街を占拠せよ」（Occupy Wall Street）が２０１１年9月17日に始まった。米国社会の格差是正を求めるこの抗議運動において若者が「われわれは99％」（We are the 99%）と訴えたのは、ノーベル経済学賞受賞のジョセフ・スティグリッツ（コロンビア大学教授）などが示した「１％の富裕層が所得全体の４分の１を稼ぎ、資産の４割を保有している」というデータに刺激されたからである。

先進国における格差が各国で社会問題化するなかで、各国の徴税データをもとに富裕層の所得シェアをデータベース化する研究グループが現れ、ＯＥＣＤの報告書などでも引用されるようになった。税引き前所得ベースなので、社会制度による所得再分配が施される前の経済活動そのものによる格差を表しているといえる。また対象となる所得は給与所得、事業所得、財産所得を含む。ただし、財産価値の上昇によるキャピタルゲイン（証券投資による資産価格の上昇に伴う利益）については含まれない。

税収記録によるこうした富裕層の所得シェア・データは、家計調査に基づくジニ係数などの格差指標よりも、高所得者の実態についてはより明確に表しているといえる。虚偽申告が処罰の対象となる税金と異なり、自計申告が基本の家計調査については高所得者が所得を正しく答えているかは保証の限りでないので、なおさら富裕層の所得シェア・データは貴重である。

図1-8　大金持ちの所得拡大：目立つ英米と目立たない日仏

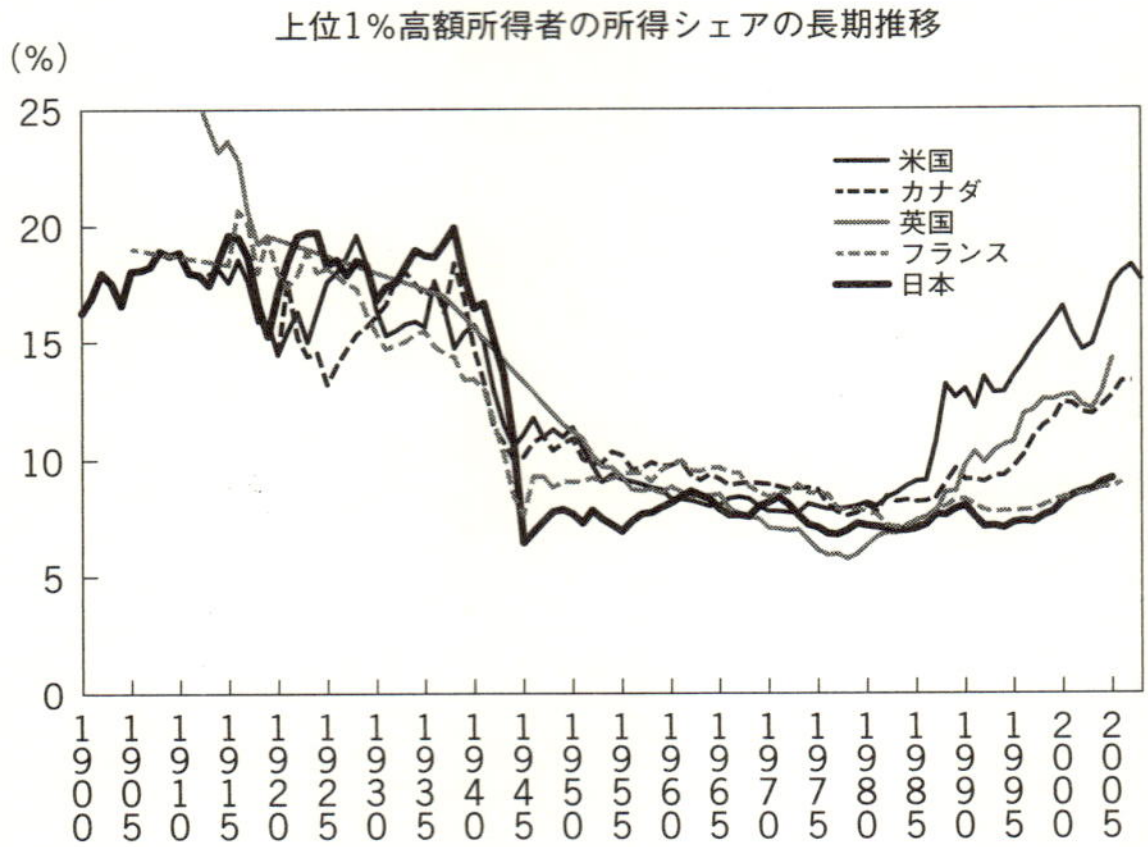

(注) 税引き前所得ベース。Alvaredo et al.（2011）, The Top Incomes Databaseによる。
(資料) OECD（2011）, Divided We Stand: Why Inequality Keeps Rising（Table 9.1., 9.2.）

さらに、このデータは戦後になって各国で充実したものとなった家計調査と異なって、戦前からの数値が継続して得られることから長期的な時系列変化を追うのにも適している。

図1－8には日本、米国、カナダ、英国、フランスについて20世紀以降の1%高所得者の所得シェアの長期推移を掲げた。

まず、あらためて確認できるのが近年における特徴的な動きである。1980年代後半から、米国、そしてカナダ、英国といったアングロサクソン系の諸国では、上位1%の高額所得者の所得が占めるシェアが大きく拡大

表1-2　高額所得者（上位1%）の所得シェア国別順位

	1920年	1937年	1949年	1955年	1964年	1975年	1985年	1995年	2005年
1位	英国	日本	英国	カナダ	フランス	カナダ	米国	米国	米国
2位	フランス	英国	米国	フランス	カナダ	フランス	カナダ	英国	英国
3位	日本	米国	カナダ	英国	英国	米国	英国	カナダ	カナダ
4位	米国	カナダ	フランス	米国	日本	日本	フランス	フランス	日本
5位	カナダ	フランス	日本	日本	米国	英国	日本	日本	フランス

（資料）図1-8と同じ。

している。一方、フランスと日本は、対照的に、戦後の推移は、20世紀中はほとんど横ばいと言っていい動きを示しており、ただ21世紀に入って英語圏諸国ほどではないがやや上昇傾向にある。

米国では１９８０年代後半以降に、特に富裕層の所得シェアが拡大している。１９８０年代はサプライサイド経済学の考え方に沿って金融などの規制緩和と富裕層の減税を進めたレーガン大統領の任期（１９８１～１９８９年）に当たっている。また学歴やデジタルデバイド（デジタル技術への習熟度の相違が生み出す格差）が所得に大きな影響を及ぼし始めた時期でもある。

こうした背景のもとで、１９８０年代後半に富裕層の所得が一気に拡大し始めたと見られる。2007年の値は18・3%となっており、スティグリッツが示した上記4分の1よりは少ない。もっとも、図には掲げていないが、キャピタルゲインを加えると同年に23・5%と、これに近い水準になる。

日本の場合、1980年代後半のバブル経済の時期に同時期の米国ほどではないが、高額所得者シェアは上昇した。しかし、バブル崩壊とともに1990年代前半には再び元の水準に戻った。ところが、1990年代後半以降はバブル期を上回って高額所得者シェアが高まりつつある。

所得格差の拡大傾向は先進国で共通しているとはいえ、日本の場合は、米国などとは異なって、一部の高額所得者の所得シェアの拡大の影響はそれほど大きくはないといってよいだろう。一時期、ホリエモン（堀江貴文氏）や村上ファンド（村上世彰氏）などヒルズ族の高額所得が話題になったが、米国の巨大企業の経営者やビル・ゲイツなどIT産業の創業者とは異なって、社会全体における影響度は米国ほど大きくないのである。

先進国における格差の拡大は、冷戦後の経済のグローバリゼーションや中国など新興国との競争激化が要因とされることが多いが、先進国間の格差拡大のこうした大きなレベルの違いを見ると、そう単純には割り切れないことが分かる。

同じ図から20世紀以降の長期推移に着眼すると、どの国でも、戦前と戦後で高額所得者の所得シェアはまるで水準が異なっている点が目立っている。そして、米国だけが、最近、戦前のレベルに近づきつつある。

こうした戦前と戦後の格差レベルの差について、ＯＥＣＤ報告書（２０１１）は、財産所得（資本所得）が戦前、特に第二次大戦中に大きく減少したためだとしている。そして、近年、米英などアングロサクソン系の諸国で特に目立ってきている富裕層のシェア回復は、財産所得の再拡大ではなく、給与所得や事業所得、すなわち「ワーキング・リッチ」の所得拡大によるものだと分析している。

日本においては戦時統制、新円切り替え、財閥解体、農地改革といった戦中・終戦直後の特別措置によって財産所得の格差が大きく低減したことが知られており、図が示す日本の格差が５カ国中、最高から最低に大きく変化しているのもこのためと考えられる。しかし、欧米諸国においてもやはり格差は大きく低下しており、多かれ少なかれ日本と同様の過程が進展していたと思われる。

もうひとつ目立っているのは、各国の動きに着目すると、図の５カ国のいずれもが、高額所得者の所得シェアが他国に比べ最大の時があったし、また最小の時もあったという点である（表１－２参照）。

この5カ国の高額所得者の所得シェアの長期推移からは、日本は、1930年代には世界最大の所得格差国であったが、戦後は世界最小の所得格差国となり、現在もフランスとともにほぼその位置にある。現在、文句なく先進国最大の所得格差国である米国は、第一次世界大戦後、および1960年代前半は、先進国最小の所得格差国であった。あの米国でも他国と比べ平等な国である点を誇っていた時期もあったのである。このほか、英国、カナダ、フランス、いずれの国も所得格差の最大と最小を経験している。

活力のある国においては、経済というものはダイナミックな変転を遂げるものなのだといってよいだろう。

生活必需品を買えない貧乏人が多いか

貧困とは何かといえば、食料が買えずに子どもを飢えさせたり、衣料が入手できず寒さに凍えたり、お金がなくて医者に診てもらえないといった状態を指すと考えるのが普通であろう。あなたは、こうした状態に過去1年間に陥ったことがありますかと直接調査対象者に聞いた国際比較調査がある（表1－3参照）。

この調査の結果を見ると日本は食料、医療、衣服を買えなかったものの比率が、2013年

表1-3　貧しさのため生活必需品が買えなかった経験の国際比較

単位：％

	2002年			2013年		
	食料	医療	衣服	食料	医療	衣服
日本	4	4	5	2	3	3
米国	15	26	19	24	31	27
カナダ	10	13	16	9	11	11
英国	11	11	20	15	10	19
ドイツ	5	8	10	8	10	10
フランス	8	5	12	20	19	23
イタリア	11	12	16	10	15	23
ロシア	50	54	68	23	33	34
中国	18	45	23	8	30	14
韓国	18	15	21	26	26	35
インドネシア	37	48	37	25	37	31
メキシコ	44	45	43	53	51	54

（注）過去1年間に十分なお金がないために食料を買えなかったことがあったかどうか、という質問に対して、買えなかったことがあったと回答した人の割合である（医療、衣服についても同様）。
（資料）Pew Research Center, Pew Global Attitudes Project Report May 23, 2013

に、それぞれ、2％、3％、3％となっており、いずれも対象国中最も低い数字となっている。このデータによれば、日本ほど貧困者の少ない国はないという判断になる。

米国は日本より1人当たりのGDPの水準が高いにもかかわらず、食料で24％、医療で31％、衣服で27％もの人が、お金がなくて買えなかった経験を過去1年間に有している。「豊かさのなかの貧困」という表現がまさに当てはまる。特に米国は、中国と並んで、食料、医療、衣服という必需品の中で医療サービスを買えなかった者の比率が食料と衣服に比べて高く、医療制度に問題があるといわざるをえない。米国人の平均寿命は先進国中では最低レベルであるが、その理由を裏付けるデータといってよい。

インドネシア、メキシコは、途上国の代表的な結果を示していると考えられる。生活必需品を買えなかった者が、それぞれ、3～4割、5割に達している。

一時期、そんなに生活困窮者が多かったのか、ということで驚くのはロシアである。貧しさゆえ、食料を買えなかった人が2002年に50％（2013年は23％）いるというのは何という状況だったのだろうか。ロシアでは平均寿命が縮まり、一時期は男の平均寿命が60歳を切っていた（図5－3参照）。さぞかし大変な社会になっているのだろうと推測していたが、こういうデータを見せられると想像以上の状況であったことが多少なりともうかがえる。ロシア人の心境としては、欧米先進国が環境問題や人権問題などでロシアを非難するのを聞くと、きれいごとを言っていると反発したくなっていたのでは、と推測される。

2002年データと比較すると、ロシアが最悪の状況からかなり改善された点が目立っている。中国、インドネシアも経済発展の成果であろうが、改善の方向にある。韓国はかなり悪化している。朝鮮戦争以後最大の国難といわれるＩＭＦ危機以降の韓国における貧富の格差の拡大は半端ではないようだ。また米国、フランスもかなり悪化している。リーマンショックや欧州債務危機の影響が見てとれる。日本の幸せな状況は相変わらずである。

統計データが示す経済格差の状況

近年の所得格差は、家計調査によれば、国民意識とは逆に、賃金カーブのフラット化や社会保障による低所得層の所得低下抑制機能によって、縮小している。

国民は、社会の格差が拡大していると考えている。しかし、一人一人に自分の生活の程度を聞いた世論調査結果では、生活に困窮している人が増加してはいない。すなわち、戦後長く継続的に実施されている中流意識についての内閣府の世論調査では、生活の程度が「下」や「中の下」と感じている人は、近年でも減っており、むしろ、「中の上」が増えているぐらいである（巻末図録対照表参照）。

統計データは大量観察に特徴がある。国民意識は、特徴的な事件や出来事を捉えて動く。勝ち組や負け組、大儲けする六本木ヒルズの入居企業、生活保護世帯の増加、若者層におけるニート・フリーターや非正規労働者の増加などは、格差拡大認識に結びつく社会現象である。こうした現象によって格差拡大が促進されている面も当然ありえる。

しかし大量観察の結果は、むしろ、年齢別賃金カーブや社会保障の充実といったもっと大きな変化を反映しているのだと考えられよう。あえていえば、ある意味で特権的に所得の高かった中高年層が厳しい経済情勢のなかで特権を失い没落した結果、実際上は格差が縮小したのであり、こうした中高年没落層あるいは没落予備軍が自己防衛のために格差拡大という論調を増幅させた、というのが実情ではなかったかと思われる。

誤解がないように付言したいが、ここでは、日本の社会に格差がないということを示そうとしているのではない。格差があるとすれば、以前からあったのであり、最近になって急に広がっているわけではないことを示そうとしているだけである。

また、格差に注目が集まり、以前から存在していた貧乏の情けなさを国民が自分のことのように実感し、困窮者を救う手だてや困窮者がそうした状況から抜け出せる手だてを皆で考えるようになったことも望ましいことである。ただ、だからといって、貧乏人が増加し、貧乏人の声が抑えられないほど大きくなって、格差に注目が集まるようになったといった単純な見方には賛同しかねるのである。

先に引用した小泉首相の発言のように、小泉政権の政策が格差拡大を目指していたのだとしたら、政策は失敗に終わったと結論できよう。また、小泉首相の発言やマスコミによるヒルズ族や生活困窮者の報道から経済格差が全社会的に広がっているに違いないと思い込んだ民主党はドン・キホーテよろしく、サンチョ・パンサ役の統計データが真実を明かしているのを聞かず、風車を不埒な巨人と思い込んで無謀な突撃を敢行したのである。すなわち、経済格差や貧困の拡大を自民党政権の失敗として攻撃し、政権を手にしたところまではよかったが、もともと巨大な政策ターゲットが実在したわけではないので、脱格差、脱貧困の政策で空回りし、その他を含めた公約の未実施、そして外交政策や東日本大震災対策への不手際が相まって、国民にそっぽを向かれるに至ったのだといえよう。

4 誤解されている政府の大きさ
――日本は世界一「小さな政府」――

公務員数規模と財政規模から見た政府の大きさ

経済格差が広がっていると日本人が信じ込んだきっかけは、前に触れたようにＯＥＣＤの報告書に掲載された国際比較データだった。

ＯＥＣＤは、先進国を中心とした加盟国（現在34カ国）の政府が、政策の経験を比較・共有し、共通の問題への解決策を模索し、どういう対策が好ましいかを特定し、国内および国際的な政策を提言・調整する場を目指す国際機関であり、この目的のために、加盟国を中心に各国比較がしやすい形で統計データをまとめた多くの分野の統計集や報告書を刊行、公表している。

ＯＥＣＤがまとめる統計データは、必ずしも日本向けに編集されているわけではないので、日本人にとっては意外だと思われるようなものも多く含まれている。経済格差についての相対的貧困率に関する統計データは、最初は意外だと思われていたものが、きっと真実だと評価されて日本でも大きく取り上げられたが、中には、あまりに意外で、そのため日本では事実上無視されているデータもある。ここでは、後者の例を取り上げよう。

日本では行財政改革がかねてより課題となっており、中央政府および地方公共団体の財政規模や公務員数のスリム化が目指されている。その前提として、行政が国民生活のあらゆる分野に口を出す体制を改め、国民に自立を促すためにも「小さな政府」を目指すべきだという見方が働いているといえよう。

しかし、本当に日本は「大きな政府」なのだろうか。ここでは、OECDが取りまとめたデータにより、財政規模と公務員数の両面からOECD諸国の各国政府が大きな政府か小さな政府かを検討した。

図1－9のように、OECD諸国の公務員数規模（一般政府雇用者数対労働力人口比率）と財政規模（一般政府支出対GDP比）をそれぞれX軸、Y軸に取った相関図を描くと、当然のことながら、両者は正の相関をしている。一次近似線を右上に行くほど「大きな政府」であり、逆に左下に行くほど「小さな政府」であることはいうまでもない。

データの定義についてまず解説しておこう。こういう場合、同じ統計基準でデータが揃えられているかが重要なポイントとなるからである。

まず、公務員の範囲であるが、GDP統計作成の国際基準であるSNA（国民経済計算）の定

図1-9　大きな政府・小さな政府〜日本は小さな政府〜

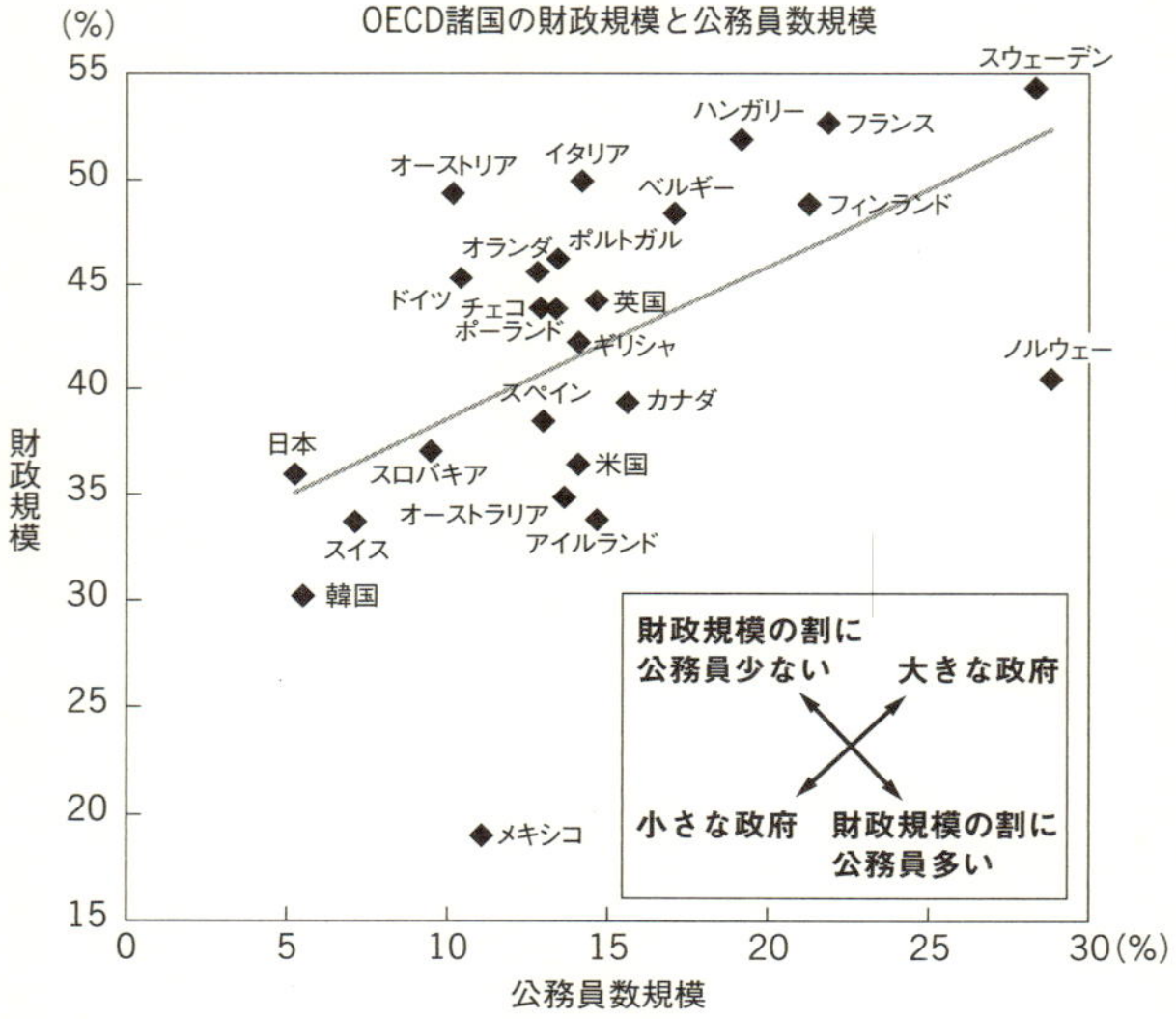
OECD諸国の財政規模と公務員数規模
(%)
55
50
45
40
35
30
25
20
15
財政規模
0
5
10
15
20
25
30(%)
公務員数規模
スウェーデン
ハンガリー
フランス
オーストリア
イタリア
ベルギー
フィンランド
オランダ
ポルトガル
ドイツ
チェコ
英国
ポーランド
ギリシャ
ノルウェー
スペイン
カナダ
日本
スロバキア
米国
オーストラリア
スイス
アイルランド
韓国
メキシコ
財政規模の割に公務員少ない
大きな政府
小さな政府
財政規模の割に公務員多い

（注）公務員数規模は一般政府雇用者数比率（対労働力人口）であり、公共分野の雇用比較（CEPD）調査（OECD 2006）によって収集されたデータに基づいている。公務員の総人数が基本であるが常勤換算の国もある（オーストリア、オランダ、スウェーデン、スイス、英国）。データはSNAの定義に基づく一般政府をカバーしている。一般政府はすべてのレベルの政府（中央、州、地方、社会保障）からなり、省庁、独立部局、及び政府のコントロール下にある非営利組織を含んでいる。年次は基本的に2005年であるが、ベルギー、フランス、韓国、ポーランドのデータは2004年、オーストリアとフィンランドは2004年と2005年の混合、メキシコは2000年のデータである。ギリシャのデータは2006年のものであり、私法下のスタッフを含む。
財政規模は一般政府支出（対GDP）であり、年次は2006年（あるいはそれに近い最新年次）である。

（資料）OECD Government at a Glance 2009

原データ（財政規模の順、単位：%）

	財政規模	公務員数規模
スウェーデン	54.3	28.3
フランス	52.7	21.9
ハンガリー	51.9	19.2
イタリア	49.9	14.2
オーストリア	49.4	10.2
フィンランド	48.9	21.3
ベルギー	48.4	17.1
ポルトガル	46.3	13.4
オランダ	45.6	12.8

	財政規模	公務員数規模
ドイツ	45.3	10.4
英国	44.2	14.6
チェコ	43.8	12.9
ポーランド	43.8	13.4
ギリシャ	42.2	14.1
ノルウェー	40.5	28.8
カナダ	39.3	15.6
スペイン	38.5	13.0
スロバキア	37.1	9.5

	財政規模	公務員数規模
米国	36.4	14.1
日本	36.0	5.3
オーストラリア	34.9	13.6
アイルランド	33.8	14.7
スイス	33.7	7.1
韓国	30.2	5.5
メキシコ	19.0	11.1

義による「一般政府」の雇用者を指している。法律的な公務員資格の有無は問わない。

ＳＮＡ上の一般政府は、企業、金融機関、ＮＰＯ（非営利団体）、家計と並ぶ制度部門別分類の五大部門の一つであり、中央政府、地方政府、社会保障基金からなっている。経済活動別分類（産業分類）とは異なっており、教育、医療なども公営部門は一般政府に含まれる（公立学校の先生は通常の産業分類では「公務」ではなく「教育」に分類される）。社会保障基金は、公的に義務づけられた医療、年金、雇用保険などの会計を扱う団体であり、国民健康保険、健康保険組合、協会けんぽ、国民年金、各種共済組合、雇用保険特別会計などがそれに当たる。ただし、健康保険組合では給付経理の部分のみが社会保障基金に該当する。

政府機関でも一般政府、公的企業、民間企業のいずれに該当するかは個別に決められている。例えば、文部科学省関連の政府機関では、宇宙航空研究開発機構（ＪＡＸＡ）は中央政府、理化学研究所は公的企業、海洋研究開発機構は民間企業の扱いとなっている。なお、２００５年当時の郵政公社が現在は株式会社化されているが、どちらも公的企業扱いである。図の公務員には公的企業の従業者は含まれない。

日本の公務員数規模は図に掲げられたＯＥＣＤ25カ国の中で最も少ない５・３％である（すなわち働く者の５・３％が公務員）。ＯＥＣＤ平均は14・３％であるので、日本は先進国平均の４

割以下の水準の公務員しか抱えていないことが分かる。小さな政府の代表といわれる米国は14・1％と、少なくとも政府雇用者からいえば決して小さな政府ではない。最も公務員数が多いのはノルウェーの28・8％、第2位はスウェーデンの28・3％である。

「行政の無駄」がマスコミなどで大きく取り上げられ、行政改革が大きな課題となっているが、このような公務員数規模のデータからすると、「行政の不足」の面も同時に存在している可能性が高く、それゆえの国民の不幸が生じている可能性も大きい。公共的な業務をどこまで民間企業に任せ、また公務員がどこまで自ら行った方がよいのか、合理的な検討が必要である。

次に、財政規模も含めて見てみよう。ここで財政規模は一般政府支出の対ＧＤＰ比である。一般政府支出の主要項目は、公務員給与、社会給付、公債利子、補助金、総固定資本形成である。財政規模、公務員数の両方の指標ともにＯＥＣＤトップ・ランクであるのはスウェーデンであり、スウェーデンは大きな政府の代表とする世評と一致する。財政規模で第2位はフランスであり、公務員数ではノルウェーがスウェーデンをやや上回っている。

小さな政府のトップは、財政規模ではメキシコであるが、先進国では韓国、アイルランド、スイス、オーストラリアの財政規模が小さい。日本の財政規模はこれら諸国に次ぐ第6位の小ささである。米国は日本に次いで財政規模が小さい。

このように日本はOECD諸国の中で最も「小さな政府」に近い存在である。政府（中央、地方）のサービス水準に問題があるとすると、その原因は、政府の非効率・無駄遣いなのか、それともそもそもの規模の小ささなのかを疑わなくてはならない。

図のデータからは、スウェーデンは「大きい政府」の代表である。だからといってスウェーデンが反市場主義国家だとはいえず、むしろ市場活用国家だと指摘されることもある。例えば、北岡孝義『スウェーデンはなぜ強いのか』によれば、フォード傘下のボルボ（乗用車）やGM傘下のサーブといったスウェーデンの名門企業が経営危機に陥ってスウェーデン政府に公的支援を求めたが、大方の見方とは異なり、見込みのない企業に税金を投入することはできないので市場に任すとして政府はこれを拒否し、サーブは倒産した（2009年）。

また、スウェーデンでは大学や研究所でもある部門が廃止されると、日本では考えられないことだが、その部門で勤務していた従業者は解雇される。一般に、スウェーデンでは解雇された場合のセーフティネットが確立していることもあって雇用者は簡単に従業者を解雇するというのだ。

公務員数と財政規模は正の相関にあるが、必ずしも相関度は高くない。財政規模の割に公務員数が多い国も少ない国もあるのである。一次近似線より上に離れた国は、財政規模の割に公務員が少なくて済んでいる国、線より下に離れた国は、財政規模の割に公務員が多い国といえるであ

表1-4　日本の財政規模（一般政府支出対GDP比率）

年次	値（%）	順位/国数	年次	値（%）	順位/国数
1970	20.2	1/15	1990	31.6	3/23
1971	21.8	1/16	1991	31.6	2/25
1972	23.1	1/16	1992	32.7	2/25
1973	23.3	2/16	1993	34.5	2/25
1974	25.5	2/16	1994	35.0	2/26
1975	28.5	4/17	1995	36.0	3/28
1976	29.1	4/17	1996	36.7	4/28
1977	30.4	5/18	1997	35.7	4/28
1978	32.1	4/19	1998	42.5	11/28
1979	33.2	7/19	1999	38.6	6/28
1980	33.5	5/20	2000	39.0	8/28
1981	34.0	3/20	2001	38.6	9/28
1982	34.2	2/20	2002	38.8	7/28
1983	34.5	2/20	2003	38.4	7/28
1984	33.8	3/20	2004	37.0	6/28
1985	32.7	2/20	2005	38.4	8/28
1986	32.8	2/21	2006	36.2	6/28
1987	33.2	2/21	2007	36.0	5/28
1988	32.4	2/21	2008	37.1	5/28
1989	31.4	2/21			

（注）順位は、OECD諸国中の小さい方からの順位
（資料）OECD Factbook 2010

ろう。

前者の代表はオーストリア、イタリアといった国が該当し、後者の代表はメキシコ、ノルウェー、アイルランド、韓国といった国が該当する。日本はだいたい平均的な線の近くである。公務員の給与水準や働きぶりの問題もあるので、これが必ずしも政府の効率・非効率を直接表現しているわけではない。

なお、日本が小さな政府であるのはいつからであろうか。公務員数規模は連続したデータが容易には得られないので、ＯＥＣＤ諸国における財政規模の順位を表１－４に掲げた。データの得られる国の中での下からの順位を見ると、１９７０年以降だいたい一貫して小さな政府であったことが分かる。

日本の公務員の給与水準は恵まれているか

ＯＥＣＤデータは、さらに公務員給与の対ＧＤＰ比率も示しており、公務員比率と合わせて見てみれば、おおむねの給与水準もうかがうことができる。なお、公務員給与には政府による社会保障負担や諸手当も含まれているので、公務員に対する待遇として含まれていないのは低家賃の公務員住宅など限られたものであろう。

図1-10　日本の公務員の給与は、特段、恵まれてはいない

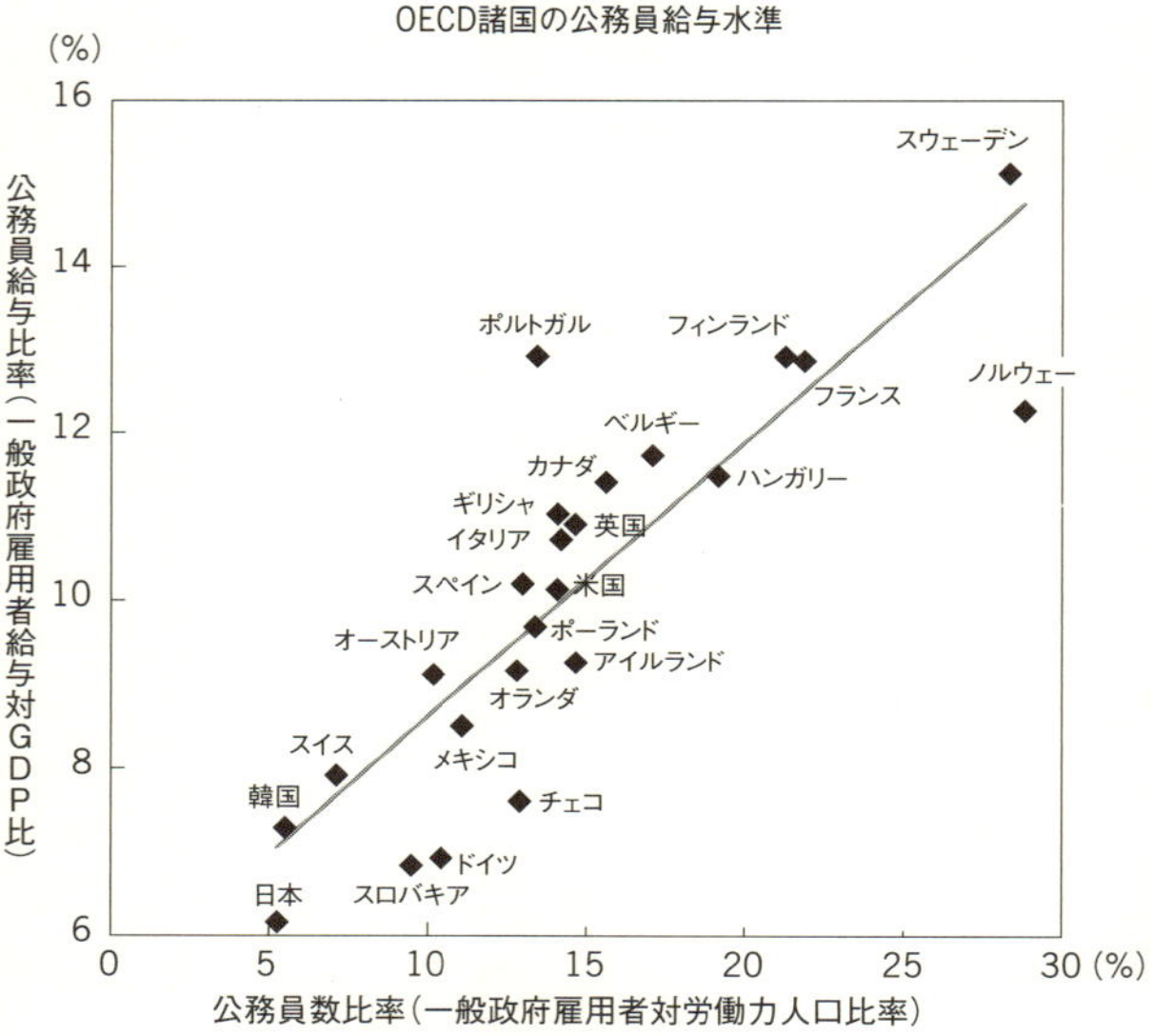
OECD諸国の公務員給与水準
(%)
16
14
12
10
8
6
公務員給与比率（一般政府雇用者給与対GDP比）
0
5
10
15
20
25
30 (%)
公務員数比率（一般政府雇用者対労働力人口比率）
スウェーデン
ポルトガル
フィンランド
フランス
ノルウェー
ベルギー
カナダ
ハンガリー
ギリシャ
英国
イタリア
スペイン
米国
ポーランド
オーストリア
アイルランド
オランダ
メキシコ
スイス
韓国
チェコ
ドイツ
日本
スロバキア

（注）公務員数比率については図1-9参照。
　　　公務員給与比率（一般政府雇用者給与対GDP比）は2007年データによる。ただし、メキシコは2004年、日本・韓国・スイスは2006年データ。ここでの給与には、政府による社会保障負担や任意的な手当等を含む。
（資料）OECD Government at a Glance 2009

　公務員が多い国ほど、公務員の給与総額（人件費総額）も多いはずであるが、この二つの相関図を描いてみれば、一般傾向からどれほど離れているかで給与水準が推定される。

　図1－10に見られる通り、公務員数比率と公務員給与比率はほぼ比例している（二つの指標は年次が異なるので厳密な分析ではな

い。ただ、大きな民営化などがなければ両者とも毎年そう大きく変わらない性格のデータであるので比較が可能だろう）。公務員数規模ばかりでなく、公務員に支払っている給与総額（対ＧＤＰ比）から判断しても日本はＯＥＣＤ諸国の中でも最も小さい政府といえる。

一次近似直線から上方に乖離している国は給与水準が高いと見られるが、ポルトガルがかなり高くなっているのが目立っている。このほか、財政危機が叫ばれているギリシャ、スペインといった国も相対的に給与水準は高くなっている。

小さな政府を標榜する米国は、この図では、公務員数比率、公務員給与比率ともに中位のレベルにあり、小さな政府とはいえない。これは地方公共団体、地方自治体の公務員が多く、その給与も決して低くはないためである。東京新聞は「役人天国アメリカ」という国際面の連載で、強力な組合を背景に地方公務員の給与が民間水準より高く、老後保障も手厚い場合が目立つこと、また自治独立の精神から小さな自治体が非常に多く（人口、面積とも日本より小規模なニューヨーク州の自治体の数が約３４００）、それだけコストは高いことを報じた（２０１０年12月25～27日）。

他方、一次近似直線より下方の国は、給与水準が比較的低い国と見られる。ノルウェー、チェコ、ドイツ、スロバキアといった国では、相対的に給与水準は低いことが分かる。日本についても、この直線より下であり、給与水準が高いとはいえない。ただし、日本の公務員は高年齢化が相対的に進んでいないので、勤続年数の長い高年齢公務員が少ないせいもあって、給与水準が相対的に低く出ている可能性もある。同一年齢、同一役職で給与水準がどうかは、そのための調査をしない限り分からない。

データから見ると、日本の公務員数は労働力人口との対比で最少なので、日本の政府サービスの範囲が他国並みの大きさであるとすると、日本の公務員は「少数精鋭」あるいは「政府サービス実施のための1人当たりの負荷が大きい」と考えることも可能であるが、だからといって以上のように給与水準が世界と比べて高いわけでもなさそうである。

この図は、日本の公務員が公務員以外と比較して恵まれているかどうかを示したものではない。日本の公務員が給与的に恵まれているとしたら、それでも、海外の公務員が恵まれている程度以上ではないことを示しているのである。また、ここで対象となっている公務員は地方自治体職員、教員、警察官などを含んだ広い範囲の公務員であることにも注意が必要である。

なお、この相関図で気をつけなければならないのは、公務員数規模が小さいほど、給与水準が高くなる点である。

図を見れば、日本の公務員数比率は5%であるのに対して、給与比率は6%となっている。とところが、スウェーデンでは公務員数比率28％であるのに対して給与比率は15％である。労働分配率（国民所得に対する雇用者報酬の割合）はどの国も7割前後であることを考えると、日本の公務員の1人当たりの給与水準は相対的に高いと結論づけられる。日本の公務員の給与が雇用者全体と同じ水準であれば、5％×0・7＝3・5％にしか給与比率がならないはずであるのに、実際の6％はこれの1・7倍（6％÷3・5％）なのである。スウェーデンは、同じ値が0・8倍（15％÷19・6％（＝28％×0・7））である（国民所得をGDPと同じとし労働分配率を0・7で計算）。

図の一次近似線は、公務員の数が少ないほど給与水準が高くなる、というOECD諸国における一般傾向を表していると考えられる。公務員数比率が5％の日本のような国と公務員比率が28％のスウェーデンのような国とでは、公務員の職種の内容がまるで異なっていると考えなければならない。日本では民間が行っている教育、保健医療、福祉などの分野の多くが公務員によって担われていると考えなければ帳尻が合わない。実際、女性比率の比較では日本は20％、スウェーデンは49％である。男女の給与水準の差や勤続年数の差、パートタイマーの比率の違いなどが一般傾向を生んでいると考えられる。

したがって、いわゆる省庁の官僚や役場・役所職員など本来の政府事務に公務員の範囲が限られてくるのに応じて、相対的な給与水準は高まっていくのがＯＥＣＤ諸国の一般傾向であることを図の一次近似線は表していると考えられる。こうした傾向のなかで日本の公務員の給与水準については、それが一般傾向から見て特段に恵まれているわけではないと解釈しなければならない。

5 無駄な公共事業が多いというのは本当か
――異常な水準に縮小した公共事業――

日本の公共事業はどこまで増えて、どこまで減ったのか

日本では無駄な公共事業が多過ぎる、というのが通常の日本人の感覚ではないだろうか。それでは、日本の公共事業が他国と比較して本当に多いのかを客観的な指標で確認してみることとする。

公共事業の定義は各国でさまざまなので、国際比較が可能なＳＮＡ上の一般政府総固定資本形成の対ＧＤＰ比で比較した。ここで一般政府とは、前節でも見たように中央政府と地方政府、および社会保障基金を指す。

予算の用語では、公共事業は道路や橋、港湾、上下水道などの建設を指すことが多い。予算案などで使用される公共事業という用語とＳＮＡ上の公的総固定資本形成（Ｉｇ＝以下、政府投資）とでは以下の点が異なる。

・公共事業には土地代金が含まれるが、政府投資には含まれない。
・政府投資にはコンピューターのソフトなどへの投資も含まれるが、公共事業には含まれない。
・政府投資に含まれる学校施設への投資や公立病院への投資は、公共事業には含まれない。

なお、ここで掲げている一般政府総固定資本形成は公的総固定資本形成のうち公的住宅、公的企業設備以外の総固定資本形成を指す（公的総固定資本形成全体の4分の3を占める）。

日本の公共事業の対GDP比率は1980年代後半は4％台であったが、1990年代前半、1991年から1993年にかけて一気に6％を超える高い値を占めるようになった（図1－11）。こうした急激な公共事業の拡大は、韓国を除くと他の先進国では類例のないものであった。きっかけは、外圧である。すなわち、対日貿易赤字の累積に困っていた米国は、1990年の日米構造協議の中で、日本の内需拡大とそのための公共投資の拡大を日本に迫った。その結果、対米公約という形で、1991年度から10年間で総額430兆円という公共投資基本計画が策定された。その後、同基本計画は、1995年度から13年間で総額630兆円という規模に膨らまされた（2002年にようやく廃止）。

折からバブル経済の崩壊で、日本経済は深刻な景気低迷の時期を迎えており、数度にわたる大

図1-11　日本の公共事業は「過大」から「過小」へ急落

一般政府総固定資本形成対GDP比率の主要国比較

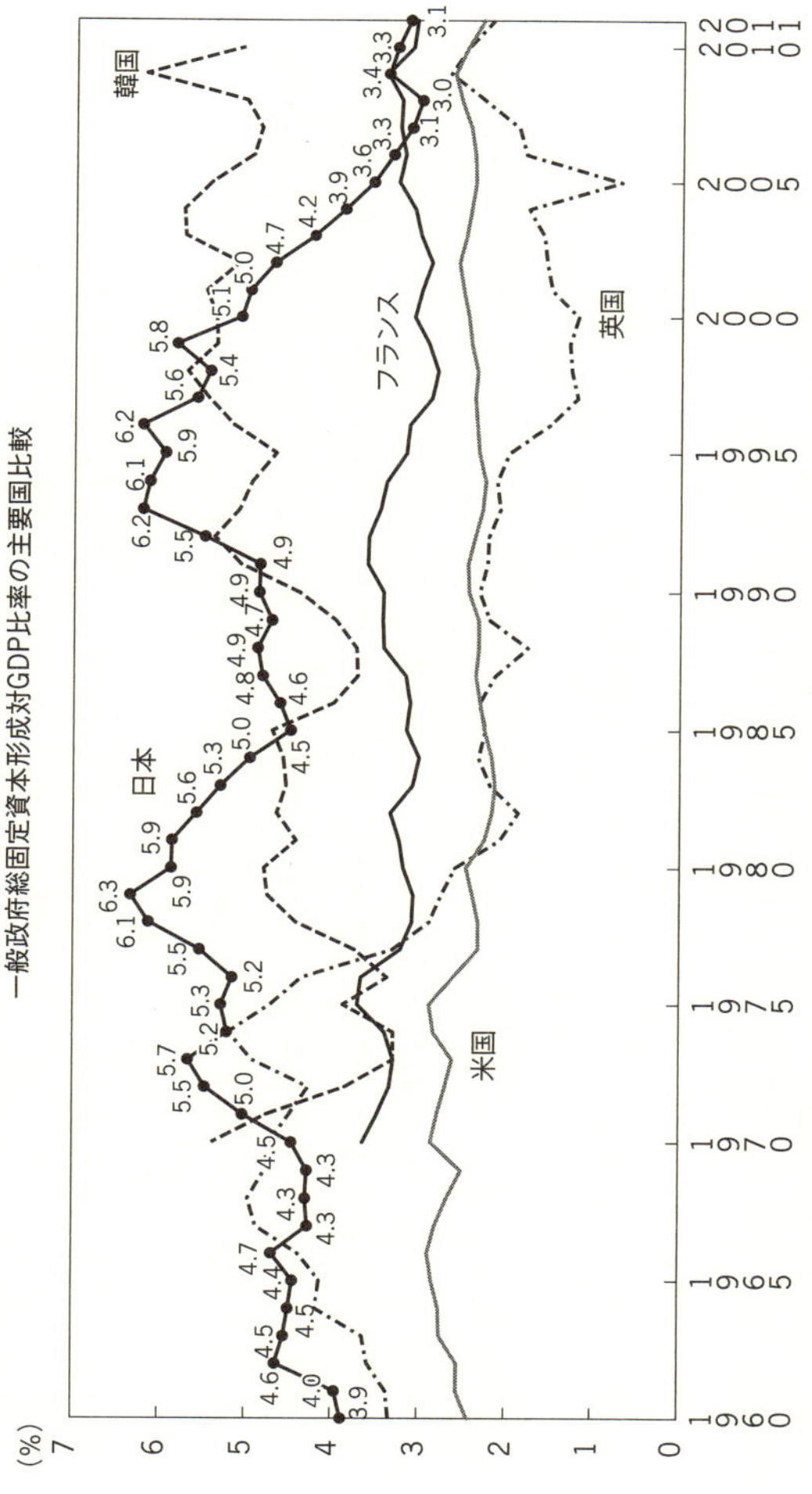

(資料) OECD, "National Accounts of OECD Countries" 1999 (CD-ROM), OECD.Stat (data extracted on 27 Dec. 2012)
内閣府「平成21年度国民経済計算確報」(日本1980～1993年)「平成23年度国民経済計算確報」、(日本1994年以降)

型の景気対策予算が組まれた。その内容は中央、地方を通じた公共事業の拡大であった。

毎日新聞は「公共事業はどこへ」という連載記事の中で官僚から次のような当時への回顧談を引き出している（2010年3月4日）。

「『あるころから、お金を世の中に巡らせることが自分たちの役割となり、お金を公から民へ流す蛇口になってしまった』。道路官僚は説明を続けた。「あるころ」とは政府が公共投資基本計画をまとめた90年を指す。……『それまでの予算編成は、これをここに造らないといけないから、いくらかかるという考えだった。だが、これだけ世の中にカネを出さないといけないから、それに見合った仕事を作れというふうに、パラダイムシフト（枠組みの変化）が起きた』と指摘する。

……旧自治省で景気対策にかかわった元官僚は『地方が「これ以上嫌だ」と言ってもやらせた。公共事業をしなければ、経済はもっとひどいことになっていた』と話す。

しかし、副作用が出る。道路官僚は『ゼネコンの金と票が政治家に行き、そこに官僚が金を付ける構造になってしまった』。89年度に50万9000社だった建設業者は、ピークの99年度には60万1000社に達した。

同じころ、日本経済の体質変化も進んでいた。高度成長時と異なり、公共事業投資が大きな経済効果を生まなくなったのだ。……だが、「新設中心」から「維持補修中心」へ変えるなど、時代の変化に合わせた政策転換はされなかった」

少し、引用が長くなったが、当時の雰囲気はこんな感じであったかと思う。たしかに、こうした公共事業の急拡大は異常であったが、実は、その後の急縮小も異常であった。急縮小の方の異常さは、なかなか新聞記事にならない。

景気が回復しないなかでの公共事業の拡大は、当然、財政構造の大きな悪化を招いた。そのため、１９９７年には公共投資基本計画の3年延長による投資規模の実質縮減など財政再建路線へと舵が切られる。さらに、小泉改革の中では、公共事業費の対前年度比３％減のシーリングが継続するなど、今度は逆方向にタガがはめられ、不必要だから削るというよりも、何パーセント削らなければならないから予算を付けないというように、事態は逆方向に回転していった。毎年度、事業、工事の必要不必要が議論されていれば、図に見られるように対ＧＤＰ比がこうも継続的に縮小し続けることはないと考えられる。

その結果、２００８年には、もともと公共事業の盛んな韓国を下回るだけでなく、フランスをも下回る3・0％にまで落ち込んだ。この3・0％という値は1960年以降の最低水準である。2009年には前年秋のリーマンショック以降の世界的な経済低迷に対する景気対策が麻生政権の下で実施されたので、3・4％へと上昇した。図を見れば分かる通り、先進各国も同様に一般政府総固定資本形成は拡大しており、景気対策のための公共事業が実施されたことがうかがえる。また2010年、2011年には景気対策も落ち着き、日本はそれぞれ3・3％、3・1％へ低下、各国も同様にやや低下している。

国土交通省などは、日本は災害の多い国なのでもともと治山治水や災害復旧のための公共事業が毎年必要であり、それを考えると、インフラを他国並みに整備していくためには対GDP比を他国より高く維持する必要があると主張する。しかし、必要以上に増やした前歴から発言に重みがないためであろうが、なお、縮小が迫られる勢いが続いている。

もっと早い時期であれば適切だったという意味で「遅すぎた標語」というべき「コンクリートから人へ」（鳩山首相施政方針演説2010年1月）を掲げた民主党政権はこの勢いをさらに加速しようとしたが、実際上は水準を維持するのにとどまった。

その後、2012年に政権を回復した自民党・公明党政権が「国土強靱化」という標語で公共事業の復活を目指しているが、東日本大震災関連の復興需要は別にして、一般的な公共事業の拡大についてば国民の賛同は得られていないようである。

しかし、整備新幹線など目立った公共事業を復活させている一方で、必要な分については、どこまで以上がやり過ぎかの基準がないまま減らし過ぎたままの可能性が高い。

長期推移では、日本は高度成長期の１９６０年代には英国、ドイツなどとほぼ同じ水準であったが、その後、ヨーロッパ諸国ではインフラ整備が一段落し、政府投資の対ＧＤＰ比が低下していったのと対照的に、日本は高度成長期並みの毎年の整備拡大を継続したため対ＧＤＰ比ではむしろ上昇傾向となっている。米国の値がもともと低いのが目立っている。広い国土を活用して効率的なインフラ整備が可能となっているのであろう。

長期推移の比較が主要国に限られたのに対し、表１－５にはＯＥＣＤ34カ国中の順位を示している。２０１１年の公共事業費（一般政府総固定資本形成）の対ＧＤＰ比は日本の場合３・１％であったが、これは、ＯＥＣＤ34カ国中14位とやや高いが、ほぼ中位の規模である。

ＯＥＣＤ諸国の中で公共事業費の割合が最も高いのはポーランドの５・７％であり、韓国が５・１％、エストニアが４・２％でこれに次いでいた。

逆に、最も低い国はオーストリアの１・０％、これに次いでドイツの１・６％である。旧ドイツ領に広がる高速道路網であるアウトバーンが、しばしばヒトラーの「唯一の功績」として、失

表1-5　OECD諸国の一般政府総固定資本形成対GDP比率

	国名	値(%)	国(中央政府)の割合(%)		国名	値(%)	国(中央政府)の割合(%)
1	ポーランド	5.7	46.8	18	メキシコ	2.8	29.5
2	韓国	5.1	40.2	19	ポルトガル	2.6	48.7
3	エストニア	4.2	70.6	20	アイルランド	2.5	43.9
4	カナダ	4.1	9.0	21	フィンランド	2.5	27.0
5	ルクセンブルク	3.7	60.6	22	米国	2.3	16.2
6	チェコ	3.6	39.6	23	スロバキア	2.3	39.7
7	スロベニア	3.6	41.5	24	チリ	2.3	…
8	オーストラリア	3.6	34.0	25	スイス	2.3	24.6
9	スウェーデン	3.4	42.8	26	英国	2.2	45.4
10	オランダ	3.4	32.6	27	デンマーク	2.2	32.7
11	ニュージーランド	3.3	51.7	28	イタリア	2.0	26.4
12	トルコ	3.2	60.3	29	アイスランド	1.8	44.4
13	ノルウェー	3.2	43.0	30	イスラエル	1.8	34.1
14	日本	3.1	25.0	31	ベルギー	1.8	9.1
15	フランス	3.1	16.2	32	ギリシャ	1.7	69.1
16	ハンガリー	3.0	41.5	33	ドイツ	1.6	22.2
17	スペイン	2.9	29.7	34	オーストリア	1.0	27.7

（注）OECD諸国の2011年データ（大きい順）。ただし韓国、カナダ、ニュージーランド、トルコ、チリは2010年データ。
（資料）OECD.Stat（data extracted on 01 May 2013）

業対策の効果があった先見性の高い公共事業として称賛されることもあるが、ドイツ、オーストリア、ベルギーなどは既存の公共施設の整備水準が高く、新規の公共事業をそれほど必要としないためこの値が低くなっている側面もあろう。

全体を見渡しても公共事業費の割合の高い国は、概して、新興国あるいは途上国に近い国が多く、ドイツ、フランス、英国、イタリアといった西欧主要先進国は相対的にこの割合が低い傾向が見て取れる。やはり、過去の蓄積が影響していると考えられる。

旧英国植民地の中では、米国は例外であるが、カナダ、オーストラリア、ニュージーランドの公共事業費の割合はいずれも日本より高く、国土が広い新大陸的な性格をなお残していると考えられる。

日本の値が相対的に高いのは、災害が多いせいばかりではない。日本の都市は人口密度の低い市街地が拡大するスプロール化が進んでおり、道路や下水道、通信網などのインフラの投資効率が悪い点も、相対的に他国より公共事業が多かった理由であろう（人口減少社会となりこれ以上スプロール化の弊害を放置しえないため、最近はコンパクトシティーが都市整備の基本方向となっている）。

とすれば、なおさら、現在の状況は減らし過ぎの可能性が高い。

私見では、高齢化社会に伴う健康福祉コストの増大に対処するためには、また食料自給率の維持強化、山林など自然の保全には、日本の場合は外国人労働に依存するわけにはいかないので、積極的なロボット化など機械力のフル活用、およびそれに対応した集落・都市構造と道路などのインフラの強化が不可欠であると考えられる。そのための研究開発やインフラ整備に重点的に投資することが将来の健康福祉・農林業のコスト低減につながるといえる。そう考えると、最近の政府投資対GDP比の低下は百年の計を誤るものとしか思えない。

地方の公共事業が減り、国の公共事業が維持されている

国の基幹的な公共事業はこのままペースダウンしていても差し支えがないが、人がますます足りなくなる地方の末端における公共事業は、人手不足への対処という意味から、減らし過ぎると将来に禍根を残すというのが私の考えである。そこで、国と地方の公共事業の推移を比較してみよう。

まず、前提として、日本の公共事業の中央政府（国）の割合は高いのか低いのか。一般政府に関する統計は一般会計、特別会計等の決算書をもとに組み上げられている。記録は「最終支出主体主義」を採用しており、地方政府が中央政府から2分の1の国庫補助を受けて道路建設を行っ

た場合は、すべて地方政府の公的投資として計上される。すなわち、工事の発注者で区分されている。なお、旧国民所得統計（53ＳＮＡ）では「資金源泉主義」が採用されていた。

中央政府と地方政府の割合については、国の規模や連邦制を採っているかなどの事情で左右されるので、あくまで参考程度に見ておく必要がある。また公共事業の発注が中央と地方のどちらかで区分されているのであり、予算配分権限がどちらにあるということを必ずしも示してはいない。こうした点を前提とした上で、中央政府の比率について上位３位と下位３位を抜き出すと以下の通りである（表１－５参照）。

（上位３位）

1．エストニア　71％
2．ギリシャ　69％
3．ルクセンブルク　61％

（下位３位）

1．カナダ／ベルギー　９％
2．米国／フランス　16％

図1-12　地方自治体の公共事業が削減され、国の公共事業は維持

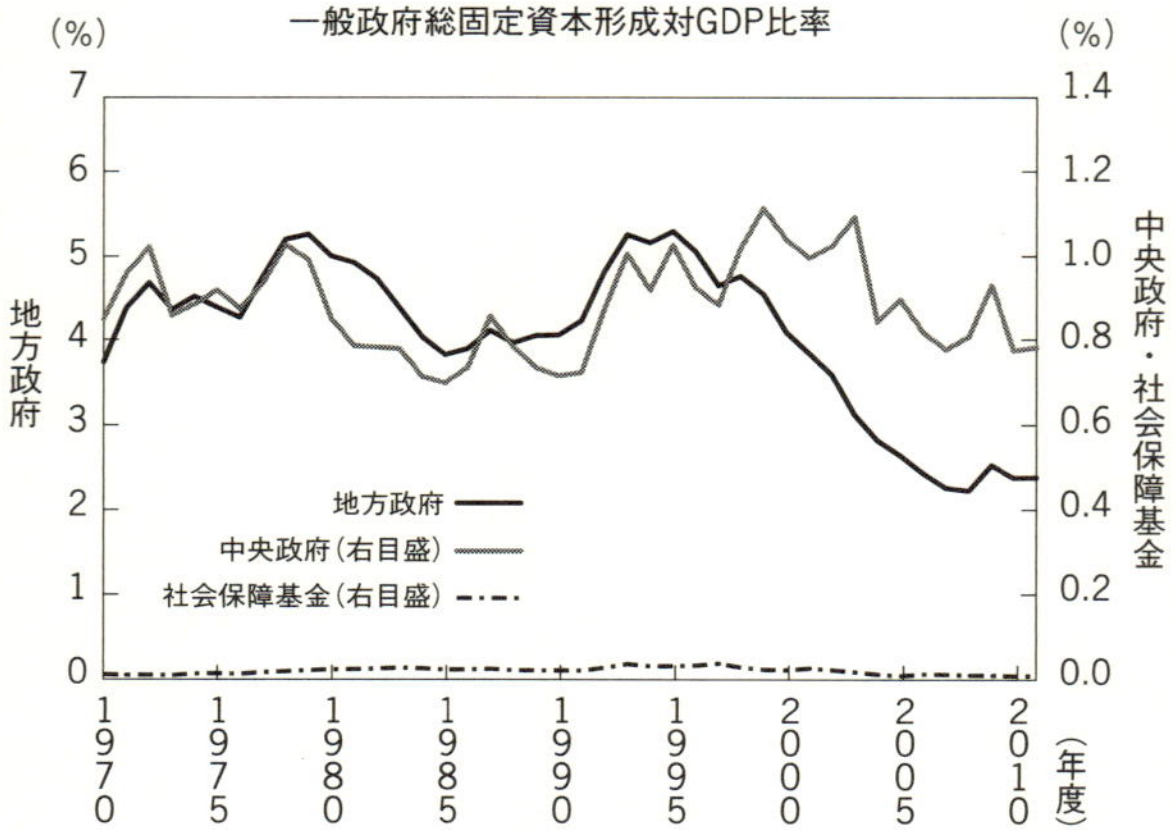

（資料）1998年度国民経済計算（68SNA）（1970～1979年度のデータ）
2009年度国民経済計算（93SNA）（1980～2000年度のデータ）
2011年度国民経済計算（93SNA）（2001～2011年度のデータ）

3．ドイツ　22％

日本は25％とドイツに次ぐ低さとなっており、地方政府が公共事業の中心となっている国の一つとはいえよう。

次に、中央政府と地方政府の総固定資本形成の対GDP比の推移を見ると、1990年代後半までとそれ以後とで両者の推移パターンには大きな変化が生じたことが明らかである（図1－12）。

1990年代後半までは、中央政府の動きも地方政府の動きも若干のズレもあるが、おおむね、一体的に動いていたことが分かる。全体が減少するときには両方とも減少し、景気対策や対米配慮による財政出動で、全体が増加するときには両方とも拡張されていたのである。

ところが、小泉改革時を含む１９９０年代後半以降の公共事業の中長期的な削減傾向のなかでは、地方政府の削減が大きかった一方で、中央政府の公共事業は対ＧＤＰ比で若干削減されたものの、ほぼ横ばいを続けたのであった。

地方分権の動きを振り返ると、１９９５年に地方分権推進法が施行され、それに基づき地方分権改革推進委員会を設置、１９９８年に地方分権推進計画の決定、２０００年の地方分権一括法の施行までの改革が、いわゆる第一次分権改革として進められた。地方分権一括法により、国は、国が本来果たすべき役割を重点的に担い、住民に身近な行政はできる限り地方公共団体に委ねることを基本として、地方公共団体との間で適切に役割を分担するものとされた（地方自治法第1条の2第2項）。

例えば、この考え方に沿って、国の機関が地方の機関に指図して、あれこれ仕事をさせる機関委任事務が廃止された。こうしたシステム変更により中央は地方に対して指図しない代わりに予算の面倒も見なくなった（見られなくなった）のではなかろうか。

その後、２００３～２００６年度の時期には、いわゆる小泉政権下の「三位一体の改革」（補助金削減、地方への税源移譲、地方交付税見直し）で、本来は補助金削減と税源移譲はイコールのはずであったが、実際は、税源移譲を上回る補助金削減が実施され、地方の公共事業削減が加速されたのであった。

中央政府の公共事業は、景気対策のための補正予算によって底上げされる場合が多い。中央政府分の対GDP比の1998～1999年度、および2009年度の上昇は、それぞれ、小渕内閣の景気対策、および麻生内閣時の景気対策によるものと考えられる。

中央と地方の対GDP比の動きの乖離は、1998～1999年度に、中央の上昇に地方が追従しなかった（お付き合いしなくなった）ことから始まっている。一般に、1990～1993年度の地方の公共事業の急増は「国が策定した景気対策と整合的に自治体の公共事業を促し、それを実現すべく起債許可を与え、地方債が増発された」ためとされる（土居丈朗『地方債改革の経済学』日本経済新聞出版社、66頁）。1998～1999年度の新事態は、いくら起債が可能でも、もうこれ以上、景気低迷下の税収不足のなかで自治体が公共事業を拡大できないと考えたため生じたのか、それとも起債を許可する国の側で何らかの方針転換があったためか、なのであろう。

その後の2000年の地方分権一括法や2003～2006年度の三位一体の改革は、こうして始まった乖離を促進しただけのようにも見える。中央と地方の公共事業の動きの乖離が、主として、地方の財政の状況によるのか、それとも中央と地方の関係の変化によるものなのかは、判断が難しい。

ともかく、実際上は、国レベルが維持されて、本来維持すべき地方レベルが削減されたのであった。結果としては、中央省庁の役人は地方に削減分を押しつけ、自分たちに直接つながるテリトリーはなるべく守ってきているようにしか見えない。政治家は「コンクリートから人へ」ではなく「人のためのコンクリート」を主張すべきなのである。地方分権改革を地方の手でという動きも、根本的にはこうしたところから起こってきていると考えられる。

第　2　章

本当に仕事で多忙なのか

──日本人の意外な生活実態──

1　日本はむしろ仕事のストレスの少ない国
――データの表し方によって変わる仕事のストレスの大小――

日本は仕事のストレスの多い国？　少ない国？

日本は自殺の多い国である。過労死が問題となることが多い。若者のうつ病が増えている。こうしたことを考え合わせて、日本は仕事のストレスが多い国だと信じ込んでいる人が多いようである。だが、果たして、本当にそうなのか。

前章で、日本は「大きな政府」か「小さな政府」かについて触れた際、ＯＥＣＤ（経済協力開発機構）がまとめる統計データは、必ずしも日本向けに編集されているわけではないので、日本人にとっては意外だと思われるようなものも多く含まれていると述べたが、Society at a Glance 2009というＯＥＣＤの報告書に掲載されていた図２－１のデータもその良い例である。

私は「一般通念はあやしい」とハナから思っているので、どう見ても日本における仕事のストレスは相対的に小さいとしか解することのできないこのデータに驚きを感じ、そのまま私が運営する社会実情データ図録サイトで取り上げた。

図2-1　日本は仕事のストレスの少ない国である（OECD諸国比較）

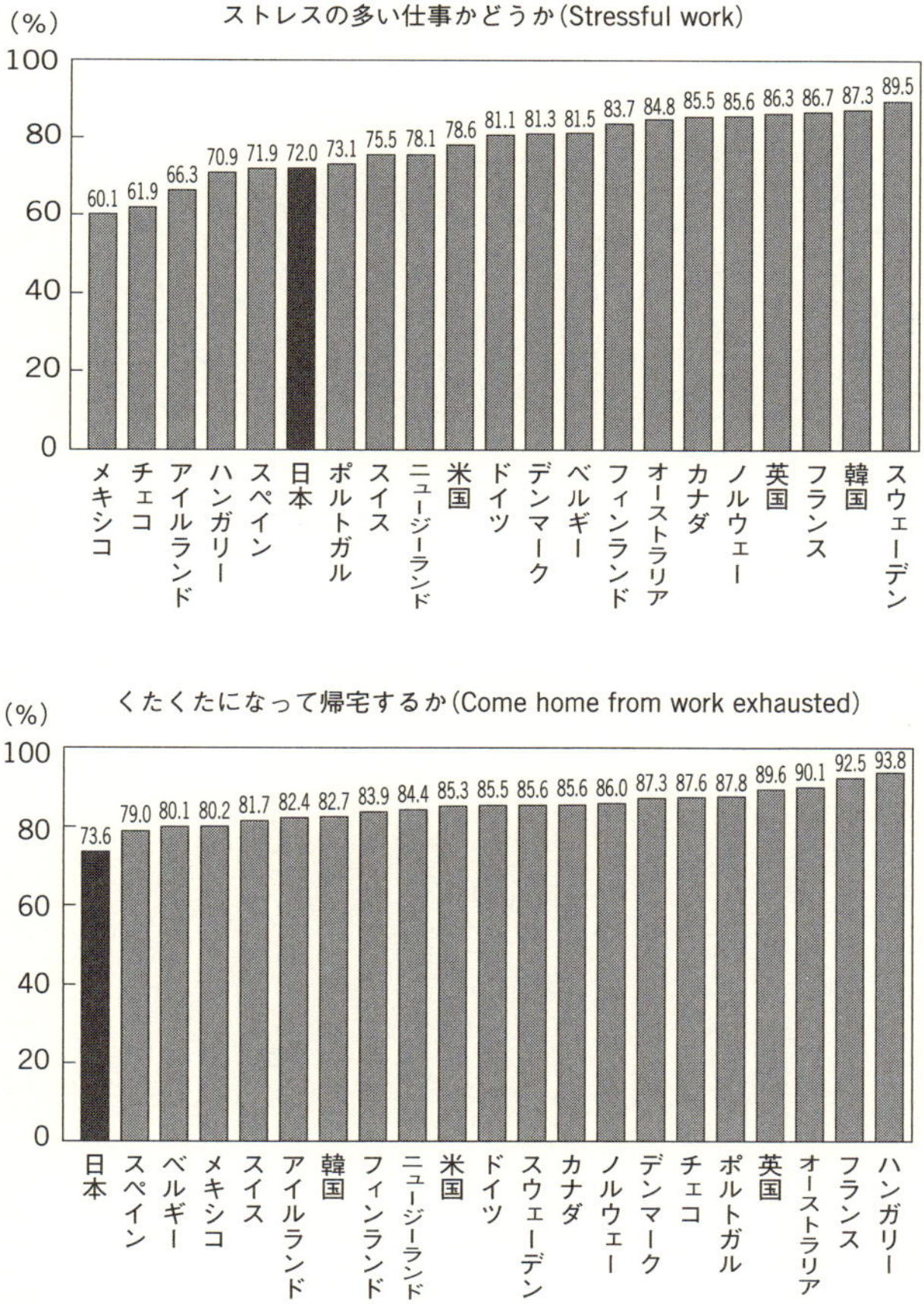
ストレスの多い仕事かどうか(Stressful work)
(%)
100
80
60
40
20
0
60.1 メキシコ
61.9 チェコ
66.3 アイルランド
70.9 ハンガリー
71.9 スペイン
72.0 日本
73.1 ポルトガル
75.5 スイス
78.1 ニュージーランド
78.6 米国
81.1 ドイツ
81.3 デンマーク
81.5 ベルギー
83.7 フィンランド
84.8 オーストラリア
85.5 カナダ
85.6 ノルウェー
86.3 英国
86.7 フランス
87.3 韓国
89.5 スウェーデン
くたくたになって帰宅するか(Come home from work exhausted)
(%)
100
80
60
40
20
0
73.6 日本
79.0 スペイン
80.1 ベルギー
80.2 メキシコ
81.7 スイス
82.4 アイルランド
82.7 韓国
83.9 フィンランド
84.4 ニュージーランド
85.3 米国
85.5 ドイツ
85.6 スウェーデン
85.6 カナダ
86.0 ノルウェー
87.3 デンマーク
87.6 チェコ
87.8 ポルトガル
89.6 英国
90.1 オーストラリア
92.5 フランス
93.8 ハンガリー

（注）ISSP（International Social Science Programme）Work Orientations, wave III（2005）による。調査対象は各国1000～2000人。そのうち16歳以上就業者（自営業を含む）への問。ベルギーはフランダースのみ、ドイツは西ドイツ諸州のみ、英国は北アイルランドを除く。

（資料）OECD, Society at a Glance 2009

すると、まもなく、過労死で友人を亡くされた方から、そのデータは経営者側に労働者をもっと働かせる余地があるというメッセージを送ることになるので、むしろ、過労死のデータに変更するようにという抗議のメールをいただいた。

実際に、原データである仕事のストレスに関するＩＳＳＰ（International Social Science Programme）国際共同調査の結果（対象32カ国、各国平均７７０人の就業者がサンプル）に当たって調べてみると、図２－２のように、取り方によっては、日本における仕事のストレスは小さくないことが分かった。

そこで、図録サイトでは、追加コメントとして、日本では強くストレスを感じている人も多いという点を強調したが、ここでは、データの取り方により正反対の結果となる各国のストレス構造の内容について、もう少し立ち入って分析しておこう。

図２－１では、日本の順位は下から6位であり、日本は仕事のストレスの少ない国であるといえる。逆に、図２－２では、日本の順位は上から4位であり、日本は仕事のストレスの多い国であるといえる。マスコミや一般的な報告書では、日本の仕事のストレスが大きいとする図２－２に沿った形で結果を発表した方が通りがよいであろう。

実際、ＩＳＳＰ調査の日本側の担当調査機関であるＮＨＫ放送文化研究所は、この調査を取り

図2-2 日本は仕事のストレスの多い国である（OECD諸国比較）

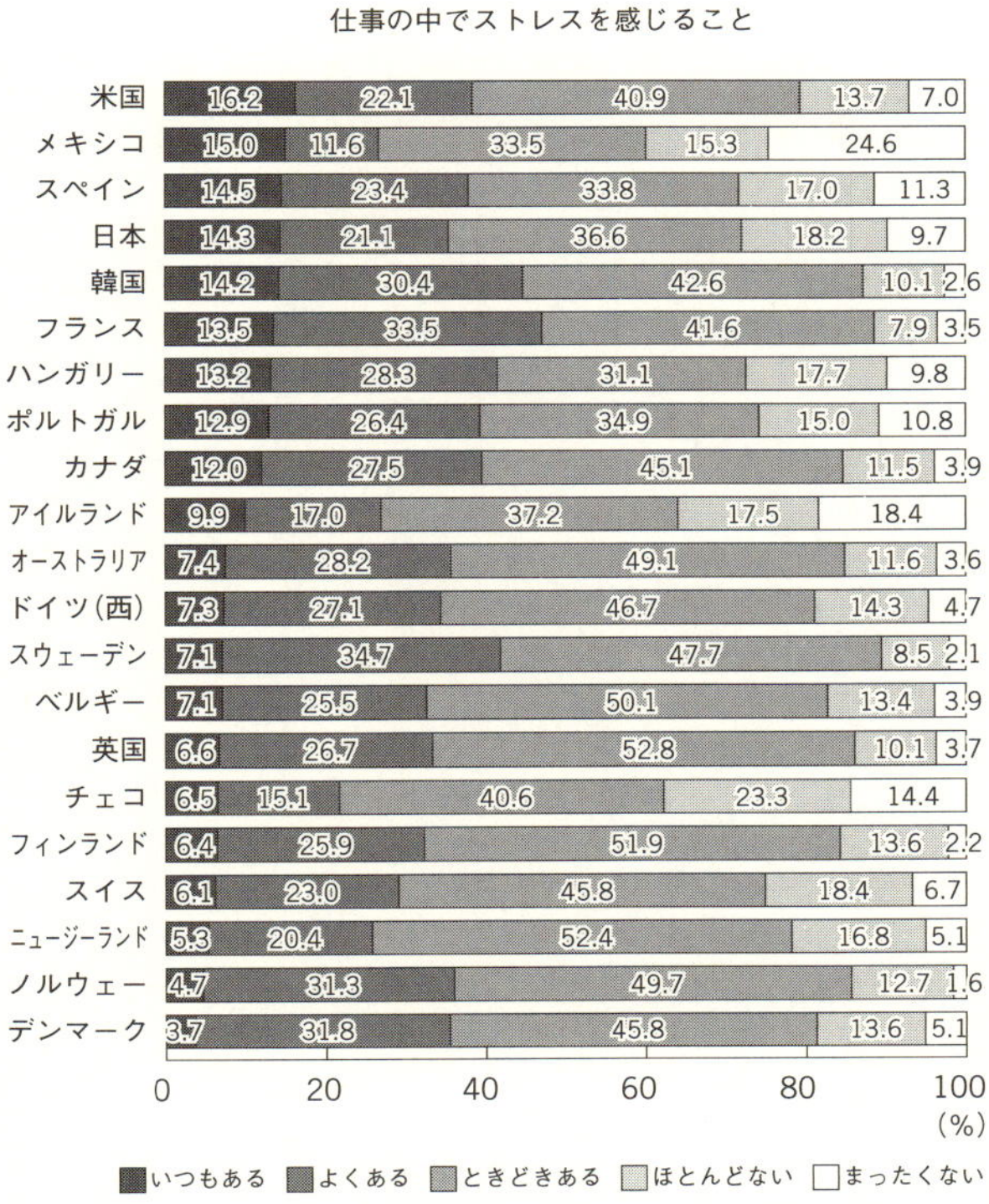
仕事の中でストレスを感じること
米国 16.2 22.1 40.9 13.7 7.0
メキシコ 15.0 11.6 33.5 15.3 24.6
スペイン 14.5 23.4 33.8 17.0 11.3
日本 14.3 21.1 36.6 18.2 9.7
韓国 14.2 30.4 42.6 10.1 2.6
フランス 13.5 33.5 41.6 7.9 3.5
ハンガリー 13.2 28.3 31.1 17.7 9.8
ポルトガル 12.9 26.4 34.9 15.0 10.8
カナダ 12.0 27.5 45.1 11.5 3.9
アイルランド 9.9 17.0 37.2 17.5 18.4
オーストラリア 7.4 28.2 49.1 11.6 3.6
ドイツ(西) 7.3 27.1 46.7 14.3 4.7
スウェーデン 7.1 34.7 47.7 8.5 2.1
ベルギー 7.1 25.5 50.1 13.4 3.9
英国 6.6 26.7 52.8 10.1 3.7
チェコ 6.5 15.1 40.6 23.3 14.4
フィンランド 6.4 25.9 51.9 13.6 2.2
スイス 6.1 23.0 45.8 18.4 6.7
ニュージーランド 5.3 20.4 52.4 16.8 5.1
ノルウェー 4.7 31.3 49.7 12.7 1.6
デンマーク 3.7 31.8 45.8 13.6 5.1
0 20 40 60 80 100
(%)
いつもある よくある ときどきある ほとんどない まったくない

（注）「いつもある」の比率でソート。日本は、「くたくた帰宅」でも「いつもある」だけだと7位に上昇（図2-1参照）。
（資料）ISSP, "Work Orientations, wave III" (2005)

上げ、「いつもある」と「よくある」の二つの値の合計では日本はそれほど高くなく、また、後節で触れる「ぐったりと疲れて仕事から帰ること」があるかでは、むしろ、日本の値は他国と比べて明らかに低いにもかかわらず、「仕事のストレスが多い日本」という表題の下に結果を紹介している（西久美子・荒牧央「仕事の満足度が低い日本人〜ＩＳＳＰ国際比較調査「職業意識」から〜」『放送研究と調査』２００９年６月号25頁）。

「中ストレス型」と「両極分化型」

どうしてこういう違いが生じるかというと、図２－３のように、仕事のストレスが「ときどきある」という人が一般的には多く、「ストレスあり」にここまで入れるかどうかで結果が大きく異なるからである。

米国のように、ストレスありの三つの選択肢のいずれも日本より回答率が多ければ、どこまでをストレスありと判定しても結果は変わらないが、英国のように、「いつもある」だけだと日本よりずっと小さく、一方で、「ときどきある」まで入れると日本よりずっと大きくなるような国では、判定の方法によって結果が大きく異なるのである。

こういう差が出てしまうということは、ほとんどの人がときどきストレスを感じているような

図2-3　ストレスの感じ方についての回答パターン

仕事の中でストレスを感じること（すべての選択肢）

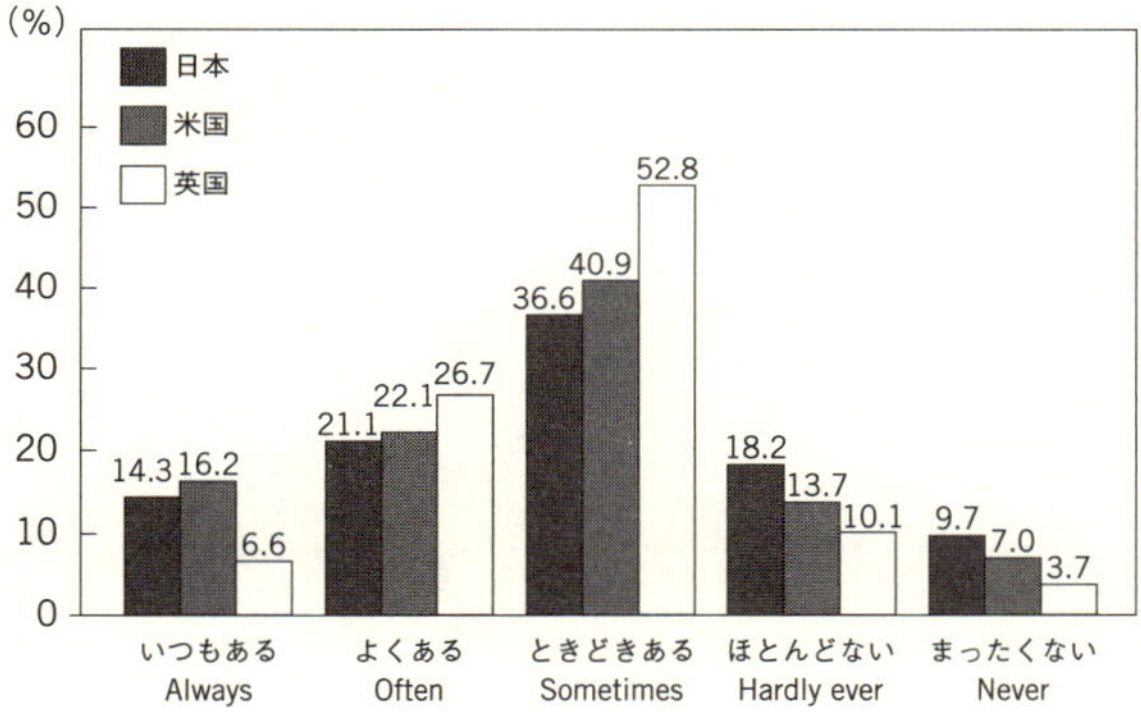
(%)
60
50
40
30
20
10
0
日本
米国
英国
14.3
16.2
6.6
21.1
22.1
26.7
36.6
40.9
52.8
18.2
13.7
10.1
9.7
7.0
3.7
いつもある
Always
よくある
Often
ときどきある
Sometimes
ほとんどない
Hardly ever
まったくない
Never

（資料）図2-2と同じ

国と、ストレスを感じている人と感じていない人の両方が多い国というパターンの差異を抜きにして、この調査の結果を解釈するのは間違っているということである。前者を「中ストレス型」の国、後者を「両極分化型」の国と呼んでおこう。

ＩＳＳＰ調査の結果からＯＥＣＤ諸国以外も含めてこれを図示してみよう。ＩＳＳＰ調査は、五つの選択肢で仕事上のストレスの状況を聞いている。すなわち「いつもある」、「よくある」、「ときどきある」、「ほとんどない」、「まったくない」のうち一つを選ぶ設問としている。ＯＥＣＤ諸国以外を含む調査対象32カ国の平均では、それぞれの構成比が10・4％、24・6％、41・7％、14・6％、

図2-4　ストレス構造は両極分化型と中ストレス型に分けられる

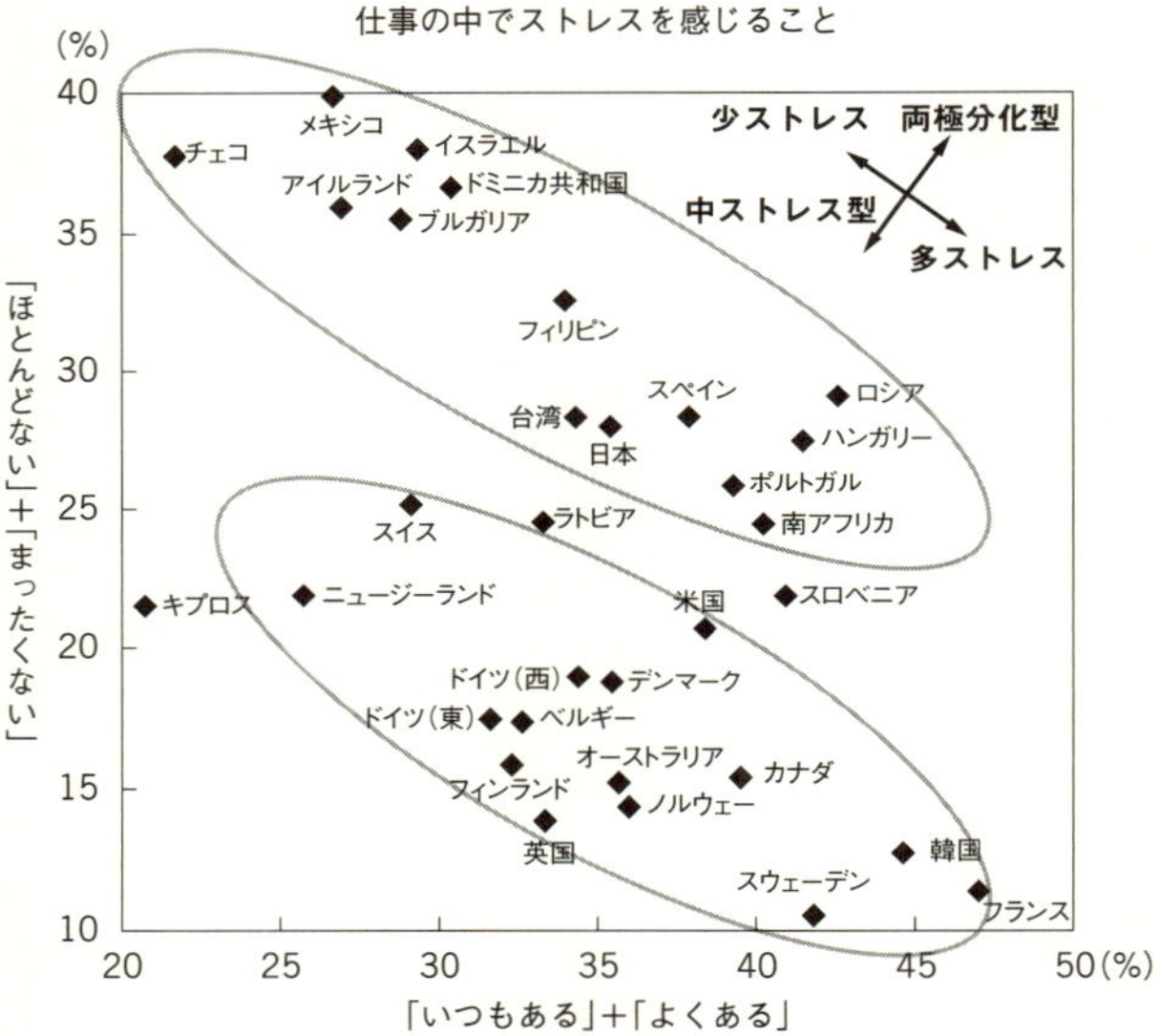
仕事の中でストレスを感じること
(%)
40
35
30
25
20
15
10
「ほとんどない」+「まったくない」
20
25
30
35
40
45
50(%)
「いつもある」+「よくある」
少ストレス
両極分化型
中ストレス型
多ストレス
メキシコ
チェコ
イスラエル
アイルランド
ドミニカ共和国
ブルガリア
フィリピン
スペイン
ロシア
台湾
日本
ハンガリー
ポルトガル
スイス
ラトビア
南アフリカ
キプロス
ニュージーランド
米国
スロベニア
ドイツ(西)
デンマーク
ドイツ(東)
ベルギー
オーストラリア
カナダ
フィンランド
ノルウェー
英国
韓国
スウェーデン
フランス

（資料）図2-2と同じ

8・8%となっている。ときどきストレスを感じる人が4割以上と最も多くなっている。

そこで、ストレスを多く感じているという最初の二つの回答率の合計をX軸にとり、ストレスを感じていないという最後の二つの回答率の合計をY軸にとった散布図を描いてみた（図2－4）。散布図の右下方向は、ストレスを多く感じる人が多く、ストレスを感じない人が少ないので、「多ストレス」を表している。反対方向は「少ストレス」ということになる。また、散布図の右上方向は、どちらも多いことを表し、「両極分化型」であることを示している。逆方向は、「中ストレス型」を表している。ストレス構造が単純であれば、ストレスの強い国から弱い国へと右下がりのマイナスの相関分布が見られるはずである。ところが、R^2値は０・２５４１と低く、むしろ両極分化型か中ストレス型かに分かれているという側面が大きいことが分かる（R^2値は、散布データが、傾向線から乖離しているバラツキの程度を表す係数であり、すべてのデータが傾向線上に当てはまる場合は１、まったく当てはまらない場合は０となる）。

興味深いことに、両極分化型のグループと中ストレス型のグループに分けてみると、前者には、途上国や体制移行国が多く含まれ、後者には、欧米諸国が多くなっている（例外は韓国だけ）。

そして両極分化型のグループの中にも、ロシア、ハンガリーといったストレスを強く感じる人が多い国もあれば、チェコ、メキシコといったストレスをあまり感じていない人が多い国もある。中ストレス型のグループの中にも、フランス、韓国といったストレスの多い国もあれば、スイス、ニュージーランドのようにストレスの少ない国もある。

日本は、どちらかというと両極分化型に属し、ストレス程度は中程度である。すなわち、日本は仕事のストレスの程度では中位の国だというのが正しい解釈だということになる。

それでは、なぜ、欧米諸国には中ストレス型パターンが多く、途上国には両極分化型パターンが多いのであろうか。おそらく、欧米は多くの市民が中程度のストレスを感じながら効率よく仕事ができる勤労社会を形成することに成功したのに対し、途上国では、あまりストレスを感じる必要のない伝統的な勤労社会を保持しながら、同時に、近代化されたストレスの多い勤労部門が社会を引っ張るという構造が形成されているためと思われる。

日本は、欧米主要国と比較すると、ストレスの多い人と少ない人が両極分化しているので、最初に見たように、どの程度のストレスで「ストレスあり」とするかによって、日本はストレスの多い国とも少ない国とも主張できる結果が得られるのである。

日本社会は、欧米流の近代化が進んだとはいっても、なお、近代化以前の伝統的な働き方を捨て去ってはおらず、キリキリしながら働いている人ばかりではないのだろうと推測できる。その一方で、効率優先の職場も重要な役割を果たしており、その中で長時間労働や高ストレスにさいなまれながら仕事をしている人も多いので、過労死が社会問題となる。日本の場合は、途上国のように都市部と農村部、あるいは近代産業と在来産業の対立というより、同じ職場の中に両方の働き方が混在している可能性が強い。

2　日本人の労働は長くて辛い？
――長時間労働を必ずしも辛いと感じていない日本人――

長時間労働が特徴となっている日本

バブル経済の時代、世界から働き過ぎという批判を受け、1987年の新前川レポートが労働時間1800時間への時短（時間短縮）を国際的に公約してから、1988年には労働基準法が改正され、法定労働時間が週48時間から週40時間へ短縮された（1997年まで中小企業に猶予措置あり）。こうした流れのなかで、1990年代に、週休2日制が普及し、折からの長期不況も時短の点からは幸いし日本の労働時間は短くなった。

労働時間の統計には、事業所単位の調査（毎月勤労統計調査）と世帯単位の調査（労働力調査）とがあり、前者はサービス残業が反映されていないので後者よりも労働時間が短くなっているが、時系列変化では、両方とも日本人の労働時間は短くなっていることを示している。

ここでは、世帯単位の調査である労働力調査の結果から、長時間労働者として、週49時間以上働いている非農林業雇用者数を取り上げ、その割合の推移を図2－5に示した。

最初に労働時間別の雇用者数分布を参考図で見てみると、週49時間以上が1212万人（22・2％）おり、そのうち60時間以上が490万人（9・0％）となっている。長時間労働者の男女別の内訳はやはり男性が多くなっている。

週49時間以上の労働者の割合は高度経済成長期には4割を超えていたが、1973年のオイルショック後の経済低迷のなかで急減した。バブル経済期には再度増加して、1988年には39・2％のピークに達した。その後は時短の推進とバブル崩壊の影響で25％程度にまで低下し、2000年代の前半に一時期景気が良かったため上昇したが、2004年の28・1％のピークの後に、再度、低下傾向にある。

このように長時間労働者の割合は減ってきているのに、なぜ、過労死社会となっていると指摘されることが多いのであろうか。その理由の一つは、男性の平日の労働時間に限ってみると長時間労働が増えているからである。

時短の取り組みは、日本の場合、平日の労働時間短縮というより、土曜日の休日化や祝祭日の増加によるところが大きかった。また、近年、非正規労働者が大きく増加し、これと並行して男性中堅正社員への負荷が高まっている。こうした点が全体の労働時間の減少、長時間労働の縮小傾向のなかで、一部で、長時間労働が深刻化する理由となっていると考えられる。

図2-5　長時間労働は減る傾向にある

非農林業雇用者のうち週間就業時間49時間以上の比率

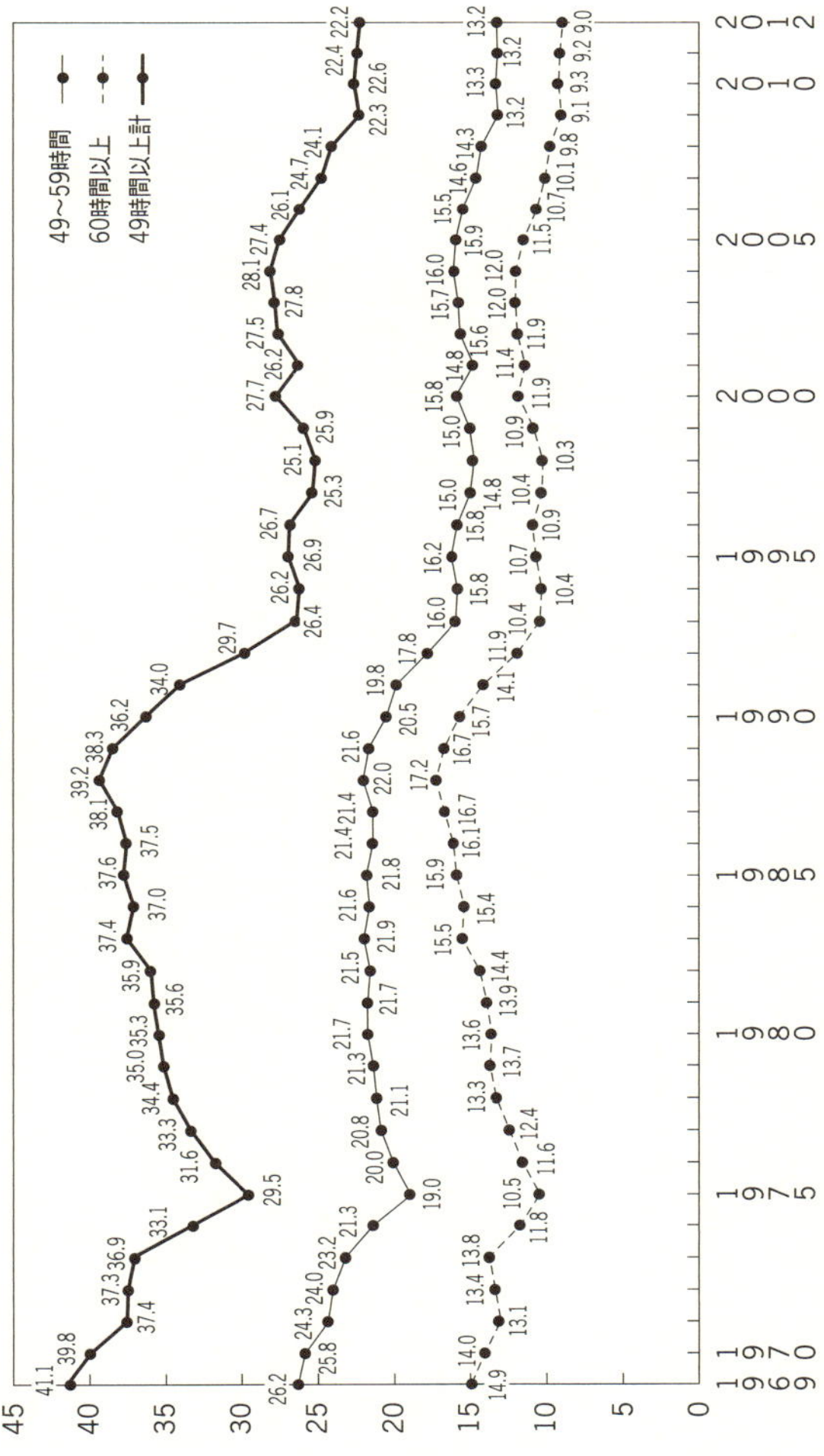

（注）2011年は岩手県、宮城県、福島県を除く結果。（資料）総務省統計局「労働力調査」

（図2-5の参考図）労働時間の分布（2012年）

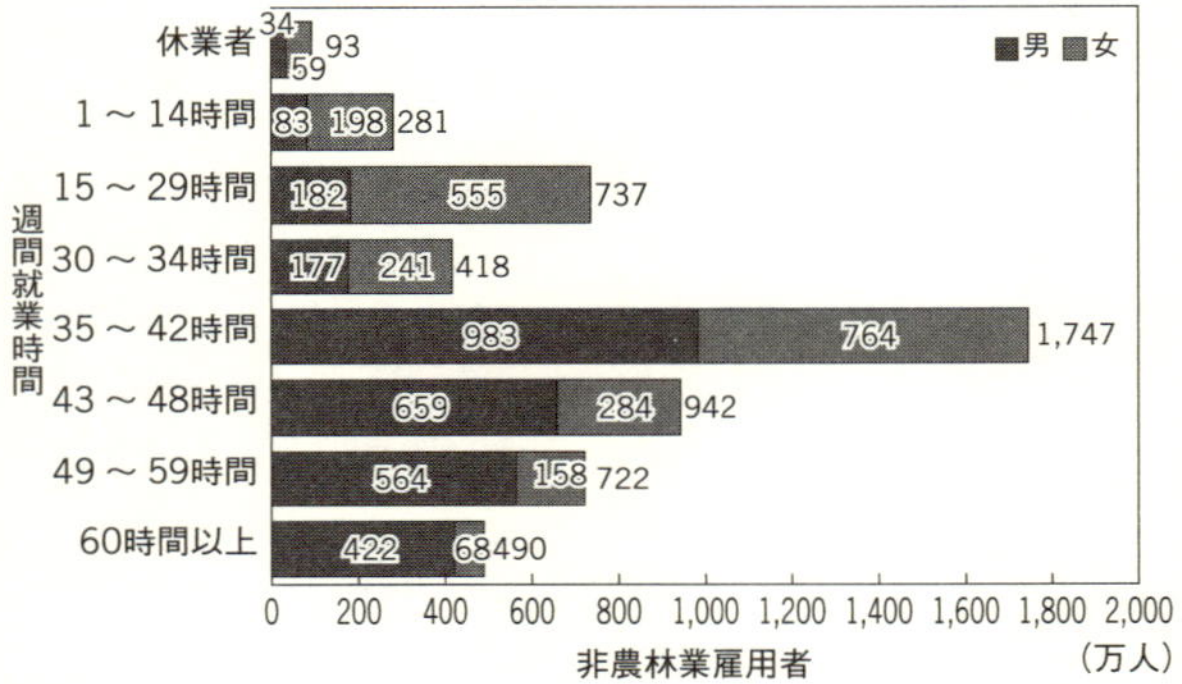
■男 ■女
休業者 34 59 93
1～14時間 83 198 281
15～29時間 182 555 737
30～34時間 177 241 418
35～42時間 983 764 1,747
43～48時間 659 284 942
49～59時間 564 158 722
60時間以上 422 68 490
週間就業時間
0 200 400 600 800 1,000 1,200 1,400 1,600 1,800 2,000
非農林業雇用者
（万人）

（注）週間就業時間は月末1週間に仕事（副業を含む）をした時間（年次値は月次調査結果の年平均）。
（資料）総務省統計局「労働力調査」

総務省統計局が5年に一度、10月の数日における国民の生活時間を調査している社会生活基本調査では、平日、土曜、日曜に分けて仕事の時間が調べられており、また仕事の時間の細かい区分の集計がなされている。この調査の結果について2001年から2011年にかけての平日の仕事時間別の男性40歳代有業者（雇用者および自営業者）数の推移を図2－6に示した。

この調査の2011年の結果では、ほぼ4時間の残業に当たる12時間以上働いた男性40歳代有業者が合わせて146万人となっている。14時間以上働いている人も43万人とかなり多い。また2001年からの10年間の変化を見ると2～9時間台の各層で人数が減っているのに対し

図2-6　男子壮年層では長時間労働が増えている

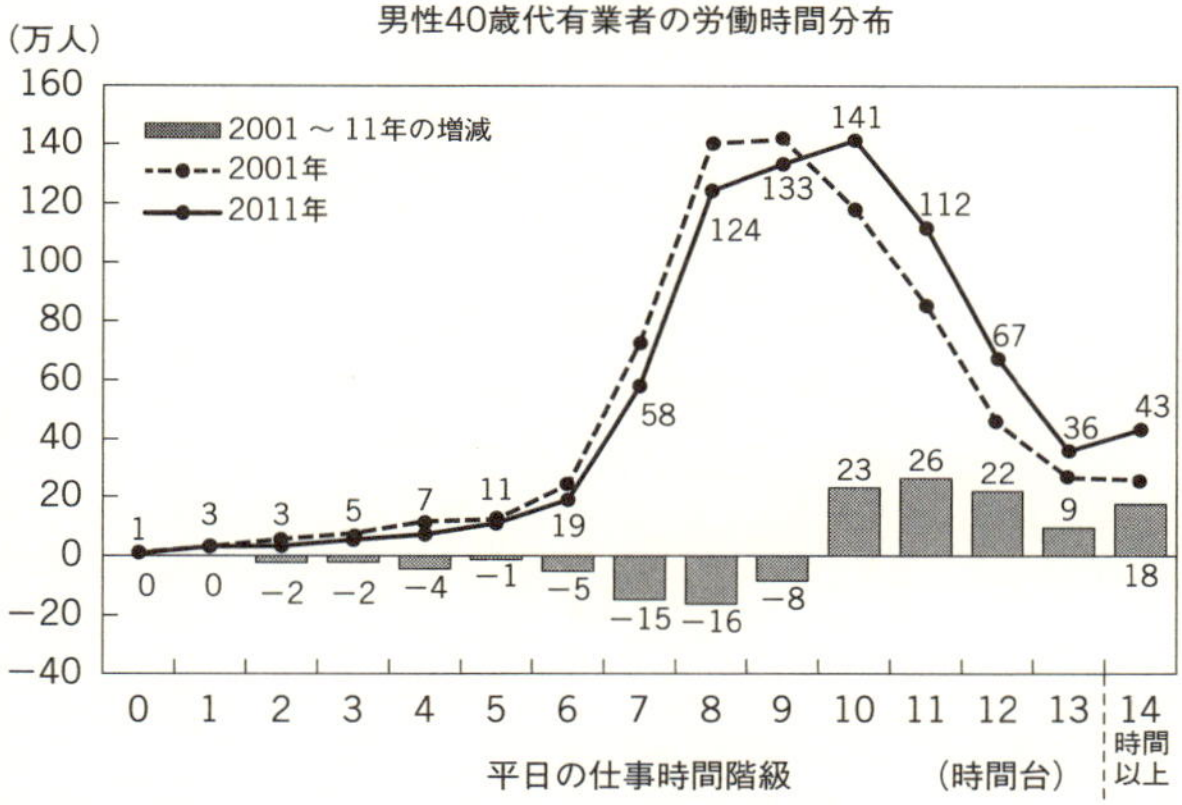

（資料）総務省統計局「社会生活基本調査」

て10時間以上の各層すべてで人数が増えており、長時間労働が増えていることが明らかである。

実数と増加数の比率を見れば、特に、12時間以上の層では増加率がかなり高いレベルとなっていることが分かる。図には示していないが、時期的な動きとしては、景気の変動に対応して、２００１年から２０１１年にかけての10年間のうちでも前半の２００６年までの時期にこうした事態が大きく進展し、後半の5年間には労働時間分布がほぼ同じ状態で維持された。

このように全体としての長時間労働減少のなかでも、局所的には長時間労働は大きな問題となっているのである。

さらに国際的には、日本は全体として長時間労働が減ってきたとはいえ、先進国の中で長時間労働の多い国として目立っている。

図2－7では、ILO（国際労働機関）が取りまとめているデータベースから、先進国の労働時間分布を帯グラフで比較した。

日本は、週当たり労働時間49時間以上の労働者の比率は23・1％と、先進国（OECD高所得国）の中で韓国に次いで最も多くなっている。サミットG8諸国の中のロシアを除く元G7諸国の中で比べると、2番目の米国の15・4％を大きく上回って最多である。その他のカナダ、英国、フランス、ドイツ、イタリアは11～12％台とほぼ同水準である。

北欧諸国の長時間労働比率は10％以下と小さい。長時間労働比率が最も低いのは、短時間労働が正規労働として定着しているオランダの6・4％である。

疲れを知らない日本人

こんなに日本人は長い時間働いているのだから、さぞかし、バテバテになっている日本人も多いだろうと考えると、それは間違いである。

「ストレスを感じるか」について各国の分布状態を散布図で示した前節の図2－4と同様に、

図2-7　韓国に次いで多い日本の長時間労働（2010年）

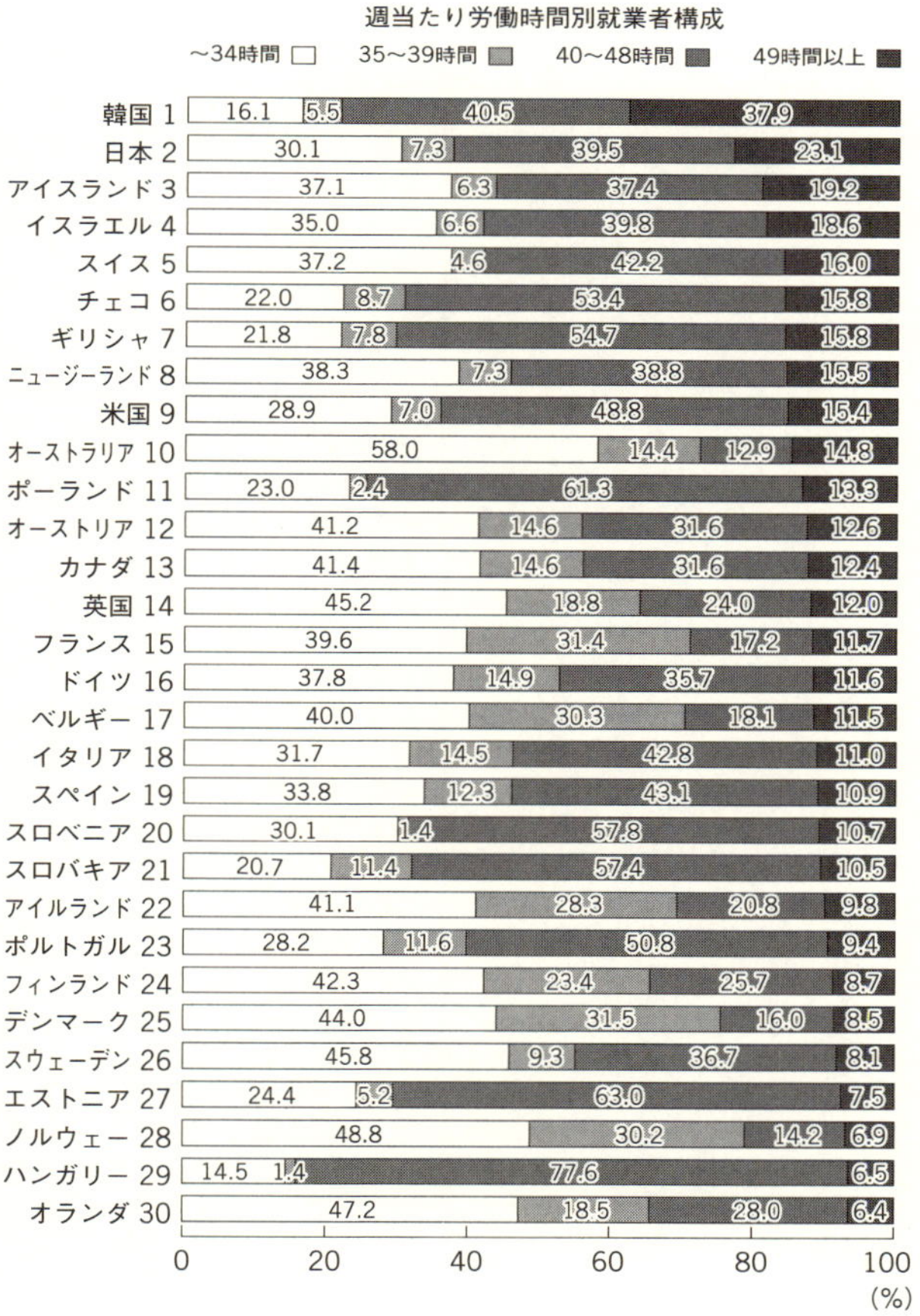
週当たり労働時間別就業者構成
〜34時間
35〜39時間
40〜48時間
49時間以上
韓国 1　16.1　5.5　40.5　37.9
日本 2　30.1　7.3　39.5　23.1
アイスランド 3　37.1　6.3　37.4　19.2
イスラエル 4　35.0　6.6　39.8　18.6
スイス 5　37.2　4.6　42.2　16.0
チェコ 6　22.0　8.7　53.4　15.8
ギリシャ 7　21.8　7.8　54.7　15.8
ニュージーランド 8　38.3　7.3　38.8　15.5
米国 9　28.9　7.0　48.8　15.4
オーストラリア 10　58.0　14.4　12.9　14.8
ポーランド 11　23.0　2.4　61.3　13.3
オーストリア 12　41.2　14.6　31.6　12.6
カナダ 13　41.4　14.6　31.6　12.4
英国 14　45.2　18.8　24.0　12.0
フランス 15　39.6　31.4　17.2　11.7
ドイツ 16　37.8　14.9　35.7　11.6
ベルギー 17　40.0　30.3　18.1　11.5
イタリア 18　31.7　14.5　42.8　11.0
スペイン 19　33.8　12.3　43.1　10.9
スロベニア 20　30.1　1.4　57.8　10.7
スロバキア 21　20.7　11.4　57.4　10.5
アイルランド 22　41.1　28.3　20.8　9.8
ポルトガル 23　28.2　11.6　50.8　9.4
フィンランド 24　42.3　23.4　25.7　8.7
デンマーク 25　44.0　31.5　16.0　8.5
スウェーデン 26　45.8　9.3　36.7　8.1
エストニア 27　24.4　5.2　63.0　7.5
ノルウェー 28　48.8　30.2　14.2　6.9
ハンガリー 29　14.5　1.4　77.6　6.5
オランダ 30　47.2　18.5　28.0　6.4
0　20　40　60　80　100
(%)

（注）週49時間以上の割合の多い順。自営業を含む。対象国はOECD高所得国31カ国（世銀定義）。ただしルクセンブルクはデータなし。オーストラリアのデータは2009年。
（資料）ILOSTAT 2013.5.28

図2-8　仕事の疲労では両極分化的側面は薄い

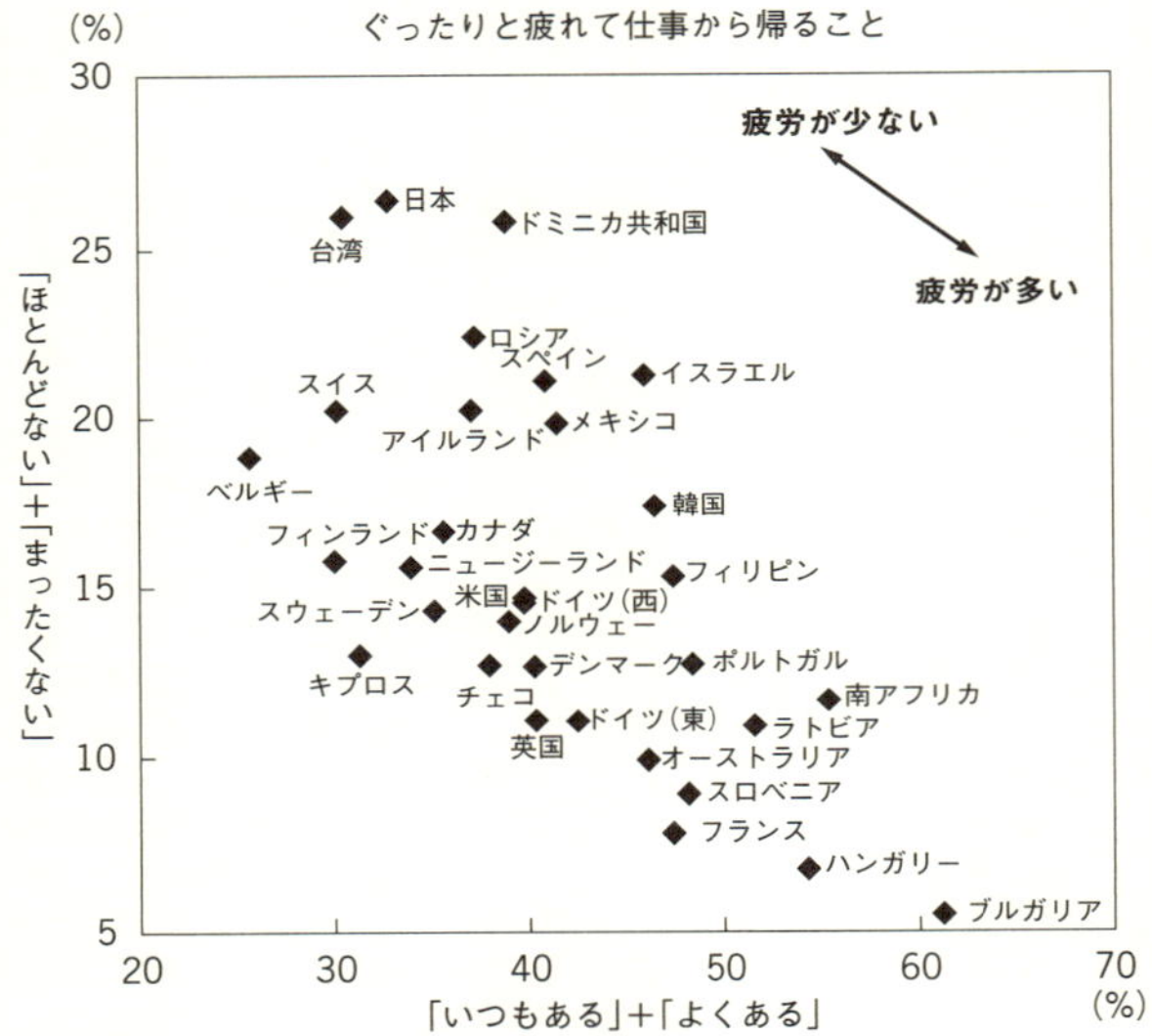
ぐったりと疲れて仕事から帰ること
(%)
30
25
20
15
10
5
20
30
40
50
60
70
(%)
「ほとんどない」+「まったくない」
「いつもある」+「よくある」
疲労が少ない
疲労が多い
日本
台湾
ドミニカ共和国
ロシア
スペイン
スイス
イスラエル
アイルランド
メキシコ
ベルギー
韓国
フィンランド
カナダ
ニュージーランド
フィリピン
米国
ドイツ(西)
スウェーデン
ノルウェー
デンマーク
ポルトガル
キプロス
チェコ
南アフリカ
ドイツ(東)
ラトビア
英国
オーストラリア
スロベニア
フランス
ハンガリー
ブルガリア

（資料）図2-2と同じ。

「ぐったりと疲れて仕事から帰るか」に関して同様のグラフを描いてみよう（図２－８参照）。

ストレスは、肉体的・精神的な疲労に仕事の複雑さ・責任、さらに人間関係の難しさなどが加わって複合的に生じると思われるが、疲れて仕事から帰るかどうかは、もう少し、シンプルなストレスを表していると捉えられる。

こちらを見ると、両極分化型か中ストレス型かというベクトルの側面はずっと薄いことが分かる。仕事の疲労度が大きい国か小さい国かという基準で国を分けることができそうだ。R^2値は図2－4の0・2541と比較して0・3751とかなり高くなっている。

日本の位置は明確である。すなわち、日本は仕事の疲労度の低い国である。特にY軸の「ほとんどない」＋「まったくない」が26・4％と最も多い点にそれが表れている。

日本人の労働は強度が低い（仕事がきつくない）のであろうか。日本や台湾はのんびり働いていて、疲労が多いフランスやハンガリーはコマネズミのように働いているのであろうか。そうではない。同じ調査の同じ回答者の集計で長時間労働（週50時間以上）が多い国トップ5は、韓国、ドミニカ共和国、台湾、フィリピン、日本の順である。逆にフランスの労働時間は日本と比較してかなり短い。時間の短さを打ち消すほど労働の強度が日本より大きいとはいえないであろう。

とすると、同じ量や強度の労働を行っても、フランス人は疲れていると感じやすく、日本人は疲れを感じにくいといった民族性の差異に理由を見出すしかない。

この点をはっきりと見るために、図2－9には、X軸に長時間労働（週50時間以上）を行っている者の比率、Y軸に「仕事からぐったりと疲れて帰ること」が「いつもある」と「よくある」の比率合計をとった相関図を掲げた。

普通に考えると、長時間労働が多い国ほど仕事の疲れも大きいはずである。しかし図を見れば

図2-9　疲れやすい国民・疲れにくい国民

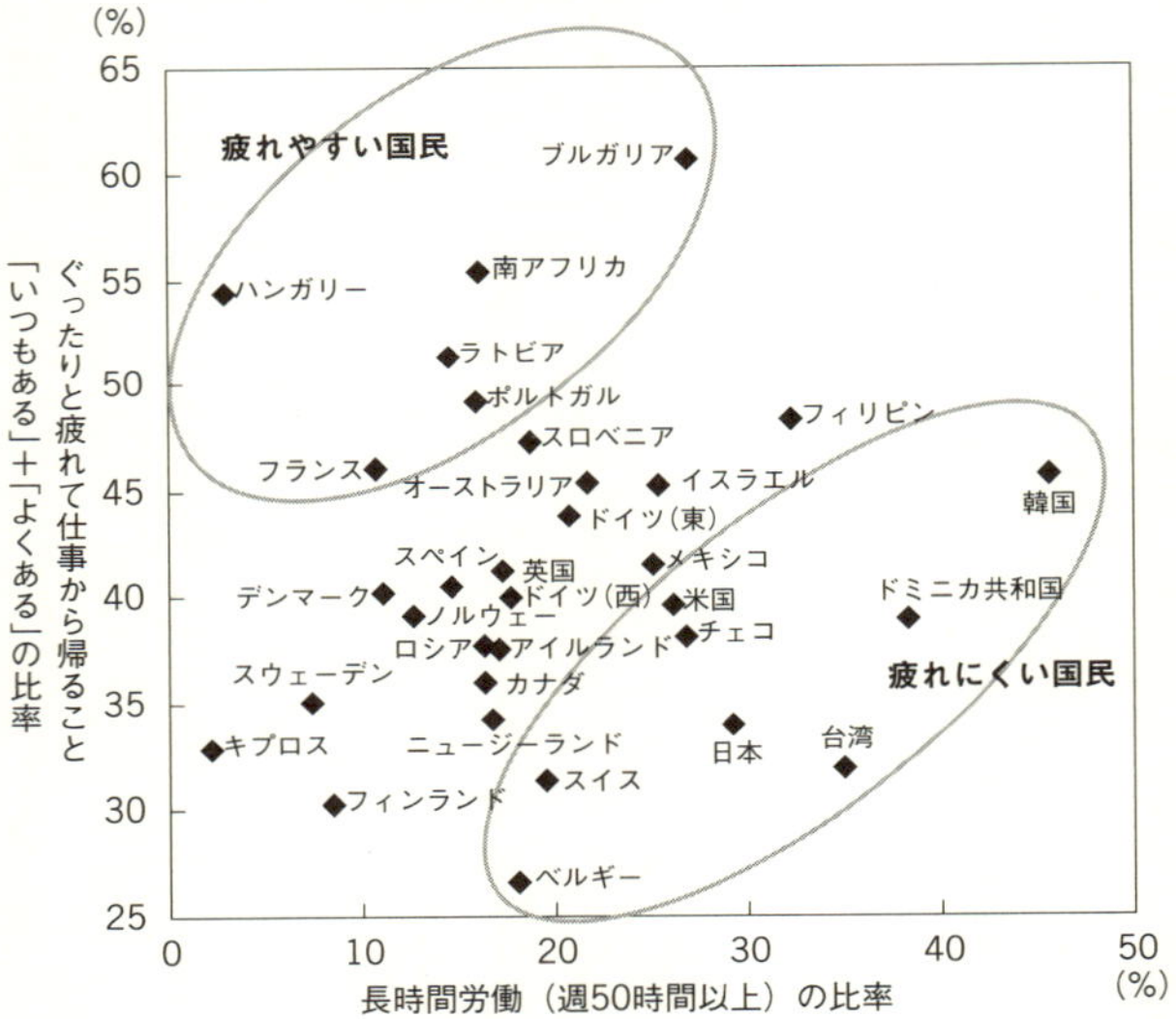

（資料）図2-2と同じ。

分かる通り、正の相関はほとんど見られない。回帰分析の結果は、$y = 0.0522x + 40.192$ ($R^2 = 0.0041$) である。

これは、同じように長時間労働を行っていても国民によって疲れたり、疲れなかったりするためだと考えるよりほかはない。もちろん、労働時間の長さだけが疲労を生むのではなく、労働の強度・集中度や仕事のストレスの高さも疲労を生むと考えられる。しかし、台湾や韓国、日本の労働の強度が低く、ハンガリー、南アフリカ、ブルガリアの労働の強度が高いと

表2-1 疲れにくい国民・疲れやすい国民

疲れにくい国民上位5位	
1	台湾
2	韓国
3	ドミニカ共和国
4	日本
5	ベルギー

疲れやすい国民上位5位	
1	ハンガリー
2	南アフリカ
3	ラトビア
4	フランス
5	ブルガリア

は少し考えられない。むしろ、労働への耐性、あるいは勤勉さを要因として考えた方が自然である。

栄養生理学によれば、米は、たんぱく質摂取に関し小麦やトウモロコシに比べ必須アミノ酸の欠落がなく、バランスがとれているので肉食と組み合わせる必要度は低いとされる。ただし、米に依存しながら暮らすとすると量的にはかなり多く摂取する必要がある。このためアジアの米食民族は摂取したカロリー消費のため、ともかく疲れを知らず動き回る習性があるとされる（詳しくは第3章1節参照）。図では、韓国人、台湾人が日本人とともにこうした共通点を有するように見える。韓国人の疲労が中程度なのは、疲れを知らない民族性で埋め合わせられないほど仕事がハードなのだと理解できる。しかし、日本や台湾と同様に疲れを知らないドミニカ共和国やベルギーなどは、アジアとは民族性を異にしており、また別の説明が必要であろう。

先に掲げたストレスの感じ方の構造にも、実は、こうした民族性による違いが要因として働いているだろうと考えられる。

長時間労働比率から疲労度を引いた値を「長時間働いている割に疲れない程度」を表すものと考え、「疲れにくさ度」として算出し、この値の上位5位と下位5位を示すと表2－1の通りである。

長時間労働が多い国は、疲れにくい国民の国である点も特徴として浮かび上がる。

日本で過労死が生ずるのは、長時間労働そのものというより、長時間労働が平気な人が職場に多いのでそれが普通になってしまったなかで、必ずしも、長時間労働に耐性のない人、あるいは、「手を抜かない・抜けない・抜かせない」ような環境に置かれた人が悲劇に陥るためではないだろうか。経営者は、大丈夫な従業員が多いからといって安心していては駄目なのである。

3　睡眠時間の減少は多忙のせい？
──自由行動のため大きく減った睡眠時間、オシャレになった日本人女性──

「趣味・娯楽」や「身の回りの用事」の増大に伴う「睡眠」の減少

生活時間から見て、日本人の生活はどのように変化してきているのであろうか。日本人の生活時間を調査している社会生活基本調査（総務省統計局）の結果のうち、前節では「仕事」の時間を取り上げたが、この節では、それ以外の生活時間を含めて全体としての特徴を分析することとする。また、一般的にはあまり注目されていない「身の回りの用事」の時間の増加から女性のおしゃれ時間が長くなってきている点に焦点を合わせることとする。

まず、この調査では生活時間をどう分類しているかについて確認しておこう。生活時間は大きく1次活動（生理的な活動の時間）、2次活動（義務的な活動の時間）、3次活動（自由時間）の三つに分けられ、さらに表2－2のように20区分の生活行動に分類され、それぞれについて集計されている。1986年以前の調査では区分されていなかった7～9は長期の時系列変化を追うという都合上ここでは合算して示すこととする。

行動の種類		内　容　例　示
3次活動（各人が自由に使える時間における活動）	11 移動（通勤・通学を除く）	電車やバスに乗っている時間・待ち時間・乗換え時間　自動車に乗っている時間　歩いている時間
	12 テレビ・ラジオ・新聞・雑誌	テレビ・ラジオの視聴　新聞・雑誌の講読　テレビから録画したビデオを見る　インターネットで新聞を読む
	13 休養・くつろぎ	家族との団らん　仕事場または学校の休憩時間　おやつ・お茶の時間　食休み　うたたね
	14 学習・自己啓発・研究（学業以外）	学級・講座・教室　社会通信教育　テレビ・ラジオによる学習　クラブ活動・部活動で行うパソコン学習など　自動車教習
	15 趣味・娯楽	映画・美術・スポーツなどの観覧・鑑賞　観光地の見物　ドライブ　ペットの世話　テレビゲーム　趣味としての読書（漫画を含む）　クラブ活動・部活動で行う楽器の演奏
	16 スポーツ	各種競技会　全身運動を伴う遊び　家庭での美容体操　クラブ活動・部活動で行う野球など（学生が授業などで行うスポーツを除く）　つり
	17 ボランティア活動・社会参加活動	（ボランティア活動）道路や公園の清掃　施設の慰問　点訳　手話　災害地などへの援護物資の調達　献血　高齢者の日常生活の手助け　民生委員　子供会の世話　美術館ガイド　リサイクル運動　交通安全運動　（社会参加活動）労働運動　政治活動　布教活動　選挙の投票
	18 交際・付き合い	知人と飲食　冠婚葬祭　同窓会への出席・準備　あいさつ回り　見舞い　友達との電話・会話　手紙を書く
	19 受診・療養	病院での受診・治療　自宅での療養
	20 その他	求職活動　墓参り　仏壇を拝む　調査票を記入する

表2-2 生活行動の種類と内容例示（平成23年社会生活基本調査）

行動の種類		内容例示
1次活動（生理的に必要な時間）	1 睡眠	夜間の睡眠 昼寝 仮眠 ベッドで眠りに落ちるのを待つ
	2 身の回りの用事	洗顔 入浴 トイレ 身じたく 着替え 化粧 整髪 ひげそり 理美容室でのパーマ・カット エステ 巡回入浴サービスを利用した入浴
	3 食事	家庭での食事・飲食 外食店などでの食事 学校給食 仕事場での食事
2次活動（社会生活を営む上で義務的な性格の強い活動）	4 通勤・通学	自宅と仕事場の行き帰り 自宅と学校（各種学校・専修学校を含む）との行き帰り
	5 仕事	通常の仕事 仕事の準備・後片付け 残業 自宅に持ち帰ってする仕事 アルバイト 内職 自家営業の手伝い 仕事中の移動
	6 学業	学校（小学・中学・高校・高専・短大・大学・大学院・予備校など）の授業や予習・復習・宿題 校内清掃 ホームルーム 家庭教師に習う 学園祭の準備
	7 家事	炊事 食事の後片付け 掃除 ゴミ捨て 洗濯 アイロンかけ つくろいもの ふとん干し 衣類の整理片付け 家族の身の回りの世話 家計簿の記入 株価のチェック・株式の売買 庭の草とり 銀行・市役所などの用事 車の手入れ 家具の修繕
	8 介護・看護	家族・他の世帯にいる親族に対する日常生活における入浴・トイレ・移動・食事などの手助け 看病
	9 育児	乳幼児の世話 子供のつきそい 子供の勉強の相手 子供の遊びの相手 乳幼児の送迎 保護者会に出席
	10 買い物	食料品・日用品・電化製品・レジャー用品など各種の買い物 ビデオのレンタル

まず、大きな区分の生活時間の動きを見てみよう（図2－10参照）。

大きなトレンドとして、仕事や家事などの社会的な義務という性格の2次活動が減り、個人の考えで行動する3次活動が増えるという動きが進んできたが、この傾向は、2001年以降は一段落している様子がうかがえる。

また、総数と有業者の動きに乖離が広がってきているというのが最近の傾向である。これは、働いていない高齢者の割合がますます大きくなっている「総数」と、多くが定年前であって平均年齢が比較的一定の「有業者」との間で生活パターンが大きく異なっているためである。睡眠などの1次活動でも時間を比較的かける高齢者と忙しくて時間をかけられない有業者とでは差があるが、その差以上に、仕事が大きな部分を占める2次活動で有業者が総数を大きく上回っており、その分、自由時間の3次活動では、逆に高齢者を含む総数の方が、時間がかなり長くなっている。そして高齢化の進展とともに、最近、こうした違いが大きくなっているのである。すなわち、「総数」の動きで国民全体の動向を判断すると、高齢化の要因による変化の側面を含んでしまう可能性が大きくなってきているのである。

以下では、高齢化の影響を取り除いて生活時間の変化をフォローするため、基本的に有業者の動きを見ていくこととする。

図2-10　自由時間の増加と高齢化の影響拡大

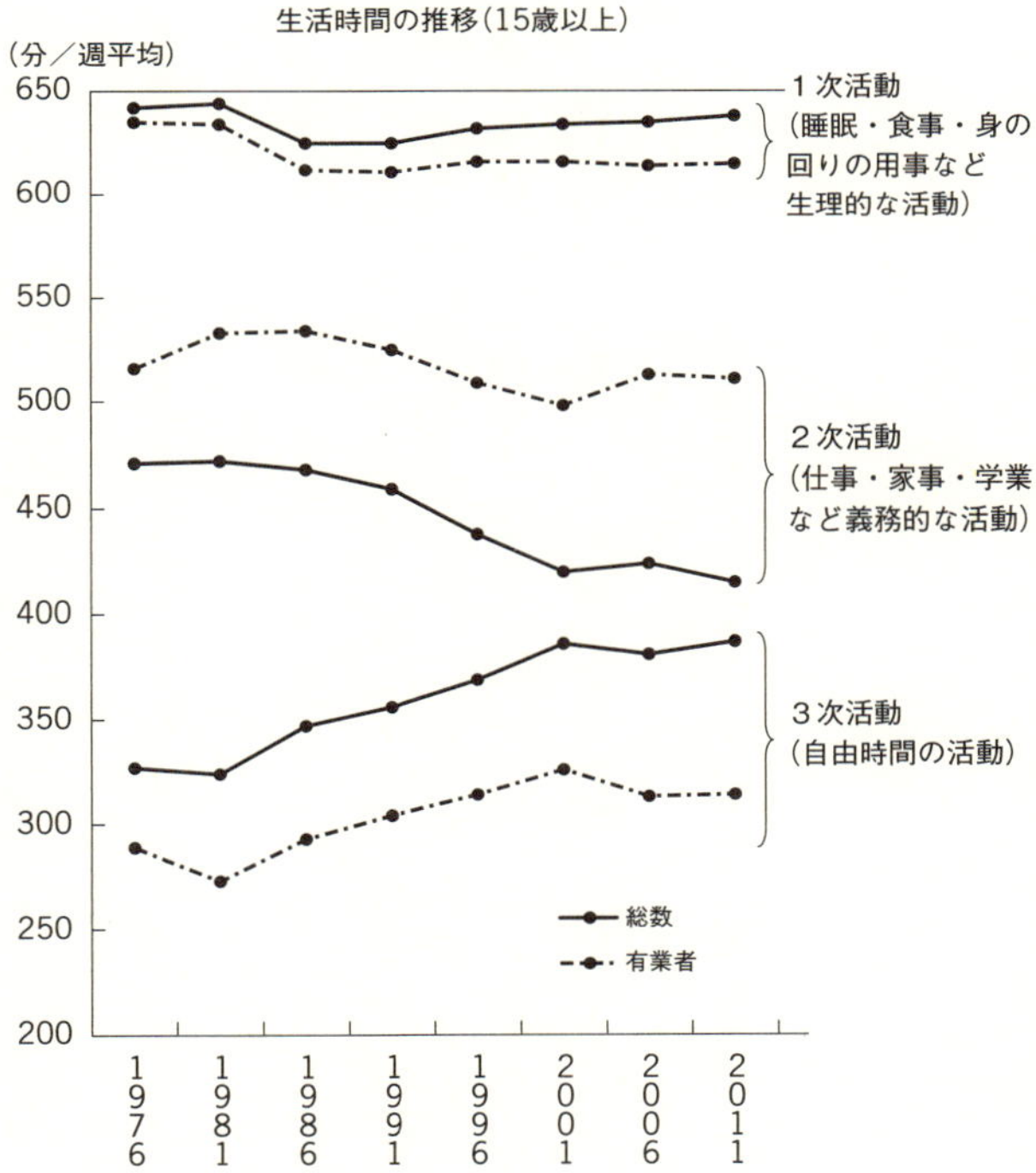
生活時間の推移（15歳以上）
（分／週平均）
650
600
550
500
450
400
350
300
250
200
1976
1981
1986
1991
1996
2001
2006
2011
１次活動
（睡眠・食事・身の回りの用事など生理的な活動）
２次活動
（仕事・家事・学業など義務的な活動）
３次活動
（自由時間の活動）
総数
有業者

（資料）社会生活基本調査

図２－11には、主な生活行動の生活時間の推移を示した。最も時間の長い「睡眠」と「仕事」は左目盛りで示し、時間数を付記したが、両方とも減少傾向にある。残りの生活行動については、右目盛で示したが、年ごとの変動はあるものの、概して、増加、減少、不変のいずれかの傾向にあることが分かる。

生活行動の長さの長期トレンドを追うため、図２－12には、１９７６年から５年ごとに２０１１年まで35年間、８回の各生活行動時間から一次回帰式の係数を求め、これが表す５年間の平均的な増減について減り方の大きい方から男女別に並べて示した。当初年と直近年の差から平均増減を求めるという通常の方式を採らなかったのは、この方式であると、当初年、あるいは直近年の特殊事情から長期トレンドが正しく反映されないおそれがあるからである。図には最近５年間の増減も同時に示しておいた。

長期トレンドとしては、男女とも「仕事」と「睡眠」の時間が減少しているのがまず目立っている。

「仕事」時間が減少しているのは、前節にも触れた通り、第一に、１９８０年代後半～１９９０年代に、海外からの働き過ぎ批判に応える形で、主に週休２日制が普及したことによって週間労働時間が減少したためであり、また、第二に、正社員より労働時間の短い非正規雇用の割合が拡

図2-11 睡眠の減少は何からきているか？

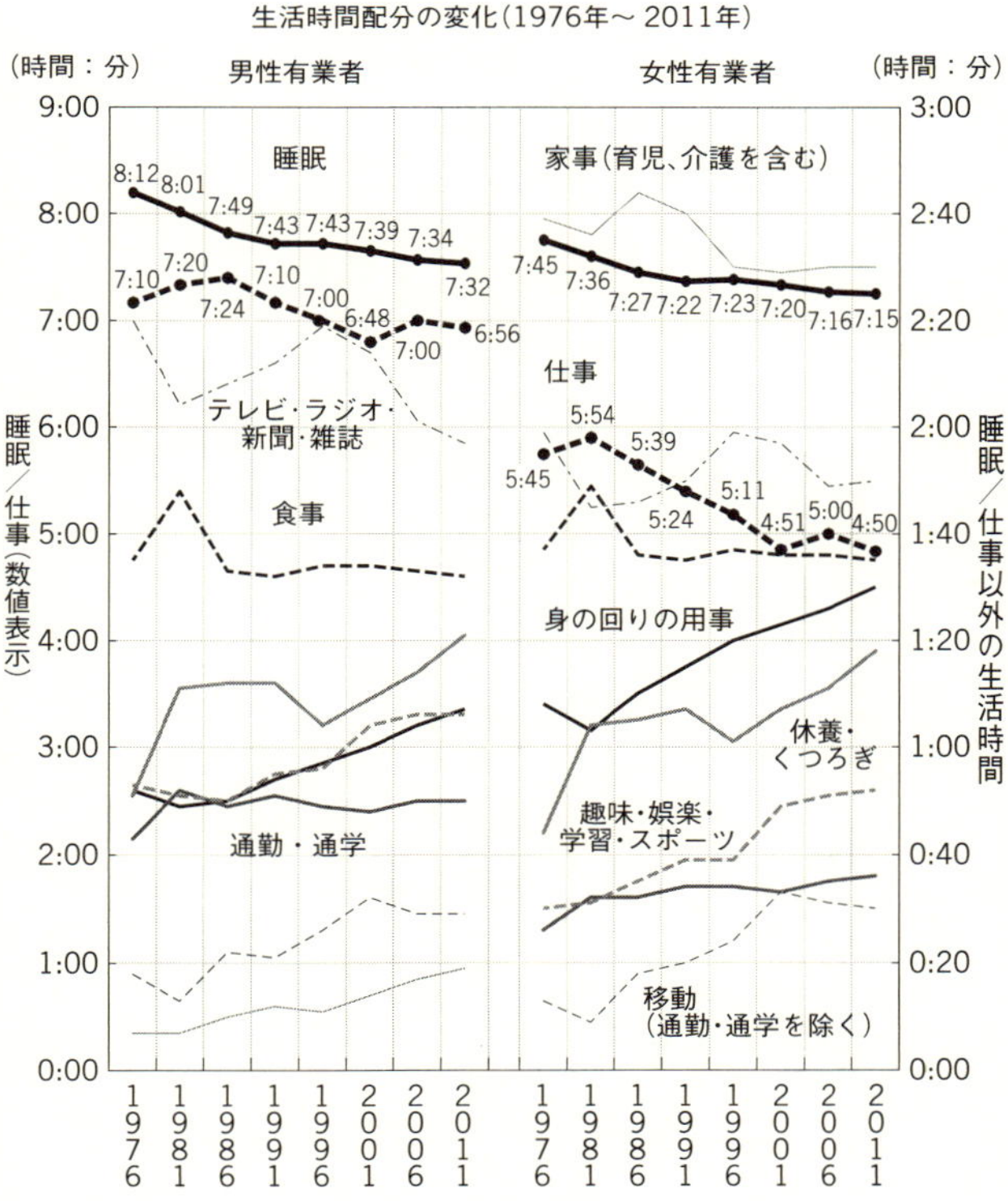
生活時間配分の変化（1976年～2011年）
(時間：分)
男性有業者
女性有業者
(時間：分)
睡眠
家事（育児、介護を含む）
8:12
8:01
7:49
7:43
7:43
7:39
7:34
7:32
7:10
7:20
7:24
7:10
7:00
6:48
7:00
6:56
7:45
7:36
7:27
7:22
7:23
7:20
7:16
7:15
仕事
5:54
5:39
5:45
5:24
5:11
4:51
5:00
4:50
テレビ・ラジオ・
新聞・雑誌
食事
身の回りの用事
休養・
くつろぎ
趣味・娯楽・
学習・スポーツ
通勤・通学
移動
(通勤・通学を除く)
睡眠／仕事（数値表示）
睡眠／仕事以外の生活時間
9:00
8:00
7:00
6:00
5:00
4:00
3:00
2:00
1:00
0:00
3:00
2:40
2:20
2:00
1:40
1:20
1:00
0:40
0:20
0:00
1976
1981
1986
1991
1996
2001
2006
2011

（注）平日、土日を含んだ週平均の時間。買物、交際・付き合いなど省略。
（資料）総務省統計局「社会生活基本調査」

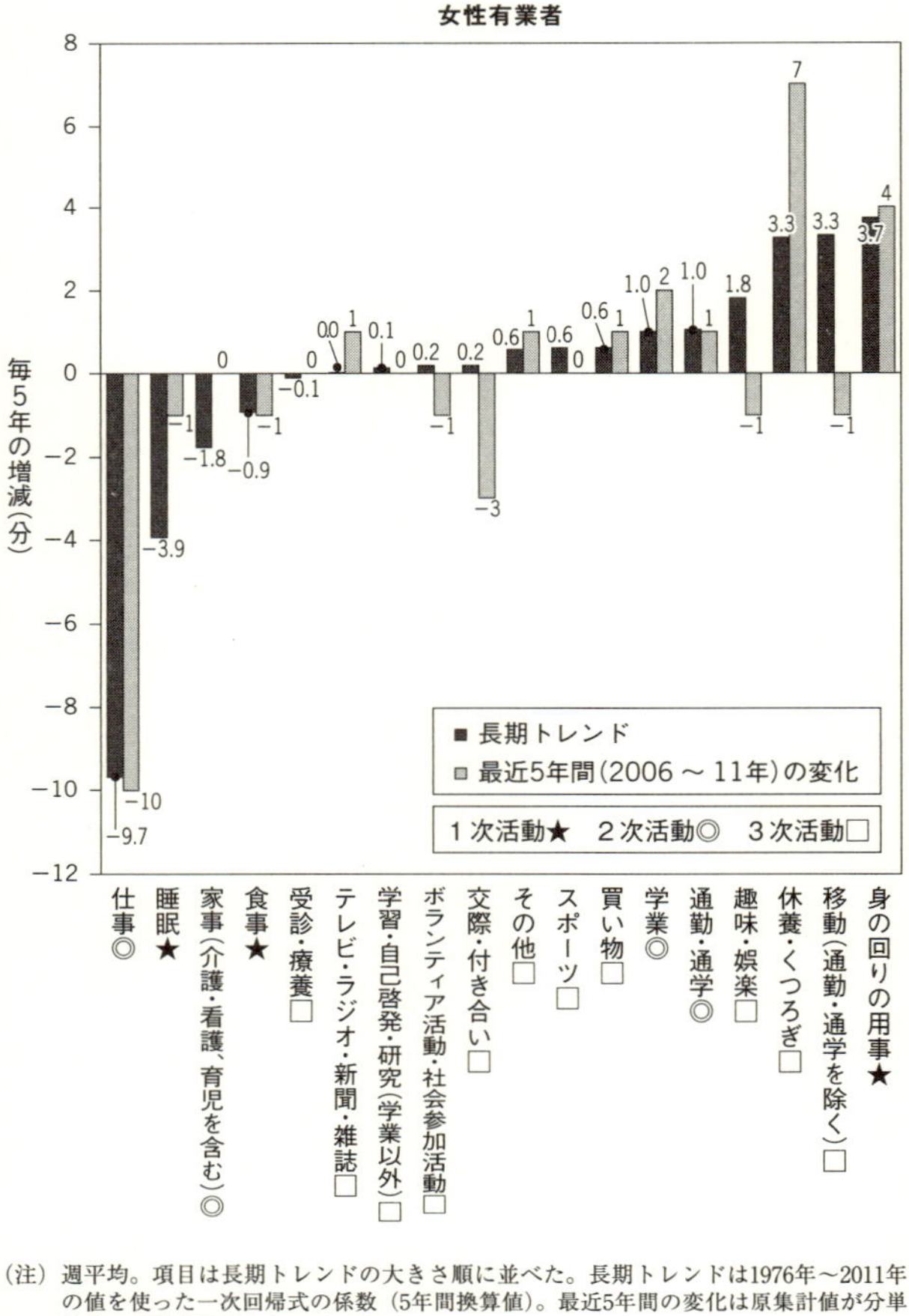
女性有業者
毎5年の増減(分)
8
6
4
2
0
−2
−4
−6
−8
−10
−12
−9.7
−10
−3.9
−1
−1.8
0
−0.9
−1
−0.1
0
0.0
1
0.1
0
0.2
−1
0.2
−3
0.6
1
0.6
0
0.6
1
1.0
2
1.0
1
1.8
−1
3.3
7
3.3
−1
3.7
4
■ 長期トレンド
□ 最近5年間(2006 ～ 11年)の変化
1次活動★　2次活動◎　3次活動□
仕事◎
睡眠★
家事(介護・看護、育児を含む)◎
食事★
受診・療養□
テレビ・ラジオ・新聞・雑誌□
学習・自己啓発・研究(学業以外)□
ボランティア活動・社会参加活動□
交際・付き合い□
その他□
スポーツ□
買い物□
学業◎
通勤・通学◎
趣味・娯楽□
休養・くつろぎ□
移動(通勤・通学を除く)□
身の回りの用事★

(注) 週平均。項目は長期トレンドの大きさ順に並べた。長期トレンドは1976年～2011年の値を使った一次回帰式の係数 (5年間換算値)。最近5年間の変化は原集計値が分単位なので整数表示となっている。
(資料) 社会生活基本調査

図2-12　睡眠・仕事の減少と移動・おしゃれ・趣味・娯楽の増加

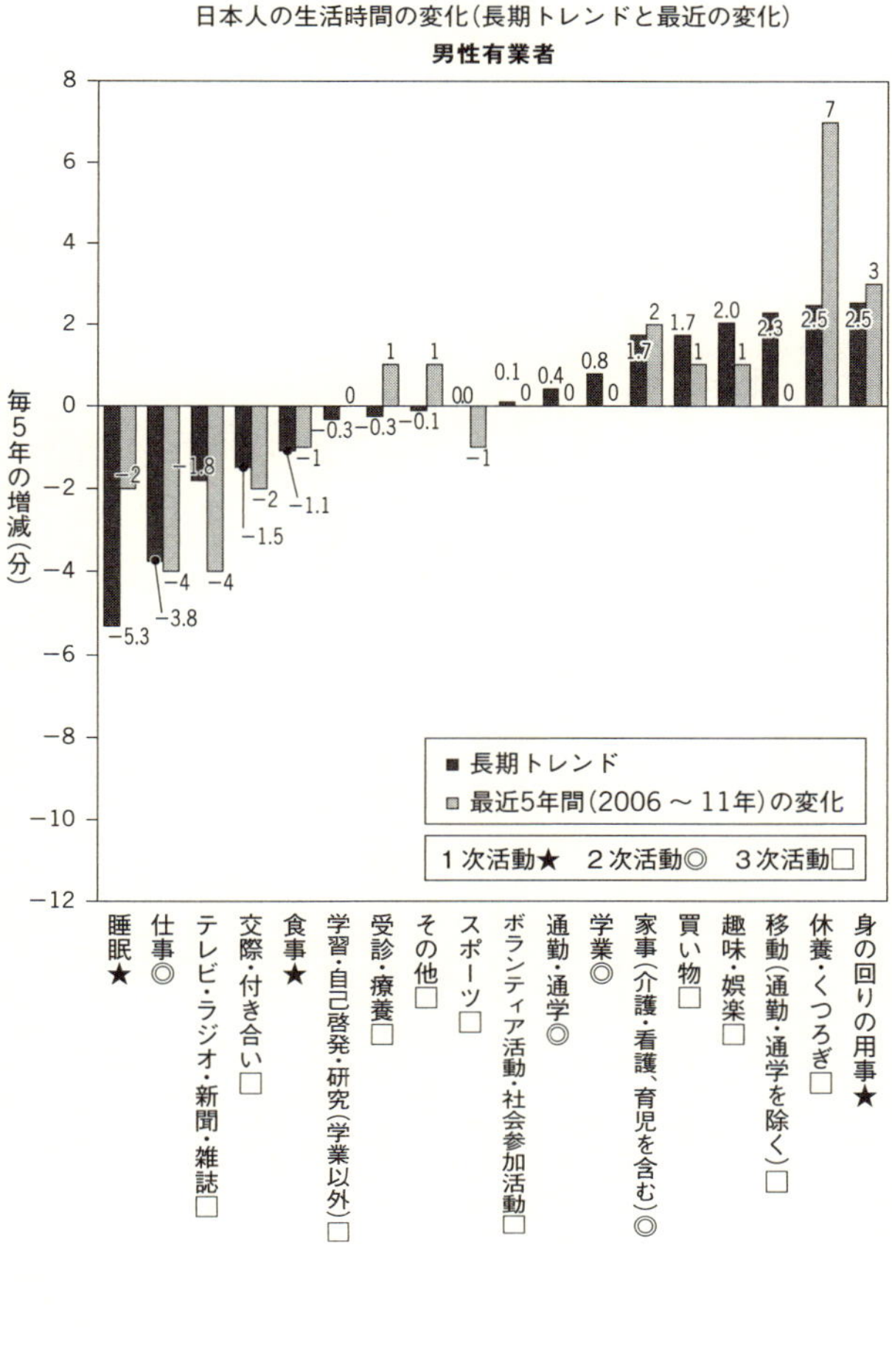
日本人の生活時間の変化(長期トレンドと最近の変化)
男性有業者
毎5年の増減(分)
8
6
4
2
0
−2
−4
−6
−8
−10
−12
■ 長期トレンド
■ 最近5年間(2006 ～ 11年)の変化
1次活動★　2次活動◎　3次活動□
睡眠★ −5.3 −2
仕事◎ −3.8 −4
テレビ・ラジオ・新聞・雑誌□ −1.8 −4
交際・付き合い□ −1.5 −2
食事★ −1.1 −1
学習・自己啓発・研究(学業以外)□ −0.3 0
受診・療養□ −0.3 1
その他□ −0.1 1
スポーツ□ 0.0 −1
ボランティア活動・社会参加活動□ 0.1 0
通勤・通学◎ 0.4 0
学業◎ 0.8 0
家事(介護・看護、育児を含む)◎ 1.7 2
買い物□ 1.7 1
趣味・娯楽□ 2.0 1
移動(通勤・通学を除く)□ 2.3 0
休養・くつろぎ□ 2.5 7
身の回りの用事★ 2.5 3

大してきたためである。女性有業者の「仕事」時間の減少が男性有業者を大きく上回っているのは、パートタイマーの増加という第二の要因が大きく働いているからである。また、男女とも最近5年間に長期トレンドと同程度の仕事時間の減少が見られるのは、リーマンショック後の経済低迷に伴う残業時間の減少に加えて、やはり第二の要因が働いているためと考えられる。

「睡眠」時間の短縮がもう一つの目立った長期変化である。これは日本人が多忙になったためと一般に解されているが、「仕事」時間は短縮している以上、少なくとも平均的日本人の特徴としては長時間労働が要因なのではない。もちろん、男性有業者の平日だけを取ってみると「仕事」時間はほとんど減っておらず、寝だめは困難である以上、労働の強度も増していると考えれば睡眠を減らす一要因となっていることは考えられる。しかし、それが主要因とは考えにくい。

それでは家事が忙しくなったためだろうか。「家事」時間がそもそも短い男性では多少は家事を分担し「家事」時間が長くなる傾向にあるが、もともと「家事」時間の長い女性では家庭電化製品の普及などにより「家事」時間の短縮が長期トレンドとなっている。すなわち、家事が忙しくなって睡眠が削られているともいいにくい。

多忙の理由としては、長期トレンドが増大傾向にあるその他の生活行動のためと考えるのが自然である。

長期的に最も増大時間の大きいのは男女ともに「身の回りの用事」であり、2～4位は、男の場合、「休養・くつろぎ」、「移動時間（通勤・通学以外）」、「趣味・娯楽」の順であり、女の場合は、前二者が逆の順となるが項目は同じである。「身の回りの用事」はトイレや入浴を含むことから生理的な時間とされているが、この節の後段に詳しく触れる通り、ある程度以上の増加は、むしろ、身だしなみやおしゃれのための時間と考えてよい。

これらを総合的に考え合わせると、モノやサービスにあふれた24時間都市の豊かな生活が一般化するなかで、睡眠を削ってまでも自分の楽しみのため動き回るのに忙しく、これと並行して、おしゃれするのにも時間をかけるようになったというのが平均的な日本人（特に女性）のこれまでの生活変化の基本線だったと考えざるをえない。

また、「休養・くつろぎ」の時間の増加は、労働の短時間化と同時に緊張が高まった仕事のストレスや個人生活の多忙さによるストレスを少しでも癒そうとする補償行動であろう。「身の回りの用事」には入浴が含まれており、「身の回りの用事」の増加にも同様の側面があろう。

長期トレンドと最近5年間の生活行動の変化を比べてみると、仕事や睡眠の短縮や身の回りの用事の増大はほぼ同一の傾向となっている。

一方、長期トレンドと異なることで目立っているのは、「休養・くつろぎ」の時間がこの5年間は長期トレンドの2倍以上の増大となり、生活行動の中で最も増加幅が大きくなっている点である。表2－2に見た通り、「休養・くつろぎ」には「家族との団らん」が含まれている。

２０１１年の社会生活基本調査は同年10月に行われており、その約半年前の3月11日に起こった東日本大震災とそれに伴う原発事故の影響で、改めて家族のつながりの大切さに気づかされたという日本人の特別の経験が調査結果に反映したと推測される。

「休養・くつろぎ」の増加を補うように長期トレンドと比べて下方にシフトしているのは、「移動（通勤・通学を除く）」、「趣味・娯楽」、「交際・つきあい」である。特に女性は、これらがこれまでの長期的な増大傾向に反して、むしろ、マイナスに転じている。おしゃれ時間は減らさないが、楽しみのための外出は控えるようになったというのが２０１１年の特別の動きだったように見える。

次回２０１６年の調査結果が判明すれば、こうした動きが２０１１年の特殊事情によるものか、あるいは長期トレンドの折り返しによるものかがはっきりするであろう。

日本の女性はどこまでキレイになるのか

図2－12に見た通り、身の回りの用事（内容は表2－2参照）はこの35年間で最も長くなった生活時間である。その割には一般にはあまり注目されていないので、ここでは少し詳しく見ておくことにする。

図2－13には、「身の回りの用事」時間について男女有業者の長期推移と最近時点の男女・年齢別の構造を示した。前述の通り、長期推移を有業者で追っているのは高齢化の影響を除いた傾向を見るためである。たしかに、長期的かつ傾向的に所要時間が大きく拡大しており、女性の場合、だいたい1時間から1時間半へと30分、約50％の増加となっている。

男女・年齢別の構造では、「身の回りの用事」は、ともに1次活動（生理的な活動の時間）に属するものとされる「睡眠」、「食事」と同様、生理的時間であること自体から加齢に伴って長くなる傾向が見て取れる。ただし、「睡眠」、「食事」と異なり、女性が男性を大きく上回り、また女性の場合だけ20歳代前半で人生前半のピークを持つという特徴がある。こうした点に単なる生理的な時間ではなく、おしゃれの要素が色濃い時間であることがうかがえる。

「身の回りの用事」の動きが他の生活時間とどのぐらいパラレルに動いているかを見るため、8

図2-13　おしゃれに費やす時間の拡大

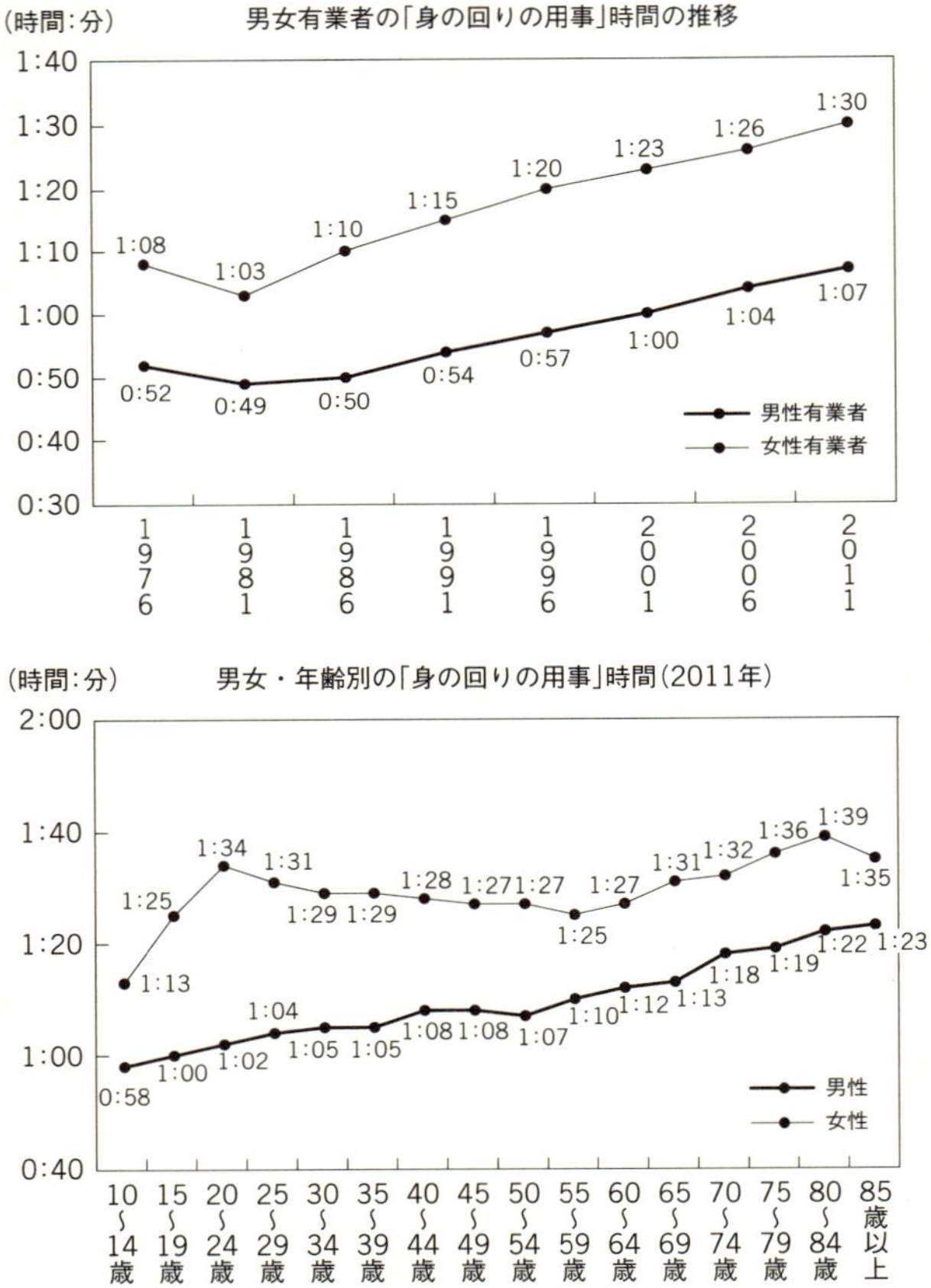
(時間：分)
男女有業者の「身の回りの用事」時間の推移
1:40
1:30
1:20
1:10
1:00
0:50
0:40
0:30
1:08
1:03
1:10
1:15
1:20
1:23
1:26
1:30
0:52
0:49
0:50
0:54
0:57
1:00
1:04
1:07
男性有業者
女性有業者
1976
1981
1986
1991
1996
2001
2006
2011
(時間：分)
男女・年齢別の「身の回りの用事」時間(2011年)
2:00
1:40
1:20
1:00
0:40
1:13
1:25
1:34
1:31
1:29
1:29
1:28
1:27
1:27
1:25
1:27
1:31
1:32
1:36
1:39
1:35
0:58
1:00
1:02
1:04
1:05
1:05
1:08
1:08
1:07
1:10
1:12
1:13
1:18
1:19
1:22
1:23
男性
女性
10～14歳
15～19歳
20～24歳
25～29歳
30～34歳
35～39歳
40～44歳
45～49歳
50～54歳
55～59歳
60～64歳
65～69歳
70～74歳
75～79歳
80～84歳
85歳以上

（注）平日、土日を含んだ週平均の時間。
（資料）総務省統計局「社会生活基本調査」

時点の時系列データから相関係数を求めてみた（表２－３）。

女性有業者の相関係数を見ると、小区分より大区分の生活時間と相関度が高いことが注目される。個々の自由時間というより自由時間全体を表す３次活動時間との相関係数が０・96とほぼパラレルな動きを示している。

１次活動（身の回りの用事を除く）と２次活動との相関係数はそれぞれマイナス０・90、マイナス０・94とマイナスで相関度は高い。すなわち、自由時間以外の時間の減少とちょうど対応するかのように増加している。

男性有業者の場合は買い物や趣味・娯楽といった活動と相関度が高いが、大区分との相関度は高くない。むしろ、女性有業者の身の回りの用事との相関係数が０・97と高いのが目立っている。これは、女性の清潔化（例えば入浴頻度の上昇）に対応して男性の同種の生活時間も追従的に長くなっているのではないかということを推測させる。男女は同じ家庭で暮らしている場合が多いので当然なことだと理解されよう。

このように身の回りの用事は基本的には生理的なものだが、属性別の時間の違いや時系列的な増分については、おしゃれに割く時間が大きく影響しているといえる。

次に、年齢別の女性の「身の回りの用事」の時間の変化を図２－14に追った。

表2-3 「身の回りの用事」との相関係数
(1976年から2011年までの8年次の生活時間)

		男性有業者	女性有業者
1次活動(身の回りの用事を除く)		−0.81	−0.90
	睡眠	−0.80	−0.86
	食事	−0.52	−0.64
2次活動		0.00	−0.94
	通勤・通学	0.11	0.70
	仕事	−0.83	−0.98
	学業	0.88	0.96
	家事(介護・看護、育児を含む)	0.95	−0.74
	買い物	0.95	0.85
3次活動		0.57	0.96
	移動(通勤・通学を除く)	0.84	0.95
	テレビ·ラジオ·新聞·雑誌	−0.46	0.21
	休養・くつろぎ	0.49	0.65
	学習・自己啓発・研究(学業以外)	−0.46	0.51
	趣味・娯楽	0.98	0.93
	スポーツ	0.01	0.92
	ボランティア活動·社会参加活動	0.40	0.62
	交際・付き合い	−0.80	0.28
	受診・療養	−0.24	−0.08
	その他	0.11	0.54
異性有業者の身の回りの用事		0.97	0.97

(注) 相関係数は－1～1の範囲の値であり、1、－1の場合、それぞれ、完全なプラス、マイナスの相関、0の場合、相関なしを意味する。
(資料) 総務省統計局「社会生活基本調査」

図2-14　すべての世代の女性で増えるおしゃれ時間

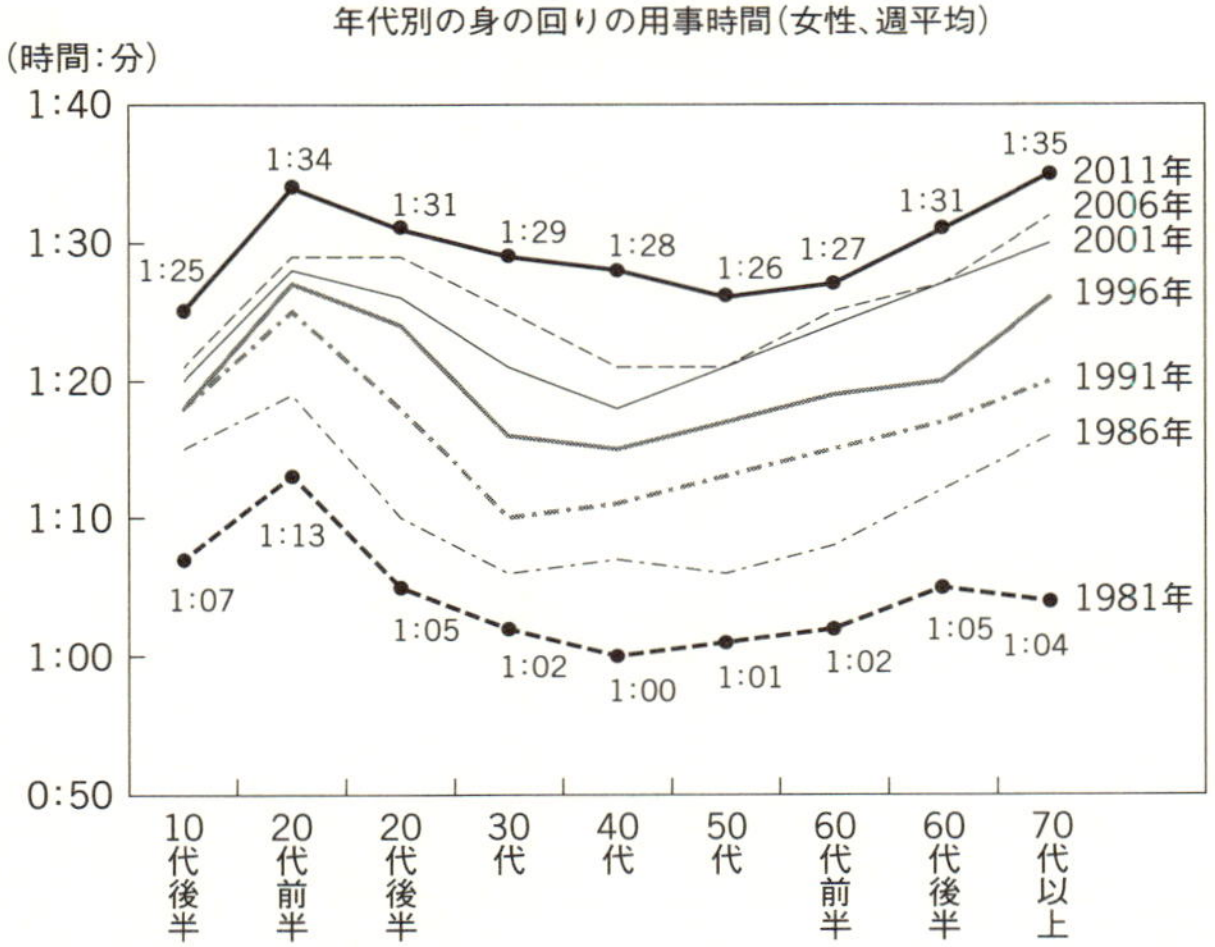
年代別の身の回りの用事時間（女性、週平均）
（時間：分）
1:40
1:30
1:20
1:10
1:00
0:50
1:25
1:34
1:31
1:29
1:28
1:26
1:27
1:31
1:35
2011年
2006年
2001年
1996年
1991年
1986年
1981年
1:07
1:13
1:05
1:02
1:00
1:01
1:02
1:05
1:04
10代後半
20代前半
20代後半
30代
40代
50代
60代前半
60代後半
70代以上

（注）「身の回りの用事」の内容例示は「洗顔　入浴　トイレ　身じたく　着替え　化粧　整髪　ひげそり　理美容室でのパーマ・カット　エステ」である。2011年の30代〜50代、70代以上は5歳刻み値の標本数を使った加重平均である。
（資料）総務省統計局「社会生活基本調査」

若い世代、特に20代でおしゃれ時間が長く、中年で一度短くなり、60代以降の高齢者ほど、再度、こちらはおしゃれだけでなく動作に時間がかかることにより、「身の回りの用事」時間が長くなるという世代構造は変わっていない。

１９８１〜２０１１年の30年間の変化の最も大きいのは、70代以上の31分増であり、これに40代の28分増、30代の27分増が続いている。

５年ごとのテンポについては、バブル景気の時期を含む

1986〜1991年の伸びが目立っている。2001〜2006年には20代後半から40代を除き伸びが止まり、いよいよ限界に達したかに見えたが、2006〜2011年には、再度、全年齢的におしゃれ時間の大幅な伸びが見られた。

年齢構造的には、2006年までの動きでは、20代の伸びは小さくなる一方で、30代〜40代の伸びはなお著しかった。これは、結婚年齢、出産年齢が高年齢化してきていることが影響したと思われる。子育てが始まると、そうそう自分の「身の回りの用事」に時間を割いているわけにはいかなくなる。出生数が減り、子育ての開始年齢も遅くなったことが、こうした変化の背景にあると考えられるのである。

ところが、最近の2006年から2011年にかけての動きには、より高い年齢層と比較して伸びが小さくなっていた10代後半〜20代前半の女性のおしゃれ時間の伸びの復活および、おしゃれ時間の伸びの最前線が30代から40代へシフトという特徴が見られた。後者は、アラフォー、美魔女といった流行語が登場したことと並行した現象であろう。何か、中高年女性と若い女性がおしゃれを張り合っているような感がぬぐえない。

こうした動きは、単にファッションにとどまるものではない。日本女性はスリムを目指した体格の改造に果敢にチャレンジしている。この点については、第3章5節でデータを掲げるが（図

3－13参照）、結論的には、日本人女性のスリムな身体への改造は20代から始まり、30代、40代に波及し、そして最近では50代にまで及んでいる。

1985年当時30万人だった働く美容師の人数は最近では45万人、すなわち50％増となっている。これは、ちょうど、女性の身の回りの用事の生活時間の増加率にほぼ匹敵している。1960年代のシームレス・ストッキング導入、ミニスカート・ブームに始まり、バブル期のワンレン・ボディコン、ハイレグ水着、1990年代に入って茶髪の普及・浸透、アニマル柄、ネイルアート、21世紀にはいって、ローライズパンツ、レギンス、ファストファッション、セレブ・ファッション、カワイイものブーム、美魔女と、流行やファッションの動きは果てしない（巻末図録対照表参照）。

しかも、これは今や一部の特殊階層だけのトレンドではないのだ。生活時間や身体測定の統計データにこれだけ明瞭に表れる動きであるからには、国民全体の動きを示すものだといってよい。最近、道や電車で見かける女性がみんなキレイになったという印象を持つ男性は私だけではないのではなかろうか。日本人女性はどこまで「身の回りの用事」の時間を増やし続けるのであろうか。日本人女性は、ここまで身体に磨きをかけ、一体、どうしようというのだろうか。

4　意外な自殺率の動き
——自殺率は上昇したのではなく元来の水準に戻っただけ——

自殺は本当に増えているのか

自殺者数が、史上、かつてない規模の毎年3万人水準という異常事態が続いており、自殺者数がこのように多くなった理由は近年になって深刻化した社会環境の変化に求められる、というのが一般の理解である。自殺対策も、こうした理解から導かれている場合が多い。

以下は「自殺3万人切る　社会全体で取り組みを」と題された毎日新聞の社説（2013年1月27日）であるが、こうした一般的な理解を表しているといえよう。

「昨年の自殺者は2万7766人（警察庁の速報値）で、15年ぶりに3万人を割った。3万人とは毎日100人近い人々がこの国のどこかで自殺してきたということだ。国や自治体の対策が効果を上げているといわれるが、それでも欧米の2～3倍の水準である。自殺の背景にある原因に目を向け、さらに抜本的な改善を進めていかねばならない。

心の弱さや死生観の問題のように自殺を考え、あるいは死そのものをタブー視して議論することすらためらう風潮が対策の遅れをもたらしてきた。民間団体『ライフリンク』（清水康之代表）の調査によると、自殺の背景には失業、うつ、いじめ、家族不和、DV被害、アルコール依存、過労、介護・育児疲れなど60以上の要因が存在し、実際に自殺に至った例では少なくとも四つ以上の要因が重なっているという。年齢や性別や職業を問わず、誰にでも起こり得る問題なのである」

自殺者数の統計には、警察庁の調べのほかに、厚生労働省の人口動態統計がある。人口動態統計は、出生、死亡、婚姻、離婚などの届出に基づき作成される統計であるが、死因別死亡者数の集計が大きな部分を占めており、その中に死因の一つとして自殺が集計されているのである。警察庁の自殺統計は1978年以降しか得られないが、人口動態統計は明治32年（1899年）以来の長い歴史を有しており、時系列データとしてはやはりこちらを使うほかはない。

戦後の自殺者数の推移（三つの指標の推移を示した図2－15のうちの最初の図）を見ると、自殺者数は増加傾向にあり最近のレベルは史上最多である点、また不況期をはさみ三度にわたって自殺者数が急増した時期がある点が明らかである。特に、1998年に前年からの大型金融破綻

図2-15　自殺は本当に増えているのか

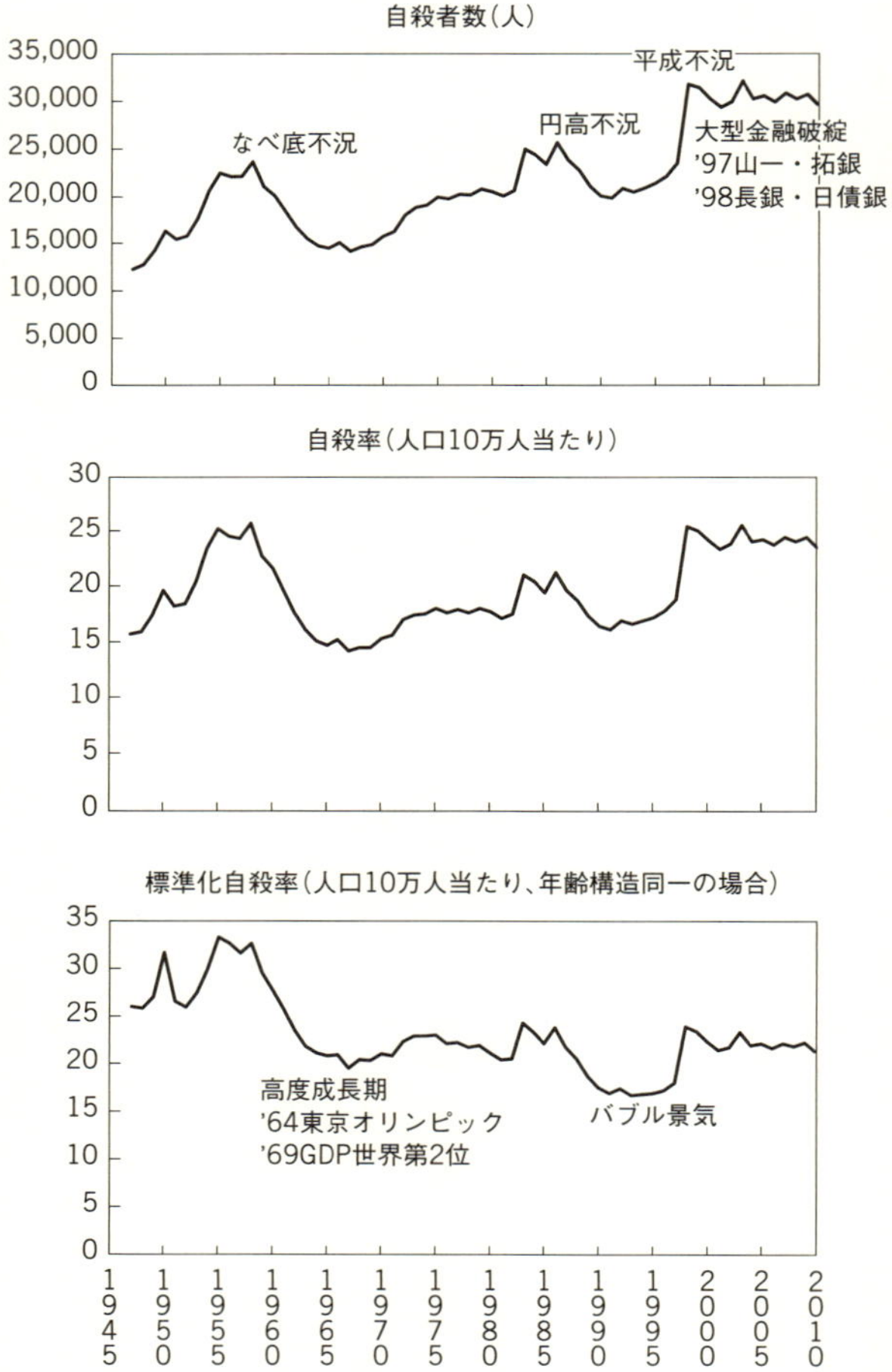
自殺者数(人)
35,000
30,000
25,000
20,000
15,000
10,000
5,000
0
なべ底不況
円高不況
平成不況
大型金融破綻
'97山一・拓銀
'98長銀・日債銀
自殺率(人口10万人当たり)
30
25
20
15
10
5
0
標準化自殺率(人口10万人当たり、年齢構造同一の場合)
35
30
25
20
15
10
5
0
高度成長期
'64東京オリンピック
'69GDP世界第2位
バブル景気
1945
1950
1955
1960
1965
1970
1975
1980
1985
1990
1995
2000
2005
2010

(注) 標準化死亡率はOECD資料(ただし1947～59年は著者が算出)
(資料) 厚生労働省「人口動態統計」、OECD Health Data 2012

に伴って自殺者が８０００人以上増加し、一気に３万人台となった時の衝撃に影響され、経済危機と自殺急増は密接不可分という印象がぬぐえないものとなった。

なお、警察統計と異なり人口動態統計では１９９８〜２０１０年のうち間欠的に４年次は自殺者３万人未満であったので、３万人超の長い連続記録とはなっていない。

戦後の長期的な自殺者の増加には、日本人の人口規模自体の増加も寄与しているので、その要因を取り除いた自殺率の指標を次に見てみよう（図２－15のうちの真ん中の図）。

がん死亡率など他の死因別死亡率と同様に、人口10万人当たりで計算される自殺率の戦後のピークは実は１９５８年の25・７人であり、近年のピークである２００３年の25・５人もこれを上回ってはいない。

したがって自殺率から判断すると、最近の自殺レベルは戦後最多というより、２回目の戦後最多レベルとするのが正しいことになる。

死因別死亡率では、単純に人口比で計算する粗死亡率のほかに、標準化死亡率（年齢調整死亡率）が計算されることが多い。例えば、がん死亡率は高齢者のがん死亡率が若年層と比較して高いため、高齢化に伴って上昇しているが、年齢構造が同一だとして算出される標準化死亡率では、男性は１９９５年以降、女性は１９６０年以降、がん死亡率は低下しているのである。

若年層より中高年層の方が自殺率が高いことが知られているので（図２－17参照）、当然、標準化自殺率を算出する必要がある。

標準化死亡率は時系列比較において重要であるばかりでなく、各国比較においても重要である。年齢構造の異なる国を比較する場合、その要因を取り除いて比較した方がよい場合がほとんどであるからである。このため、OECD Health Dataでは年齢調整後の標準化自殺率を各国について１９６０年以降のデータを掲載している。図２－15の標準化にはＯＥＣＤ全体の２０１０年の人口構成が使われている。

人口動態統計の１９６０年の年齢別自殺率をこの年齢構造で加重平均すると、ＯＥＣＤの値とぴったり一致する。このＯＥＣＤデータと、これに欠けている１９５９年以前の年次について計算して補った標準化自殺率の時系列データを見てみよう（図２－15のうちの最後の図）。

すると、１９５０年代半ばの10万人当たり30人前後の高い自殺率水準から、高度成長期に大きく低下し、その後、10万人当たり20人前後の水準で横ばいに転じて、現在に至っているという推移の状況が見て取れる。つまり、自殺は増えていないのである。

増加要因アプローチと減少要因アプローチ

一番目の自殺者数の推移グラフでは、自殺の増加要因に自然と関心が向かったが、三番目の標準化自殺率の推移グラフでは、むしろ、自殺の減少要因が何だったかが重要だと気づかされる。

自殺データの変動に関して、増加要因アプローチでは社会のストレスが高まると自殺が増えるという考え方に基づいて推移を解釈するのであるが、それだけが正しいアプローチだとは言い切れない。むしろ、日本社会における一定の自殺率水準が社会全体の高揚や一体感で低まる時期があるという減少要因アプローチの考え方で自殺の推移を捉えることも重要なのである。

日本でも第二次世界大戦中そうであったように、戦争の時期にはどの国でも自殺率が低下する傾向にあることが観察されている。これについてはその時期に高まった「強固な社会的統合」（デュルケーム）の要因で説明するのが一般的であり、この場合は、実は減少要因アプローチに立っているのである。

このアプローチに立てば、戦後日本の自殺率の推移についても、東京オリンピック（１９６４年）やＧＤＰ世界第2位（１９６９年）といった状況に代表される高度成長期の興奮、そしてバブル景気（資産価格高騰に伴う高額消費ブーム）の狂騒が本来の自殺率水準から日本人を暫時解放していたと捉え直すことが可能なのである。

増加要因アプローチでは解釈しがたい点が、減少要因アプローチでは理解が容易となる。まず、自殺者数の推移の図に記した三つの増加要因のなべ底不況、円高不況、そして平成不況であるが、実は、自殺の急増はそれぞれの不況の時期とは必ずしもタイミングが一致していない。

戦後間もない自殺の急増（1955～1958年）は、青年層の高い自殺率、復員兵の自殺、男女とも自殺増という特徴を持っており、戦後の価値観転換が主要因と思われる。時期的にはなべ底不況（1957～1958年）以前の神武景気のさなか、日本人が敗戦直後の混乱期を経てふと我に返った時から始まっていたと考えざるをえない。

また円高不況の際も、実は、急激な円高をもたらした1985年のプラザ合意より2年前の1983年から自殺が急増し始めていたのであり、この年は旧来型社会の人間関係からの変容を象徴的に示すかのように戦後初めて離婚が急増した年に当たっている。

さらに平成不況についても、自殺が急増した1998年以前の90年代前半からバブルの崩壊は始まっていたのにバブルの余韻からなかなか人々は目覚めず、まだまだリカバーが可能なのではないかという甘い幻想を、97年の大型金融破綻がついに打ち砕いたのだと考えられる。

このように自殺の急増は、急増の要因を探るよりも、自殺を減少させていた要因がいつまで続

図2-16 バブル期以降しばらく上昇した日本人の血圧と食塩摂取

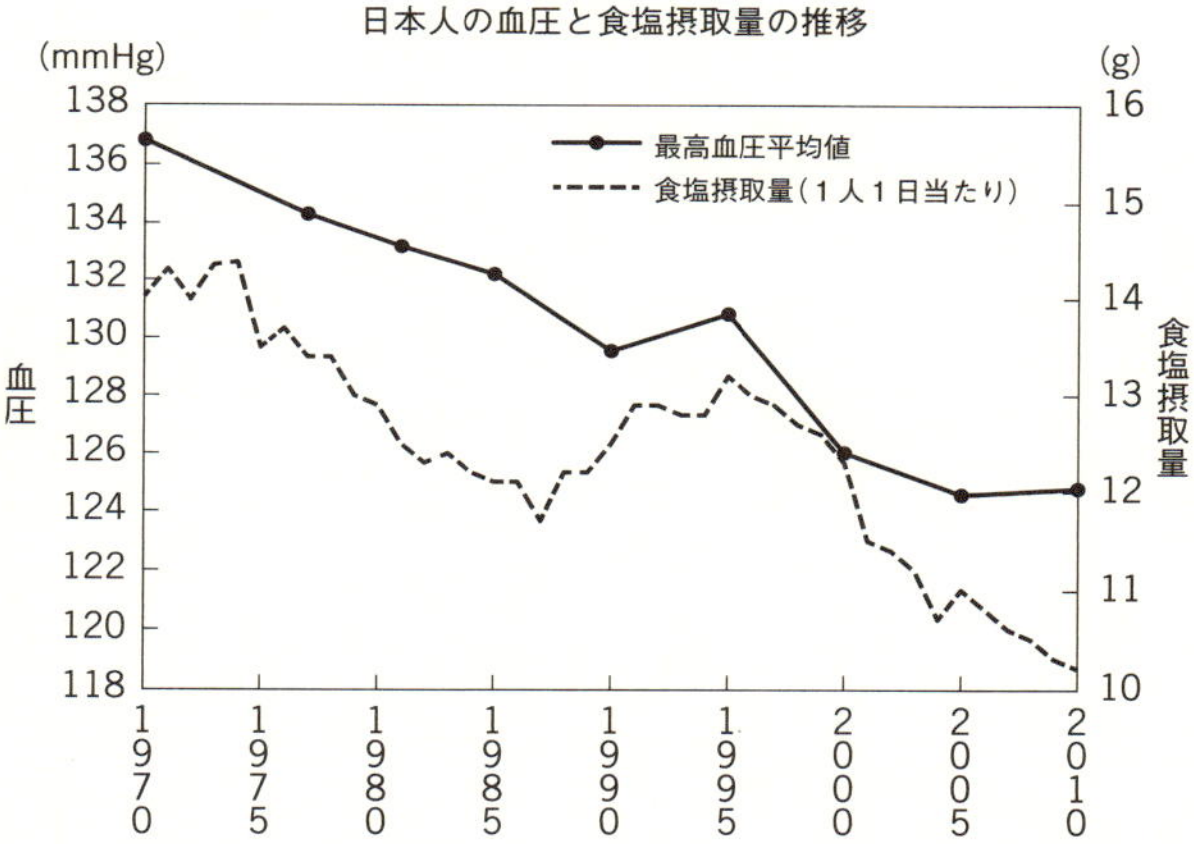

（注）最高血圧平均値は20歳以上男女年齢別データを1985年国調人口で標準化した数値。血圧の2000年、05年は妊婦・降圧剤服用者を除く。食塩摂取量の1970〜74年は著者推計値。
（資料）厚生労働省「国民健康・栄養調査」

いたかに着目する方が理解しやすいのである。

バブル景気が日本人の精神に及ぼしていた影響力の大きさについては、血圧と食塩摂取量の推移を見るとうなずけるものがある（図2－16）。

日本人の平均血圧と食塩摂取量は、健康意識の高まりに伴い、戦後ほぼ一貫して低下・減少傾向にある。ところが、例外的な時期がある。バブル景気の時期である。

バブル景気が始まった1980年代後半から両者は連動して上昇し始め、またバブルがはじけたのちもしばらく高止まりし、元の傾向線に復帰したのは2000年代に入ってからなのである。これが、バブル期の精神的高揚や贅沢な食生活を反映していたことは確かであろう。経済が空回りし始めてもまだしばらくは幻想に酔っていて、ついに厳しい現実に直面することになったというのが、98年における未曽有の自殺急増の真相だったのではないかと考えられる。雇用情勢に対する意識の推移でも97年まではまだ景気が良くなると思っていた人が1割近く存在していたが、98年には、ほとんどゼロとなったのである（図5－2参照）。

1998年以降も、2008年秋のリーマンショック後の景気低迷など失業の急増や非正規雇用の増加を伴う経済の大きな変動が生じているが、自殺率にはほとんど変化がない。こうした動きは増加要因アプローチでは解釈が難しく、むしろ目立った減少要因の変化がないため同一レベルが続いていると考えた方が理解しやすい。

これまで述べてきたのと似た趣旨で自殺率は高まっていないことを明らかにした精神科医の冨高辰一郎氏は『うつ病の常識はほんとうか』の中でこう言っている。

「現在の日本の自殺者数が3万人を超えていることは事実である。しかしその説明にあたっては、科学的にかつ冷静に行わないといけない。日本社会がおかしくなったので、自殺者が増えているという安易な説明は、科学的におかしいし、自殺対策としても間違っている。そういった説明を真に受けて、世の中を悲観し、自殺を考える人もいるとしたら、有害ですらある」（32～33頁）

年齢別、男女別の自殺構造の大変貌

このように、自殺数そのものは必ずしも増えているわけではないが、これとは対照的に、自殺の年齢構造と男女構造は大きく変貌している点を明らかにしよう。

前に見た標準化自殺率は、年齢構造を不変として毎年の年齢別自殺率をこれに当てはめて算出したものである。図２－17には年齢別自殺率の戦後の推移を掲げた。

若い世代ほど自殺が急増した１９５０年代を除いて考えると、戦後の変化の特徴は、高齢者ほど自殺率が高い状況から一貫して年齢別の自殺率格差が小さくなってきた点にあることが一目瞭然である。老後の生活不安や健康不安によって高齢者ほど自殺が多いのは世界共通の傾向であるが、年金や医療といった社会保障のわが国における戦後の発達がこうした高齢者の不安の解消にいかに効果があったかを示している。

年齢格差の縮小は、高齢者の自殺率の低下とともに生産年齢人口（15～64歳）の自殺率の上昇

図2-17　高齢者の自殺率が大きく低下
——狭まる自殺率の年齢差——

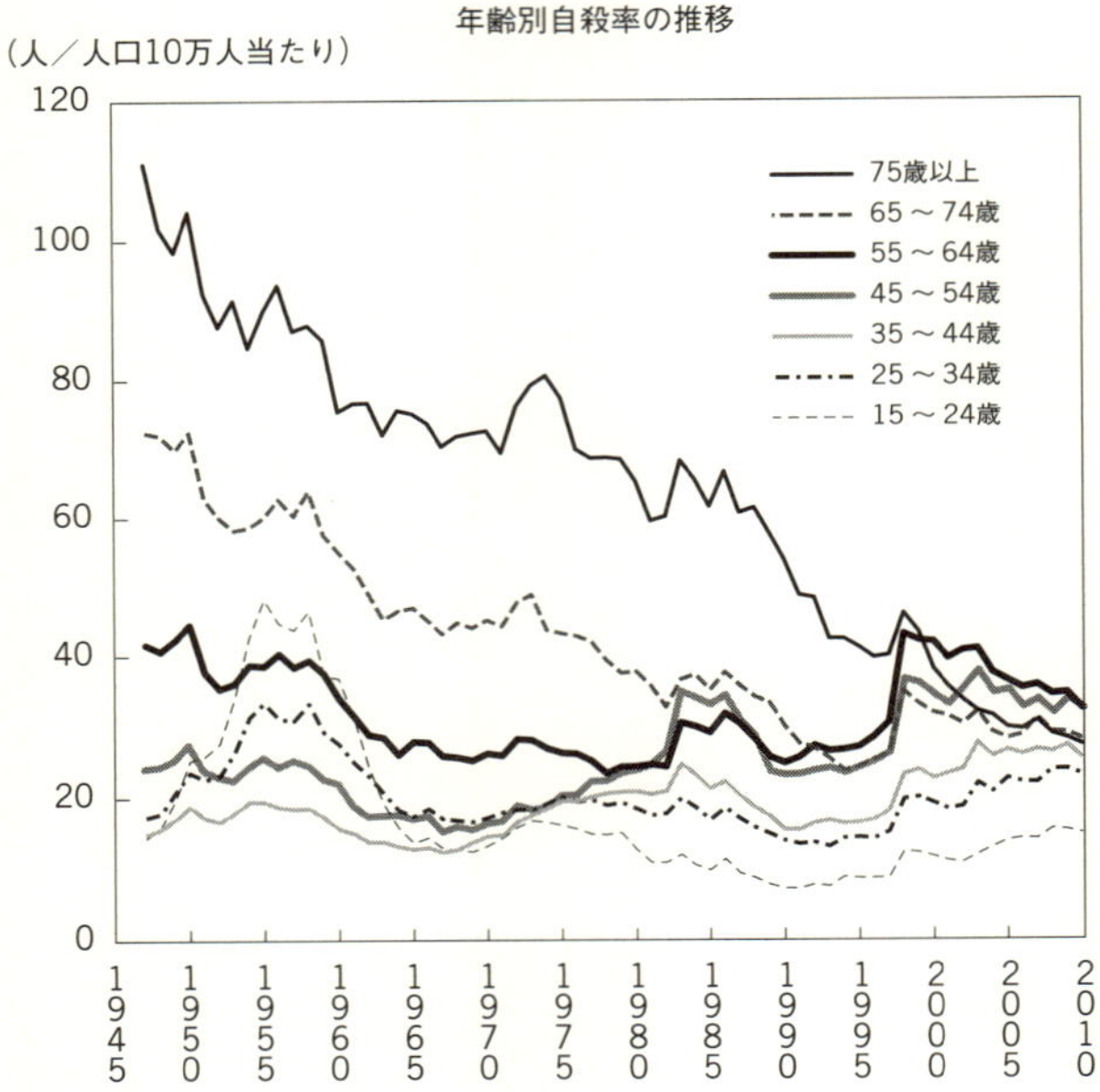
年齢別自殺率の推移
(人／人口10万人当たり)
120
100
80
60
40
20
0
75歳以上
65～74歳
55～64歳
45～54歳
35～44歳
25～34歳
15～24歳
1945
1950
1955
1960
1965
1970
1975
1980
1985
1990
1995
2000
2005
2010

(注) 年齢別の自殺者数と10月1日の人口を使って年齢別自殺率を算出。
(資料) 厚労省「人口動態統計」、総務省統計局「人口推計」

という両面の影響による結果だといえる。最近では、45～64歳の自殺率はむしろ65歳以上の自殺率より高くなっている。

生産年齢人口の自殺増加だけを取り上げて社会の閉塞感に言及する論調が多いが、生産年齢人口の自殺率の上昇要因として、高齢者の自殺率低下と元が同じ要因の影響、すなわち、国政選挙において、ますます高齢者票が多くなるなかで、高齢者向けの社会保障（年金、医療など）と生産年齢人口向けの社会政策（雇用、教育、子育てなど）とのアンバランスが生じているという側面があることを忘れるべきではないだろう。

また、生産年齢人口の中では、リストラの対象だった中高年の自殺率が急増した反動で「格差」が社会問題化し、中高年の利益が守られるようになったので、そのしわ寄せが雇用の非正規化などを通じて若者層に向かい、この結果、最近では、むしろ、中高年の自殺率は低下、若者の自殺率が上昇という傾向となったことも図からうかがえる。

次に男女別の自殺率の推移を見てみよう。図２－18は男女別の年齢調整自殺率の戦後の推移を示したものである。男は高度成長期とバブル景気の時期に自殺率が大きく低下したが、全体的傾向としては上昇傾向が認められる。女の自殺率はこうした時期の低下幅が軽微であるとともに、全体として明確に低下傾向が認められる。女に比べると男は何か景気の好い時期に妙に浮かれ

図2-18　女は減り、男は減らない自殺率

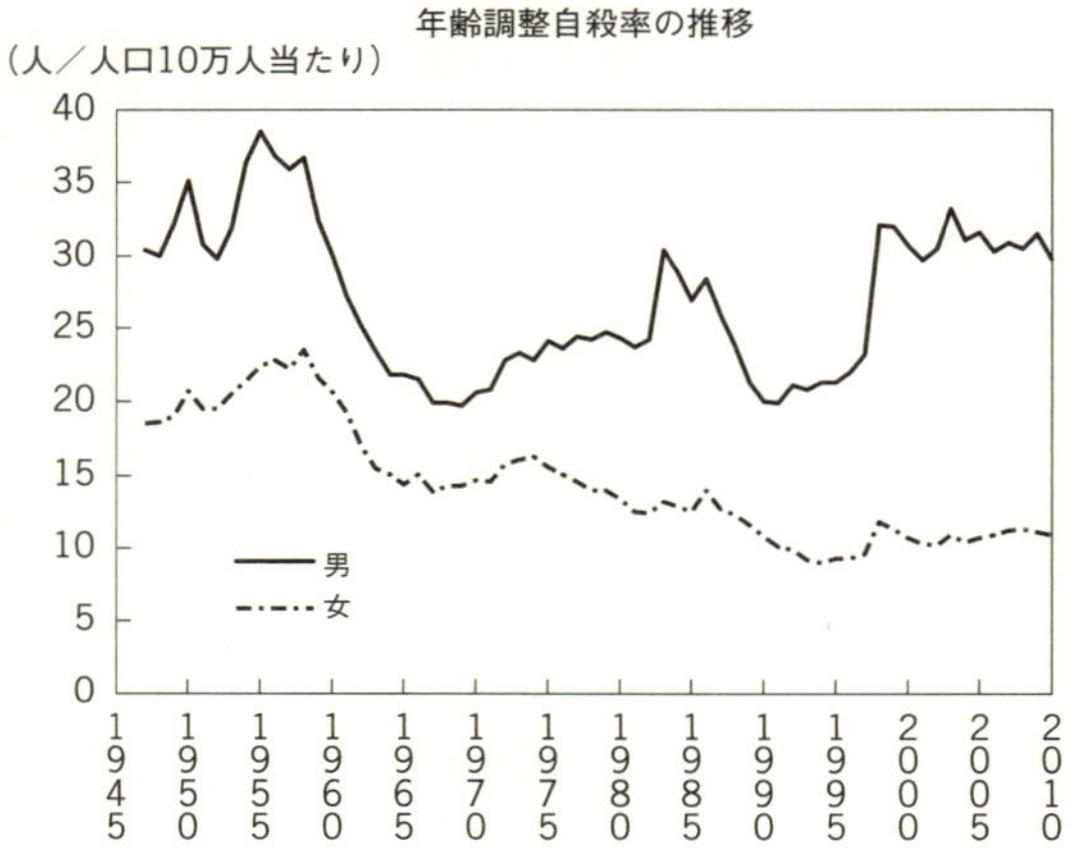

（注）年齢調整自殺率は人口動態統計を使った内閣府の算出（昭和60年人口モデル使用）。
（資料）厚生労働省「人口動態統計」、内閣府「自殺対策白書」

て、不景気に転じると反動で自信を大いに無くしたかのようである。

図には男の自殺数を女の自殺数で除した倍率の推移を同時に掲げた。1969年の1・25倍を底に傾向的な上昇を続け、近年は2・6倍前後に達している。男は女に対しては自殺が倍増したのである。

こうした性・年齢別の自殺率の構造は、同じく、「楽しい時間」を過ごしているかの性・年齢別の偏在とパラレルである点については、第4章の図4－13で触れる。

なぜ男ばかりが自殺するようになったか

日本では、男ばかりがなぜこのように自殺するようになってしまったのだろうか。この傾向が日本だけの傾向ならば、日本社会特有の動向に要因を探る必要がある。世界的な傾向ならば、もっと大きな文明史的な要因にも考えを及ぼす必要がある。そこで、世界各国の自殺数男女比についてなるべく長期的な値を計算し、その結果を図2－19に表した。男女別自殺数は今世紀初めから得られる基本データなのでこうした比較が可能となったのである。

驚くべきことに、男女比のレベル、また、その変化幅に国ごとの差はあるものの、先進国では共通して20世紀前半には自殺数に関する男の対女倍率が低下傾向をたどり、それが、1960年

図2-19　男が多い自殺率：20世紀のU字カーブ

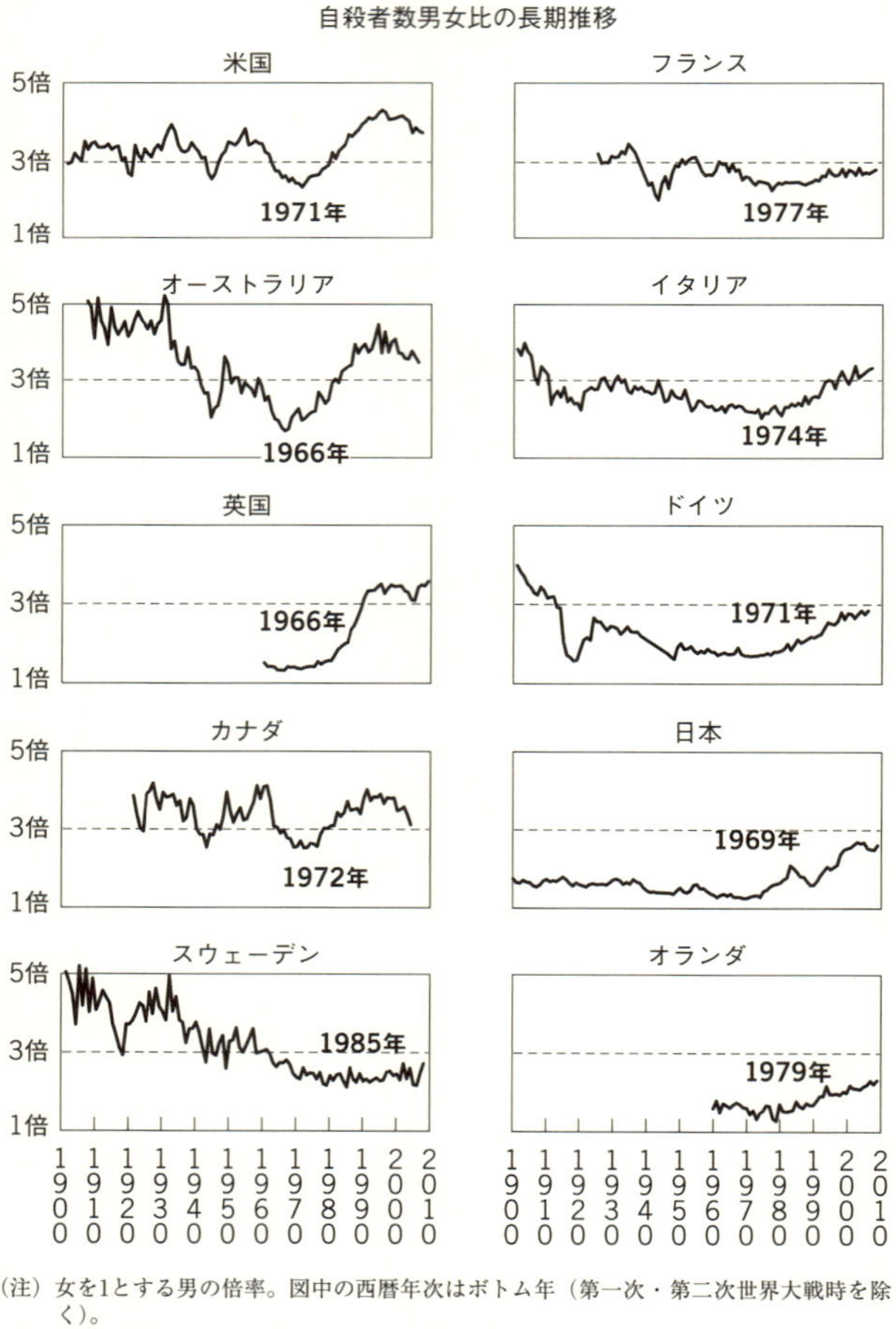
自殺者数男女比の長期推移
米国
5倍
3倍
1倍
1971年
フランス
1977年
オーストラリア
1966年
イタリア
1974年
英国
1966年
ドイツ
1971年
カナダ
1972年
日本
1969年
スウェーデン
1985年
オランダ
1979年
1900
1910
1920
1930
1940
1950
1960
1970
1980
1990
2000
2010

（注）女を1とする男の倍率。図中の西暦年次はボトム年（第一次・第二次世界大戦時を除く）。
（資料）厚生労働省「人口動態統計」「人口動態統計特殊報告」、OECD.Stat 2012.5.19

代後半から70年代にかけて反転、上昇傾向に転じている。第一次、第二次の世界大戦中には自殺数が男を中心に急減した国が多いが、この時期を除いて推移を見てみると、なおさらこの傾向がはっきりする。

20世紀は各国とも、農業社会から工業化社会（インダストリアル・ソサエティー）への転換とそれに伴う経済の高度成長、そして工業化社会から脱工業化社会（ポスト・インダストリアル・ソサエティー）への転換とそれに伴う経済の成熟化、低成長シフトという二つの転換期を経験してきた。あたかも男は前者には向いており、後者には向いておらず、女はその逆であるかのようである。

20世紀の工業化社会では、計画経済に有効性が認められて社会主義経済が生まれ、他方で、資本主義経済においても大企業による組織的な経営が主流となった（経営史家のチャンドラーはこれをインビジブル・ハンドの時代からビジブル・ハンドの時代への転換と捉えた）。工業化社会では計画性、組織性が非常に重視されたのである。

ところが情報化、デジタル化、ネットワーク化が進む脱工業社会では下手な計画性の意味が薄れ、ヒトへの進化を遂げた長い狩猟採集時代の中で、狩猟を分担したため養われた男性特有の「計画能力の高さ」より、採集・子育てを分担したために養われた女性特有の「状況対応能力の高さ」の方が有効性を増した（NHKスペシャル取材班『女と男　最新科学が解き明かす『性』の謎』）。機械化によって男女の体格差の意味が薄れ、過酷な職場にも女性が進出するようになったように、時代の変化への適応にも全体的にこのような男女の落差が生じ、これが自殺の男女格差の拡大につながっているといえよう。

工業化社会では、同時に、男が外で働き、女は家庭を守るといった家族像が理想とされたが、こうした理想が少しでも実現するなかで戦後しばらくの時期までは男も自信を深めた。ところが、脱工業化社会の到来とともに家族の形態が多様化し、単純な理想が崩壊するなかで男は大きく自信を失ったかのようである。

米国、オーストラリア、英国、カナダといったアングロサクソン系の諸国では、男の自殺数の対女倍率は3倍以上と依然として高レベルであるにしても、最近、この倍率がその他の諸国と異なり減少傾向に転じている。こうした諸国ではプロテスタント的考えに基づく男女平等の思想が徹底した結果、女性にも前線兵士となってもらい、男性だけが家族や社会に責任を持たなければならないという考えを改めつつあることによって、再度、変化が生じているようでもある。

わが国において自殺は増えているとは必ずしもいえないが、生産年齢人口の男の自殺は高齢者や女の自殺が減るなかで大きく増加しており、実は、これが自殺の増加として社会的に意識されている可能性が高い。自殺問題に対して単独の社会問題として取り組むことも重要であるが、社会保障の対象年齢別バランスの問題や時代変化への男女の適合性の問題としても捉え直す必要があろう。

日本人の自殺率は高いが「うつ」状態は多くない

日本は自殺率が高いからには、「うつ」状態も世界と比べて深刻であるはずだと考える人がいるかも知れない。これは誤解である。この点の思い込みを解くために、最後に、自殺率の高さの国際ランキングと「うつ」の国際比較を両方とも示しておこう。

日本は図2-20でも明らかなように、OECD諸国の中で韓国、ハンガリーに次ぐ高自殺率の国である。年齢構造を同一として計算し直した標準化自殺率においてもその地位は変わらない。日本は主要先進国の中で最も高い自殺率の国といってよいだろう。なお、OECD諸国以外では、世界一高いリトアニアのほか、ロシア、ベラルーシなどの旧ソ連諸国が日本より自殺率が高くなっている。

死因別死亡者数は、基本的には、WHO(世界保健機関)が掲げる国際死因分類に従って各国の医師の判断のもとに算定され、国際機関に報告される。自殺はそうした死因の一つなので、各

図2-20　主要先進国で最も高い日本の自殺率

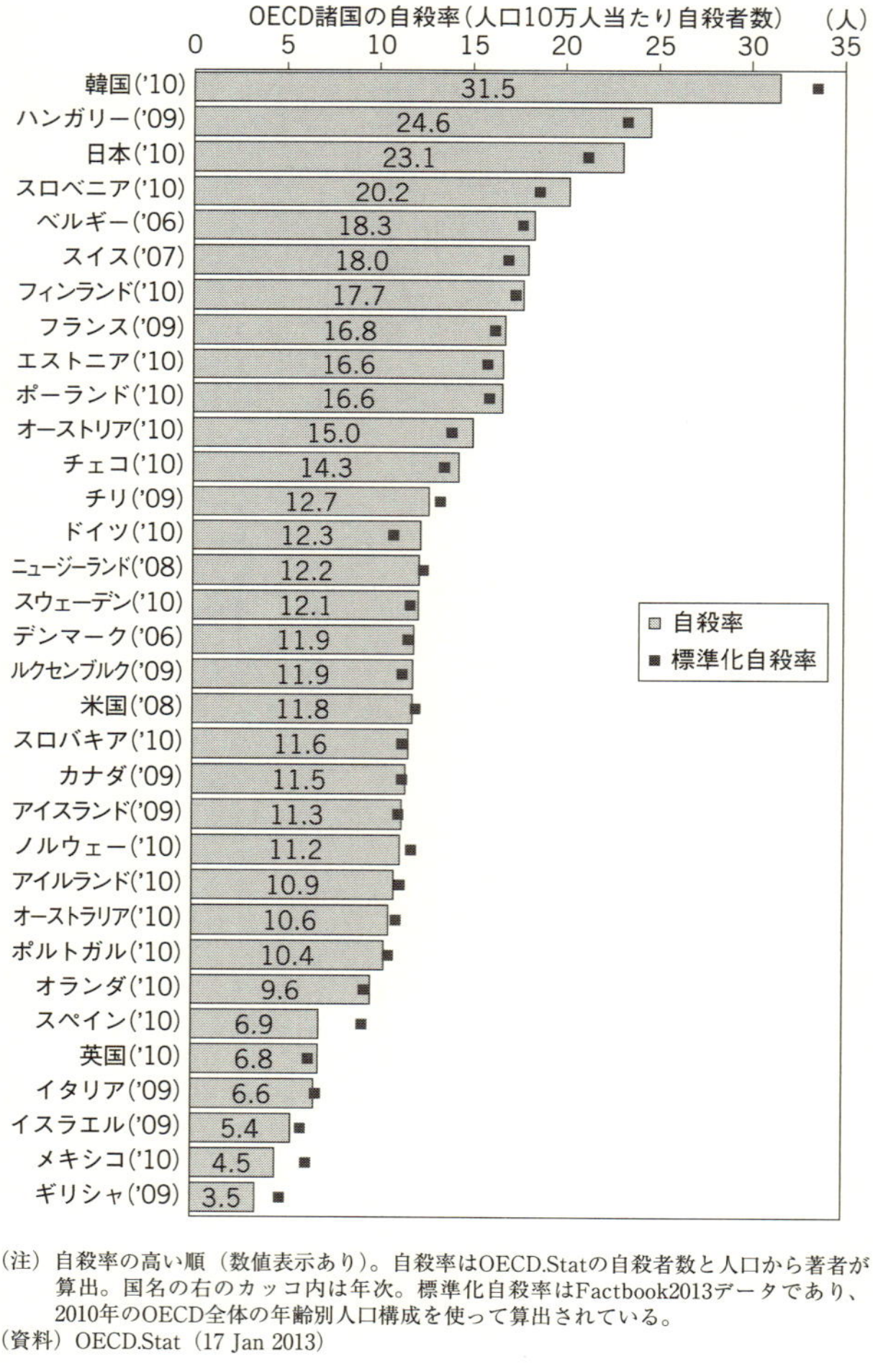
OECD諸国の自殺率（人口10万人当たり自殺者数）
（人）
0
5
10
15
20
25
30
35
韓国（'10）
31.5
ハンガリー（'09）
24.6
日本（'10）
23.1
スロベニア（'10）
20.2
ベルギー（'06）
18.3
スイス（'07）
18.0
フィンランド（'10）
17.7
フランス（'09）
16.8
エストニア（'10）
16.6
ポーランド（'10）
16.6
オーストリア（'10）
15.0
チェコ（'10）
14.3
チリ（'09）
12.7
ドイツ（'10）
12.3
ニュージーランド（'08）
12.2
スウェーデン（'10）
12.1
デンマーク（'06）
11.9
ルクセンブルク（'09）
11.9
米国（'08）
11.8
スロバキア（'10）
11.6
カナダ（'09）
11.5
アイスランド（'09）
11.3
ノルウェー（'10）
11.2
アイルランド（'10）
10.9
オーストラリア（'10）
10.6
ポルトガル（'10）
10.4
オランダ（'10）
9.6
スペイン（'10）
6.9
英国（'10）
6.8
イタリア（'09）
6.6
イスラエル（'09）
5.4
メキシコ（'10）
4.5
ギリシャ（'09）
3.5
自殺率
標準化自殺率

（注）自殺率の高い順（数値表示あり）。自殺率はOECD.Statの自殺者数と人口から著者が算出。国名の右のカッコ内は年次。標準化自殺率はFactbook2013データであり、2010年のOECD全体の年齢別人口構成を使って算出されている。
（資料）OECD.Stat（17 Jan 2013）

国の自殺率の比較データはかなり信頼の高いものだと考えられる。

「うつ」の国際比較については、疫学調査によるうつ病の有病率や意識調査における「うつ状態」のデータがある。意識調査では、「うつ状態」かどうかは、各国の回答者の判断によるところとなるが、医師の間で国際的に確立している診断基準に基づく有病率調査では、これと比べて国ごとの「うつ」の理解の違いが生じる余地はずっと狭まっていると考えられる。

うつ病・躁うつ病が多くを占める感情障害の年間有病率（過去１年間に患っていた割合）を国際比較した調査（２０００年代前半）によると、日本は３・１％と９・６％の米国や８・５％のフランスなど欧米諸国と比較してかなり低かった（図２－21）。その後の患者数の急増が反映されていないのでは、という疑問も出るかも知れない。

厚生労働省の患者調査によると、日本の感情障害の患者数は２００２年から２００８年にかけて約１・５倍に急増して、その後、２０１１年にかけて、やや減少している。日本の有病率が３・１％を１・５倍した４・65％だったとしても国際的にはなお低い水準だと見なすことができる。

１９８０年代のうつ病有病率では、日本のデータはないが、韓国、台湾の低い有病率が示されている。精神科医の冨高辰一郎『なぜうつ病の人が増えたのか』によれば、「国際的な疫学調査

図2-21　少ない日本のうつ病患者

感情障害についての年間有病率の国際比較（2時点）

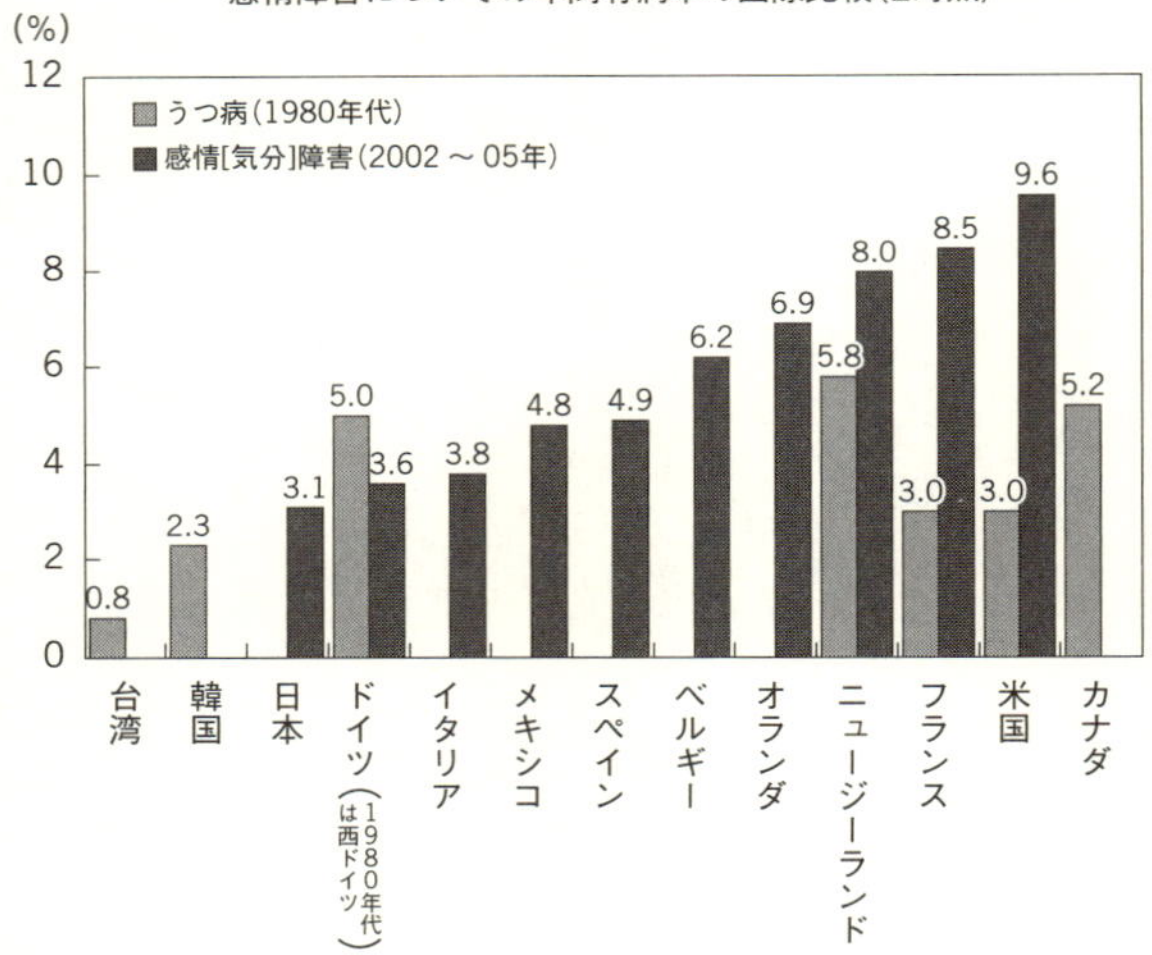

（注）2002～05年データは、WHOの世界メンタルヘルス調査による。18歳以上人口が対象（ただしニュージーランド16歳以上、日本20歳以上、メキシコ18～65歳）。受診していない人を含む。地域は各国の全国（ただしメキシコは都市部、日本は4大都市圏）。標本数は2000（オランダ）～13,000（ニュージーランド）、回答率は50%（ベルギー）～80%（ニュージーランド）。うつ病（1980年代）はワイスマンらによるDSM-Ⅲ診断基準の調査結果。
（資料）OECD Factbook 2009、冨高辰一郎「なぜうつ病の人が増えたのか」2009年

を行うと、東アジア諸国（中国、韓国、台湾、日本）は欧米に比べて、いつもうつの罹患率が低い。（中略）米国で人種別のうつ病調査を行っても、アジア系は、白人や黒人に比べてうつ病の罹患率が低い」（１４７頁）ということである。

一つのサンプル調査の結果では信じられないという人のために、「うつ」状態の人の割合を調べた意識調査の結果も見てみ

図2-22　うつ状態で悩んでいる人が多い国は？

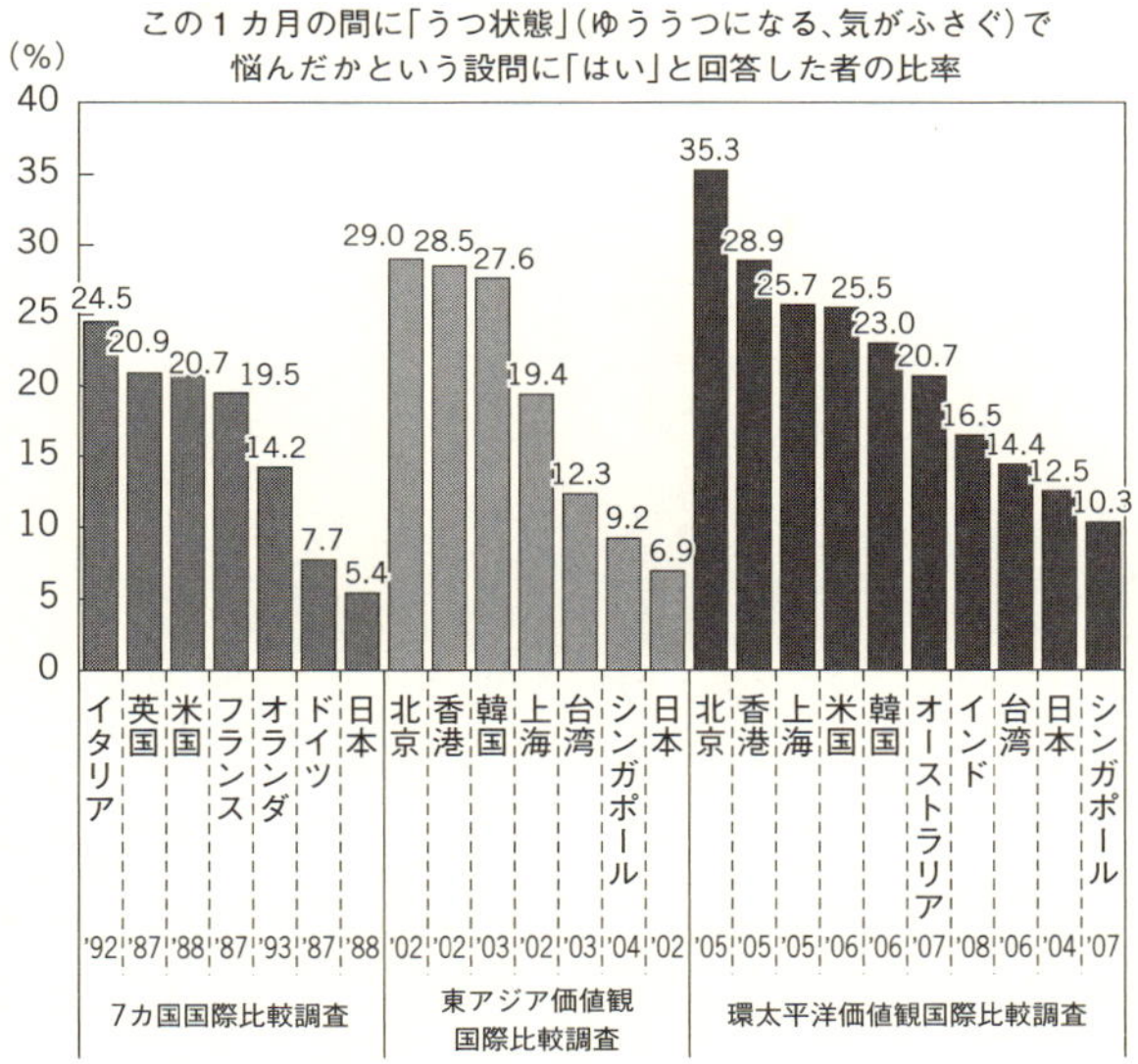
この１カ月の間に「うつ状態」（ゆううつになる、気がふさぐ）で
悩んだかという設問に「はい」と回答した者の比率
(%)
40
35
30
25
20
15
10
5
0
24.5
20.9
20.7
19.5
14.2
7.7
5.4
29.0
28.5
27.6
19.4
12.3
9.2
6.9
35.3
28.9
25.7
25.5
23.0
20.7
16.5
14.4
12.5
10.3
イタリア '92
英国 '87
米国 '88
フランス '87
オランダ '93
ドイツ '87
日本 '88
北京 '02
香港 '02
韓国 '03
上海 '02
台湾 '03
シンガポール '04
日本 '02
北京 '05
香港 '05
上海 '05
米国 '06
韓国 '06
オーストラリア '07
インド '08
台湾 '06
日本 '04
シンガポール '07
7カ国国際比較調査
東アジア価値観国際比較調査
環太平洋価値観国際比較調査

（注）国名の下の数字は調査年度。
（資料）統計数理研究所「7ヶ国国際比較調査」（1985-1994年）、「東アジア価値観国際比較調査」（2002〜2005年）、「環太平洋価値観国際比較調査」（2005〜2008年）

よう（図2－22）。文科省所管の研究所である統計数理研究所が行った過去3回の国際比較調査の結果である。１回目は１９８０年代後半から90年代前半にかけて欧米・日本の７カ国で行われた調査であり、２回目は２０００年代前半に東アジア諸国で行われた調査であり、３回目は２０００年代後半に環太平洋諸国（インドを含む）で行われた調査である。

日本の位置は、１回目で

は5・4%で7カ国中最小、2回目は1回目より割合は6・9%と多くなっているが7カ国中最小、3回目はさらに割合は12・5%と多くなっているが、順位はシンガポールを除くと9カ国中最低となっている。日本人は「うつ状態」に陥っている人が他国と比べると少ないといえよう。

1回目と3回目とで共通の国は米国と日本であるが、双方ともに、割合は3回目の方が高くなっている。また2回目と3回目では多くの国が共通であるが、概して割合は上がっている。これらから、どうやら、「うつ状態」の増加は世界的傾向のようである。日本は2002～2004年に急速に割合が上昇したように見える（この時期、上述の通り、患者調査ではうつ病・躁うつ病の患者が大きく増えている）。

2000年代前半の2回目の調査結果では北京、香港が上位2位、2000年代後半の3回目の調査結果を見ると、北京、香港、上海が上位3位となっており、中国人が「うつ」に陥る可能性は非常に高いといえよう。東アジア人の「うつ」は少ないという法則は現代の中国人には当てはまらないのかも知れない。

本章をまとめると

日本人は長時間労働なので、仕事以外に楽しみはなく、労働によって疲れ果てており、仕事のストレスから、うつ状態に陥る者も多く、その結果、自殺率も世界一だ、というネガティブな見方があるが、これは誤りである。

統計データが語るところでは、日本は、長時間労働の国であり（第2節）、自殺率の高い国であるが（本節）、仕事のストレスは、特段、大きくはなく（第1節）、仕事の疲れもあまり感ぜず（第2節）、また「うつ」になる人も少なく（本節）、むしろ、睡眠を削ってまで自由を謳歌し、おしゃれをしながら楽しく暮らす方向にある（第3節）、というのが国際比較から見た日本人の特徴である。

日本人の平均的な姿からは、こういえる。ところが、日本人の中でも、男性の一部は、むしろ、最初に挙げたネガティブな脈絡に巻き込まれている場合も多く、そうした人、あるいはそうした人を友人に持つ人が、マスコミや学識者の論調を支配する地位にあることから、誤解が解かれないまま推移しているのだと考えられる。

第　3　章

日本人は食べ過ぎではない

――食と健康をめぐる誤解――

1　日本人は食べ過ぎなのか？
――バランスのとれた日本型食生活――

比較的少ない日本人の摂取カロリーはバブル期以降低減傾向

「飽食」という語があるように、現代人は豊かさのなかで食べ過ぎの傾向があり、これが肥満や種々の健康問題を引き起こしていると考えられている。だが、果たして日本人は食べ過ぎなのであろうか。

国連の専門機関の一つであるＦＡＯ（国連食糧農業機関）は世界各国の食料需給表を作成している。食料需給表は個別の作物や畜産物の生産、輸出入、在庫といった統計データから各国国民が、結局、どれだけの食料を摂取しているかを推定する加工統計である。図３－１では、これから求められる主要国の食料供給カロリー（１人１日当たり）の推移を１９６０年代から追った。

農水省作成の食料需給表によれば、わが国の食料供給カロリー（１人１日当たり）は２００９年度に２４３９キロカロリーと、１９９６年度に２６７０キロカロリーのピークを記録した後、低下傾向にある。

図3-1 欧米に先行し低いレベルで反転低下しはじめた日本人のカロリー摂取量

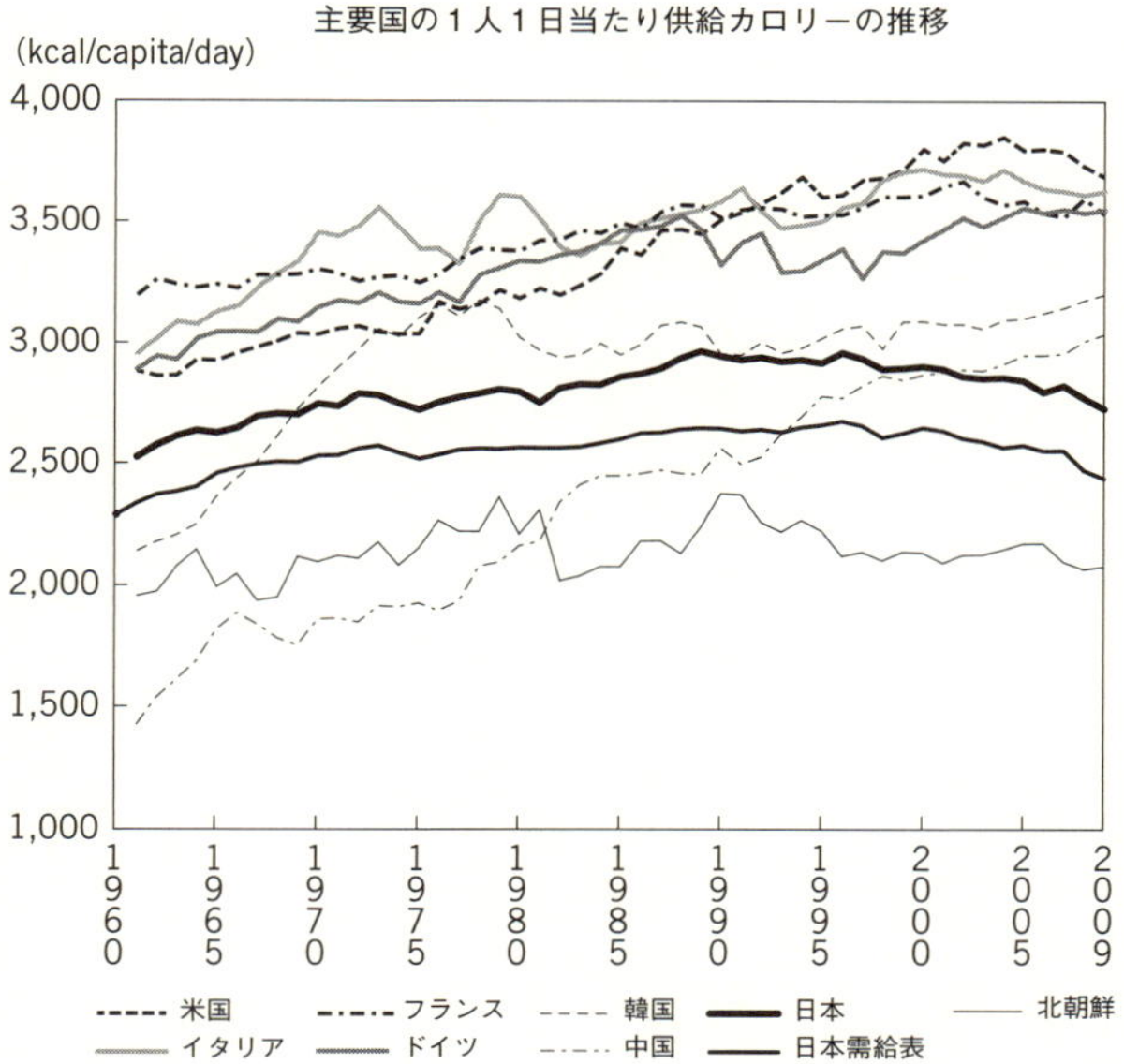
主要国の１人１日当たり供給カロリーの推移
(kcal/capita/day)
4,000
3,500
3,000
2,500
2,000
1,500
1,000
1960
1965
1970
1975
1980
1985
1990
1995
2000
2005
2009
米国
フランス
韓国
日本
北朝鮮
イタリア
ドイツ
中国
日本需給表

	中国	フランス	ドイツ	イタリア	日本	北朝鮮	韓国	米国	日本需給表
2009年	3,036	3,531	3,549	3,627	2,723	2,078	3,200	3,688	2,439

（資料）FAOSTAT（“Food Supply”, 2012.7.17）（日本需給表は農水省「食料需給表」の年度値）

日本の供給カロリーは、農水省の食料需給表とＦＡＯＳＴＡＴ（ＦＡＯのデータベース）のデータとでは、前者の方が低い数字となっている。これは、農水省の食料需給表が消費時点での消費ロスを差し引く純食料ベースであるのに対して、ＦＡＯＳＴＡＴの場合は、流通におけるロスは差し引いているものの、消費ロスは控除していない粗食料ベースであるためである。

ＦＡＯベースでも、日本の場合、１９８９年の２９６６キロカロリーをピークに供給カロリーは横ばい、あるいは低下傾向に転じている。米国などの高所得国がなお供給カロリーの多さに悩み、肥満対策が大きな課題となるなか、優等生的な推移を示しているといえる。

全体として増大傾向を示している欧米諸国の供給カロリーの推移において、最も供給カロリーが多い国は、１９６０年代は英国・フランス、１９７０年代はイタリア、１９８０年代はフランス、そして１９９０年代以降は米国と変遷してきている。

ヨーロッパを代表する食の大国であるフランスとイタリアのカロリー供給量は１９９０年代に米国と逆転し、その後は、少し量を抑え始めている傾向にある。フランス料理では１９７０年代からヌーベル・キュイジーヌ（新料理）と称して、調理時間の短縮、蒸しの導入、生クリームやバターをあまり使わないソース、量も少な目の料理法が唱えられた。日本料理の影響もあったといわれる。またイタリアでは、１９８０年代半ばにローマでのマクドナルド開店への反発から始まりスローフード運動が盛り上がり、１９８９年にはパリで国際スローフード協会が設立され世界に普及している。１９８６年のＢＳＥ（牛海綿状脳症、いわゆる狂牛病）発見（英国）以来、肉から魚へのシフトも生じている。量より質、ファストフードよりはスローフードという食への志向変化がフランスとイタリアのカロリー量の動きにも反映していると考えられる。

米国の場合、１９６０年代には欧州諸国と比べるとことさら大食ではなかったが、１９９０年代以降は、供給カロリーの増加が特に目立っている。明らかに食べ過ぎの状態であることから、クルマ社会ゆえの運動不足と相俟って、世界最大の肥満大国という憂うべき状況につながっており、官民をあげての食生活改善運動が進んでいる。このため２０００年代の半ば頃からは供給カロリーが低下に転じている。

アジアの他の国を見ると、日本に遅れて高度経済成長を実現した韓国では、１９７０年代に入って日本を追い越し、70年代半ばには一挙に３０００キロカロリーを超え、78年に３１７６キロカロリーのピークに達したのが目立っている。１９８０年代〜１９９０年代は３０００キロカロリーレベルを上下し、最近は再度３０００キロカロリーをかなり上回っている。韓国は随分と早い段階で、アジアで唯一３０００キロカロリーを超え、アジアの大食国として目立っている。

北朝鮮についての国際比較データは数少ないが、食料援助関連でＦＡＯに基礎データの報告があるらしく、供給カロリーについてはデータが得られるので図示した。1960年代初めには韓国と供給カロリーのレベルはそう異ならなかったが、その後、1980年代以降、食料生産の停滞や飢饉の発生を示すと思われる大きな供給変動が生じ、現在においても、なお2000キロカロリー台と、発展するアジアの中では特異というべき低い水準で推移している。

韓国に遅れて高度経済成長期に突入した中国では2002年には初めて日本を追い越し、1960年当時の2倍近くの水準に到達したのち、2008年には3000キロカロリーを超えている。13億人の人口大国が1人当たりで日本以上の食料供給を行い、しかも畜産消費の割合が高まり、飼料需要が拡大した結果、世界全体の食料市場に大きな影響を与え、最近の穀物価格高騰にもつながっている。なお、中国の1960～1970年代（特に1960年代前半）は現在の北朝鮮以下のレベルとなっていたが、この状況は1959～1961年の大飢饉や、その後の文化大革命による落ち込みの側面がある点を踏まえておく必要がある。

日本人の摂取カロリーについては、欧米人と比較して相対的に少ないのは体格の大きさのせいもあるが、体格がそう大きく異ならない同じアジアの中国人や韓国人と比較しても水準が低い点、あるいは、欧米および東アジアの諸国と比べて早い段階から、すなわち高齢化の影響が本格化する前の1990年代から頭打ちとなっている点はやはり特徴的である。日本人には経済的に豊かになったからといって、少なくとも量的な面では、食に過剰にのめり込まない国民性があると考えざるをえないのである。

一般に、日本型食生活といわれるのは、和食の伝統を残す日本人の食が、栄養学上理想的な炭水化物・たんぱく質・脂質の摂取エネルギー比を実現している点を指す（最近少し崩れてきているが）。この点が世界一の長寿国である大きな要因として国際的に認知され、欧米諸国が理想的な日本型食生活に注目し、日本食やすしブームが起こるきっかけとなったのである。

しかし、食生活のバランスには栄養構成のバランスばかりでなく量的なバランスも重要である。摂取カロリーが過大でない点も含めて日本型食生活と見なすべきであろう。それでは、なぜ、日本人は世界の人が見習うべきと考える日本型食生活を実現できているのであろうか。

日本型食生活の基本をつくったのは米食

日本人の食生活は、経済発展と洋風化によって大きな変貌を遂げてきた。

ここでは、たんぱく源の変遷からこうした日本人の食生活の変貌を概観してみよう。図３－２で、たんぱく源の推移を、明治末期からほぼ40～50年おきに三時点で比べたが、この間に大きく様変わりしている様子がうかがえる。

図3-2　日本人のたんぱく源は、米・大豆から魚へ、そして肉へ

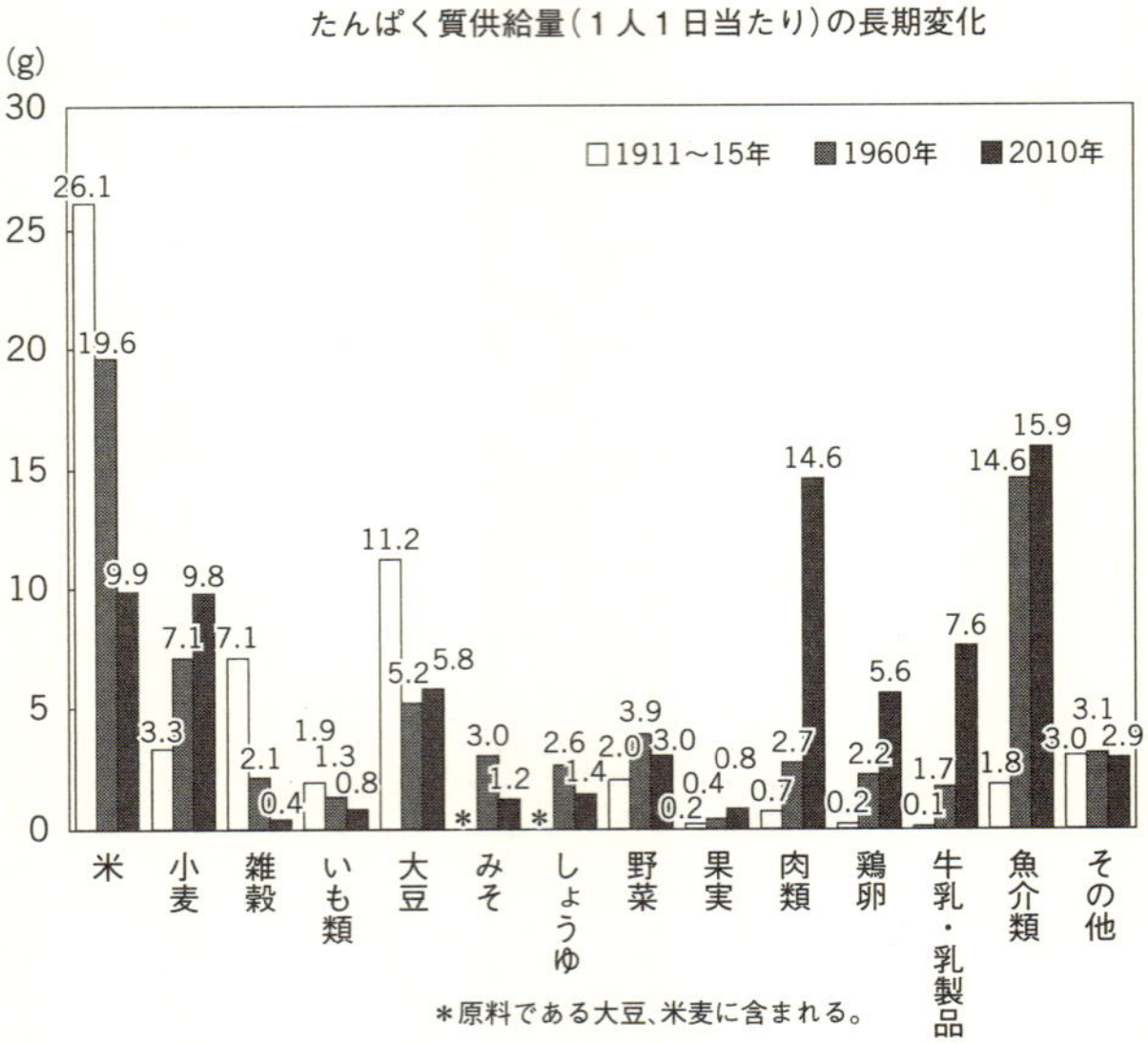
たんぱく質供給量（１人１日当たり）の長期変化
(g)
30
25
20
15
10
5
0
□1911〜15年　■1960年　■2010年
26.1
19.6
9.9
3.3
7.1
9.8
7.1
2.1
0.4
1.9
1.3
0.8
11.2
5.2
5.8
＊
3.0
1.2
＊
2.6
1.4
2.0
3.9
3.0
0.2
0.4
0.8
0.7
2.7
14.6
0.2
2.2
5.6
0.1
1.7
7.6
1.8
14.6
15.9
3.0
3.1
2.9
米
小麦
雑穀
いも類
大豆
みそ
しょうゆ
野菜
果実
肉類
鶏卵
牛乳・乳製品
魚介類
その他
＊原料である大豆、米麦に含まれる。

（注）雑穀は米・小麦以外の穀類の計。1960年以降の大豆の値からは、別途品目として立てられているみそ、しょうゆ、油脂への加工向けは除かれている。独立品目になっていないパンやうどん、煎餅への加工向けは控除されず、小麦や米の値に含まれる。1911〜25年には、鯨、海藻は魚介類に含まれ、それ以降はそれぞれ肉類、その他に含まれる。

（資料）農水省「食料需給表」「食料需要に関する基礎統計」、農林統計協会「改訂日本農業基礎統計」

明治末期(1911~1915年平均)では、たんぱく源としても米が圧倒的であり、大豆、みそ、しょうゆやその他の豆類、麦類、雑穀がこれを補っていた。山村や米のできない地方では、ヒエ、粟、ソバといった雑穀類に主として依存していた地域も多かった。

これ以降、大正・昭和戦前期、戦後復興期、高度成長期前期を経て、1960年にかけ、たんぱく源として魚介類の重要性が大きく浮上した。「魚介類」からのたんぱく質摂取は「米」に次ぎ、「大豆・みそ・しょうゆ」を上回る三本柱の一つを構成するに至った。

「戦時・戦中の食糧難、特に動物性蛋白質の量的不足は、国民に魚種選択の余地を与えなかった。水産物もヤミ・配給を問わず、手に入るものは何でも食用とせざるをえなかったので、どんな魚でも食べる習慣がついた」(平沢豊『日本の漁業』NHKブックス、31頁)。

かまぼこなどのすり身製品や魚肉ソーセージといった水産加工品の消費が拡大し、鯨油が主目的だった鯨についても「鯨肉生産が大きな比重を持つようになったのは食糧難の戦後であり、鯨肉は国民の生活に広く浸透した」(同前)。日本人は魚食民族といわれるが、沿海部住民だけでなく国民全体で魚介類をたんぱく源の大きな柱にするようになったのは、そんなに昔からではないのである。

１９６０年以降、高度成長期が本格化して以降の時期の特徴は、やはり何といっても、食の洋風化であり、それまで少しずつ消費が拡大していた肉類、鶏卵、乳製品など畜産品の動物性たんぱく質の摂取が一気に拡大した点にある。

現時点のたんぱく源としては、こうした畜産品の動物性たんぱく質が第一となり、これに魚介類が続き、米、小麦、大豆・みそ・しょうゆの三つが、それぞれ第三の地位を占めるといった構造になっている。

このように、明治以前の日本人は長く米に依存した食生活を送っていた。なぜ、それだけ米に依存することができたかというと、米に含まれるたんぱく質のアミノ酸特性に関わりがある。たんぱく質は、生命活動にとって最も重要な栄養素である。たんぱく質は各種のアミノ酸からなっているが、特に体内で合成できないため外部から摂取するしかないアミノ酸は必須アミノ酸と呼ばれる。

必須アミノ酸は、９種類、イソロイシン、ロイシン、リジン（リシン）、メチオニン、フェニルアラニン、スレオニン（トレオニン）、トリプトファン、バリン、ヒスチジンである。ヒスチジンは体内で作られるが、急速な発育をする幼児の食事に欠かせないことから、１９８５年からこれも必要なアミノ酸として加わるようになった。これらの一つでも欠乏すると他が十分であっても栄養不足ということになる。

たんぱく質食品として栄養の面から完全食品とされる全卵に対して、各食品の必須アミノ酸が、どの程度、多いか少ないかを示したグラフを作成した（図3－3）。

これを見ると、動物性食品に比べ、穀物食品ではリジン不足に陥りやすいことがわかる。特に、米（49、玄米の場合は51）に比べ、とうもろこし（24）や小麦（29）はリジンが少ない。他方、植物性食品の中でも根粒菌との共生により空気中からの窒素固定が可能な大豆など豆食品にはリジンを含めて比較的豊富に必須アミノ酸が含まれている。

このため、米食と豆の組み合わせで必要な栄養摂取が可能であり、米食民族に「主食」という概念が成立するゆえんとなった。欧米の場合は、小麦食を中心とするにしても肉食との組み合わせが必要であったのと大きく異なっている。戦前の日本人が米と大豆の組み合わせでたんぱく質を摂取していた状況にはこのような栄養学的な根拠があったのである。

ただし、参考に掲げた図に見るように、カロリー当たりのたんぱく質は米の場合多くないので、たんぱく質を量的に充足させようとすれば、たくさん食べねばならない。

こうした点は、学問の世界では常識化している。例えば栄養生理学者の鳥居邦夫氏は次のよう

図3-3　米と大豆があれば動物性たんぱく不要

食品別のアミノ酸組成（全卵たんぱく質のアミノ酸組成に対する相対比）

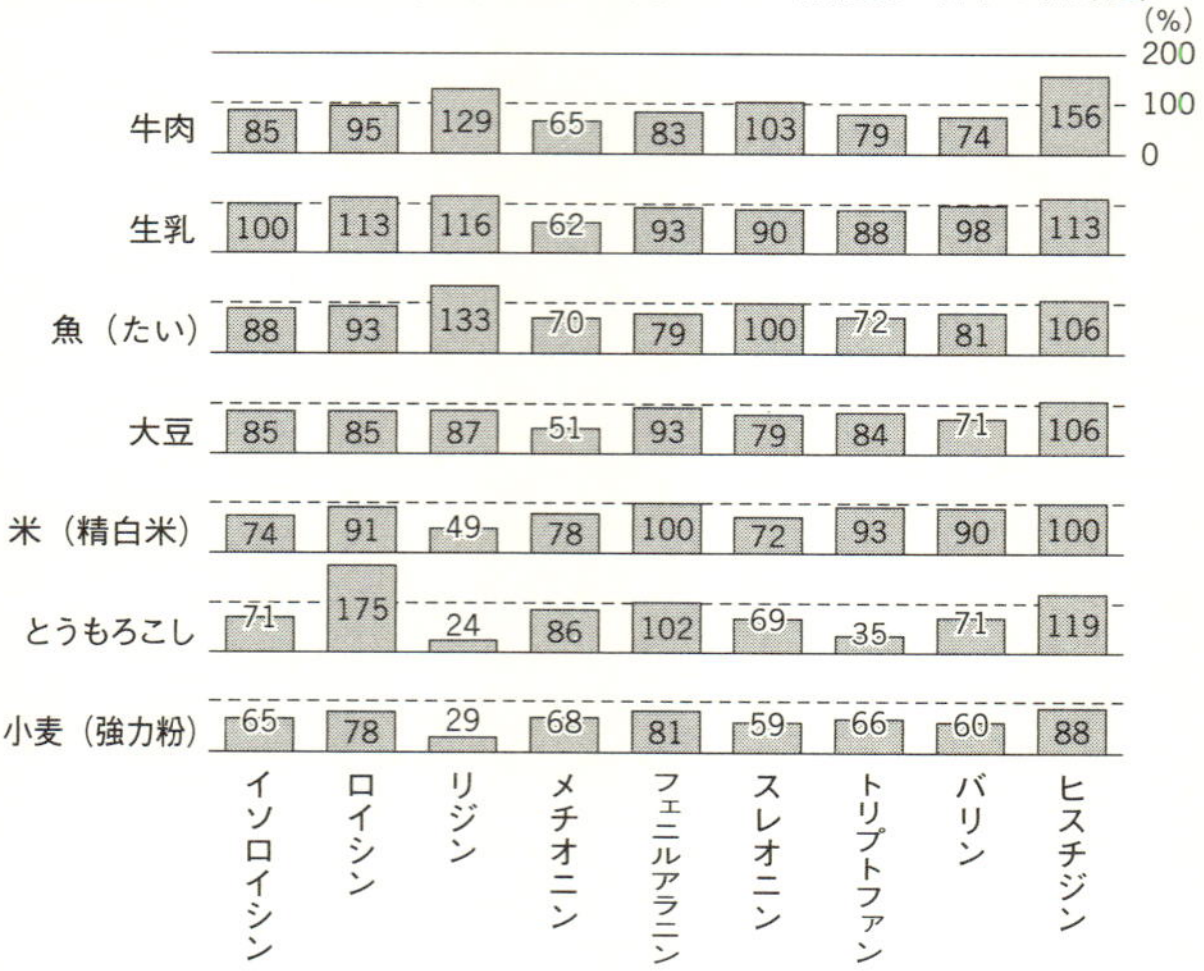
(%)
200
100
0
牛肉 85 95 129 65 83 103 79 74 156
生乳 100 113 116 62 93 90 88 98 113
魚（たい） 88 93 133 70 79 100 72 81 106
大豆 85 85 87 51 93 79 84 71 106
米（精白米） 74 91 49 78 100 72 93 90 100
とうもろこし 71 175 24 86 102 69 35 71 119
小麦（強力粉） 65 78 29 68 81 59 66 60 88
イソロイシン
ロイシン
リジン
メチオニン
フェニルアラニン
スレオニン
トリプトファン
バリン
ヒスチジン

（参考）100kcal当たりのたんぱく質

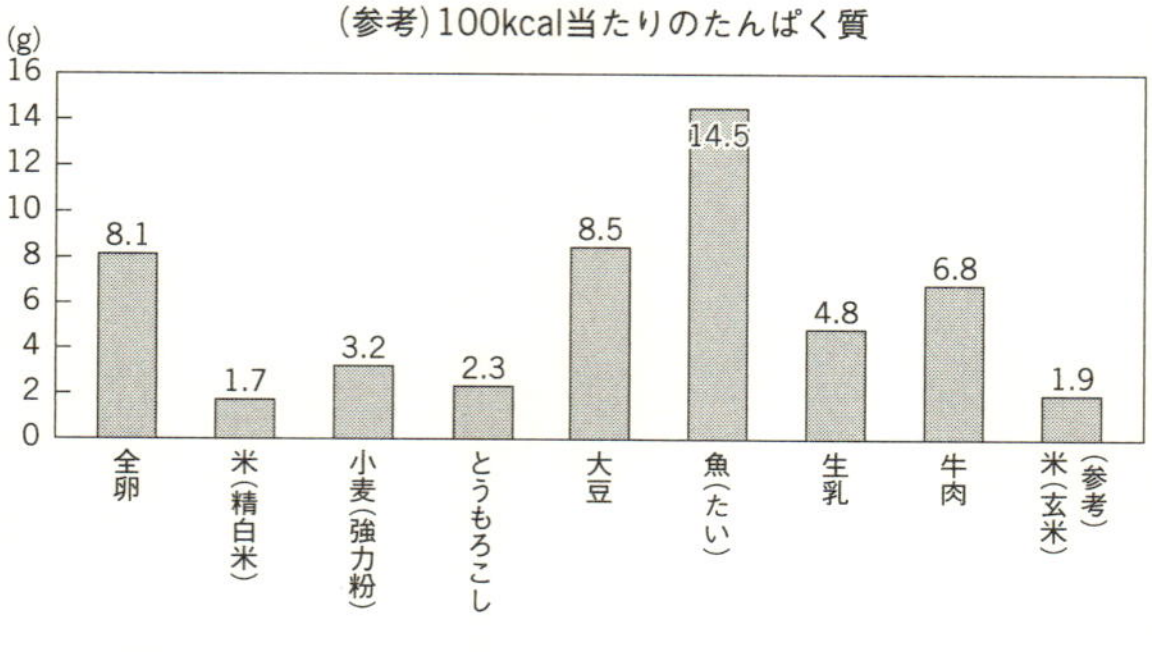
(g)
16
14
12
10
8
6
4
2
0
8.1
1.7
3.2
2.3
8.5
14.5
4.8
6.8
1.9
全卵
米(精白米)
小麦(強力粉)
とうもろこし
大豆
魚(たい)
生乳
牛肉
(参考)米(玄米)

（注）アミノ酸組成は、各食品の全窒素1g当たりのアミノ酸組成（mg）の対全卵比（全卵=100%）である。米（玄米）のリジンは51。メチオニンにはシスチンを含む（含硫アミノ酸）、フェニルアラニンにはチロシンを含む（芳香族アミノ酸）。とうもろこしはコーングリッツ、牛肉は乳用肥育雄牛・サーロイン脂身なし。

（資料）「ビジュアルワイド食品成分表」（五訂増補日本食品標準成分表）東京書籍

に述べている。少し長くなるが重要なので引用する。

「穀物はエネルギー源および蛋白源として生体内で利用されるが、地域ごとに収穫できる作物の種類と生産性は気候風土により限定される。主要な穀物そして豆類にふくまれる蛋白質のアミノ酸組成は、動物性蛋白質である牛乳や畜肉とは大きく異なる。（中略）わが国をふくめ東アジアの地域では、主たる穀物の栽培は稲作である。小麦やコーンと異なり、コメは連作障害もなく単位面積当たりの収穫量も多いうえに、コメの蛋白質は小麦やコーンに比べリジン含量も多い。食事にはリジン含量の高い大豆等の豆類も広く利用されているので、穀物を家畜に与えて食肉や乳製品として利用する必要は少なく、蛋白質栄養の面から穀物中心の食生活が可能となり、結果として東および南アジアの稲作地帯では巨大な人口を支えることができるわけである。

わが国の具体的な例として、必須アミノ酸であるメチオニンは充分ふくまれるがリジンの少ない米飯に、メチオニンは少ないがリジンが充分ふくまれる大豆製品である納豆をかけて食べたり、大豆蛋白質である豆腐を副食として組み合わせて食べると、食事性蛋白質はほとんど牛肉並のバランスのとれたアミノ酸組成になるのである。

このような食事でもコメにふくまれる蛋白質が乾物でも10％程度と少なく蛋白質の生理的欲求に応えるには不足がちであるので、よく働いてコメの余分な炭水化物を活動エネルギーとして体外に放散し、蛋白質を体内で濃縮することにより蛋白栄養状態を良好に保ってきた。したがって、食事をすることはコメを多く食べることを意味し、「御飯（ごはん）」というふうによぶ習慣をもっていると考えられる」（鳥居邦夫「栄養生理学・脳科学からみる嗜好の成立」（伏木亨編『味覚と嗜好』ドメス出版、38～40頁）

同じことを食の文化人類学の第一人者である石毛直道氏はこう要約している。

「麦類にくらべて米にふくまれる必須アミノ酸のバランスは優れているので、米飯のどか食いをすれば、米をたんぱく質源として生きることも可能なのである。米を主食とする食生活においては、副食物は大量の飯を食べるための食欲増進剤としての機能が重視され、塩気とうま味のある少量のおかずさえあればよかった」（石毛直道『世界の食べもの』講談社学術文庫、２６６頁）

したがって、稲作民族である中国人、韓国人も肉食なしで済ませようと思えば済ませられたのである。韓国では、高麗時代にモンゴルに征服されるまでは、日本と同様、仏教が国教化しており、肉食も控えられていた。ところが、モンゴルの食生活の影響で肉食が復活し、高麗を継いだ李氏朝鮮では仏教に代えて儒教を国教化したので、肉食は継続することとなった。

このように日本以外の東アジアでは、仏教の影響が日本と異なっており、肉食禁止が後退して肉食を併用することとなった。あるいは稲作以前の狩猟採取段階では一般的であった肉食が維持され続けた。その結果、日本人だけが、明治以降、欧米文化に感化され、戦後経済的に豊かになるまでは、純粋米食民族としての特異な歩みを続けたのであった。

どか食いして取り込んだエネルギーを発散するため、何か活動していないと気が済まないというのが東アジアに特有な民族性であり、これがたんぱく質栄養の摂取方式に起源を持つという説は非常に興味深い。第2章2節では、東アジアの民族が長時間労働の割に疲れないという特性について触れたが、栄養学的な根拠に基づくものだったのである。

肉を食べなかったということは、料理に油（脂）もあまり使わなかったということである。これが在来型の日本料理の特徴だったと中尾佐助氏は指摘している。

「日本では料理に使う油の量は少なく、日本料理ではどんな立派な御馳走でも殆ど油をつかうことなく、つくられてきた。（中略）中国料理に油が大量に常用化したのは元代からと考えられる。支配者のモンゴル族はバターを好み、従って油料理が多かった。（中略）モンゴル人の支配は当時の東亜の文明国の食生活にかなり大きな影響を与えたようで、その前の宋では魚のなれ鮓が最盛期だったが、モンゴル人は魚に興味が無いこともあって、中国料理の中から鮓が消失し、以後復活していない。一方料理に油脂を常用する風習が強く定着し、次の明代に更に進展したと考えられる。朝鮮では一度廃絶した牛肉などの肉食が、モンゴル人の影響で復活して、現在に及んでいる。だから日本に神風が吹かず、蒙古軍がもし日本を占領していたら、日本はその時から肉食国に変わっただろうと言われている」（中尾佐助「油脂の歴史と文化」中尾佐助著作集第2巻『料理の起源と食文化』北海道大学図書刊行会、436、443～444頁）

肉や油を使わない料理は、やはり、味覚としては物足りないところがあったと思われる。そこで日本人は、肉や油以外のうま味食品を必死に開発し続けた。中国から伝来した大豆を使った発酵食品としての醤油・味噌をさらに日本型製品として発展させるとともに、昆布、鰹節、キノコなどを使った「だし」の料理文化を創造したのである。

20世紀初め頃、世界の学界では、味覚神経を通じて感知される味として、塩味、甘味、酸味、苦味の四基本味説が支配的であった。池田菊苗氏は、「だし」の化学的分析から、グルタミン酸の「うまい」と感じる独特な味を「うま味」(UMAMI)と名付け、五番目の基本味と主張した。その後、これが国際的にも認められるようになった。

また、もとをただせば中国・インド伝来のすし、ラーメン、カレーなどが日本料理に特有のうま味、ダシを活用しながら日本型の進化を遂げ、日本人の好きな料理として躍進するとともに、アジアや世界へ逆輸出されるに至っている(すしについては第2節参照)。

どんなに巧妙に料理されていても肉や油による満腹には際限がないのに対して、「うま味」による満足は量的な充足への代替効果があるのではないだろうか。これが、経済発展に伴う摂取カロリーの拡大が、日本の場合、欧米はおろか、中国、韓国と比較しても、「低め」でかつ「早い」ピークを迎えた要因ではないかと、私は考えている。

世界的な人口増加と経済発展による将来的な食料需要の拡大に対して食料供給力の増強には限界があり、需要と供給のギャップにより深刻な食料問題が生じる可能性は小さくなってはいない。食料問題の深刻化を回避するための手段としてFAOは昆虫食を提言しているが、これは王道とはいえないであろう。

王道というべきは、以前から多くの識者が主張している通り、動物食から植物食への転換である。肉食には家畜の餌として膨大な植物性飼料を必要としているため、先進国が肉食に代えて植物食を採用すれば、途上国の食糧問題は決定的に緩和されると考えられる。肉食から植物食への転換によって摂取カロリーの増大にも歯止めがかけられるとしたらなおさらである。日本型食生活の研究は、こうした意味で、世界的な食料問題の解決手段として人類史的な意義を持っていると思われる。

2　日本人は寿司が好き？
──寿司好きは日本人だけではない──

地域で異なる寿司好きの程度

日本人の好きな料理の第1位は「すし」である。図3－4には、NHKが調査した日本人の好きな料理ランキングを掲げた。1983年から2007年にかけて、うどん、天ぷらなど、日本古来の定番料理がベストテンから脱落し、逆に、ラーメン、カレーライスが大躍進するといった結構大きな変化が生じているが、トップの「すし」と2位の「刺身」は不動の地位を保っている。

そこで、日本の中でも、どの地域で「すし」が好まれているかを図3－5に示した。元データとした家計調査では、ちらしずしや郷土料理のすしなど材料を買ってきて家庭で料理するすしの消費は分からないが、「すし（外食）」と「すし（弁当）」の2項目の家計支出額が計上されているので、両者の地域別の集計をグラフにした。

「すし（外食）」は、北海道から東海までの東日本で消費量が多く、西日本ではぐっと消費量が減る。明らかに東高西低の傾向が見て取れる。一方、「すし（弁当）」の方はというと、東海・北陸

図3-4　日本人の好きな料理ランキング

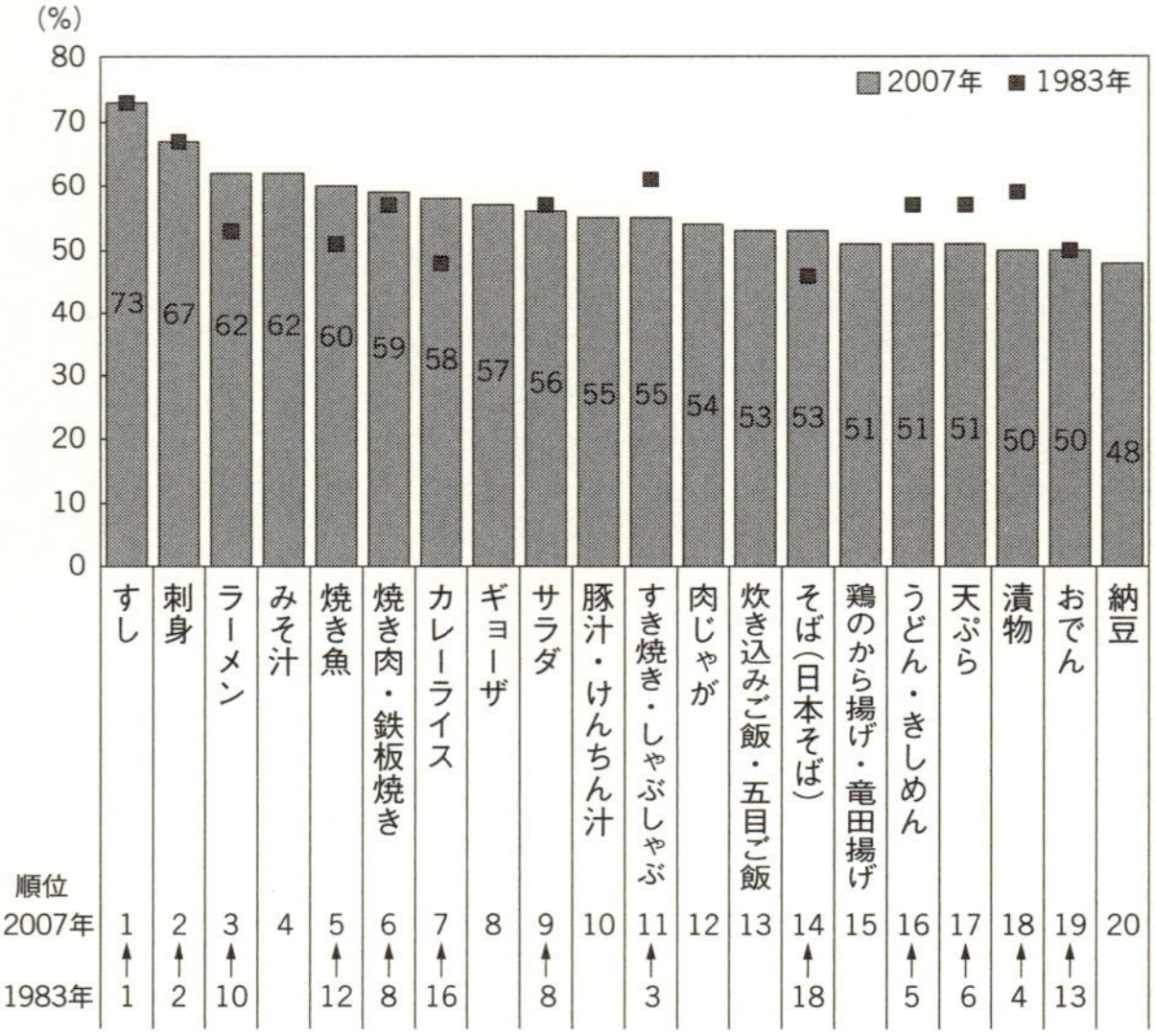
(%)
80
70
60
50
40
30
20
10
0
2007年
1983年
73
67
62
62
60
59
58
57
56
55
55
54
53
53
51
51
51
50
50
48
すし
刺身
ラーメン
みそ汁
焼き魚
焼き肉・鉄板焼き
カレーライス
ギョーザ
サラダ
豚汁・けんちん汁
すき焼き・しゃぶしゃぶ
肉じゃが
炊き込みご飯・五目ご飯
そば(日本そば)
鶏のから揚げ・竜田揚げ
うどん・きしめん
天ぷら
漬物
おでん
納豆
順位
2007年 1 2 3 4 5 6 7 8 9 10 11 12 13 14 15 16 17 18 19 20
1983年 1 2 10 12 8 16 8 3 18 5 6 4 13

（注）60の料理選択肢に対する複数回答結果（2007年）。1983年の順位記載がない料理は当時選択肢になかったか（例：みそ汁）、あるいは20位以下だったもの。
（資料）NHK放送文化研究所世論調査部「日本人の好きなもの」2008年

から近畿・中四国にかけてが多く、日本列島を東西に離れるにつれて、山のすそ野のように消費額が少なくなる傾向が明らかである。図には最近の２００８〜２０１０年平均とともに２０００〜２００３年平均の値も掲げておいたが、「すし（弁当）」の分布はそれほど大きな変化がないが、「すし（外食）」はといえば、少し前の方が東高西低の傾向はより顕著であったことが分かる。

　こうしたすし消費の地域性

図3-5　東の握りずし、西の押しずし

2人以上の世帯の1世帯当たり年間支出金額

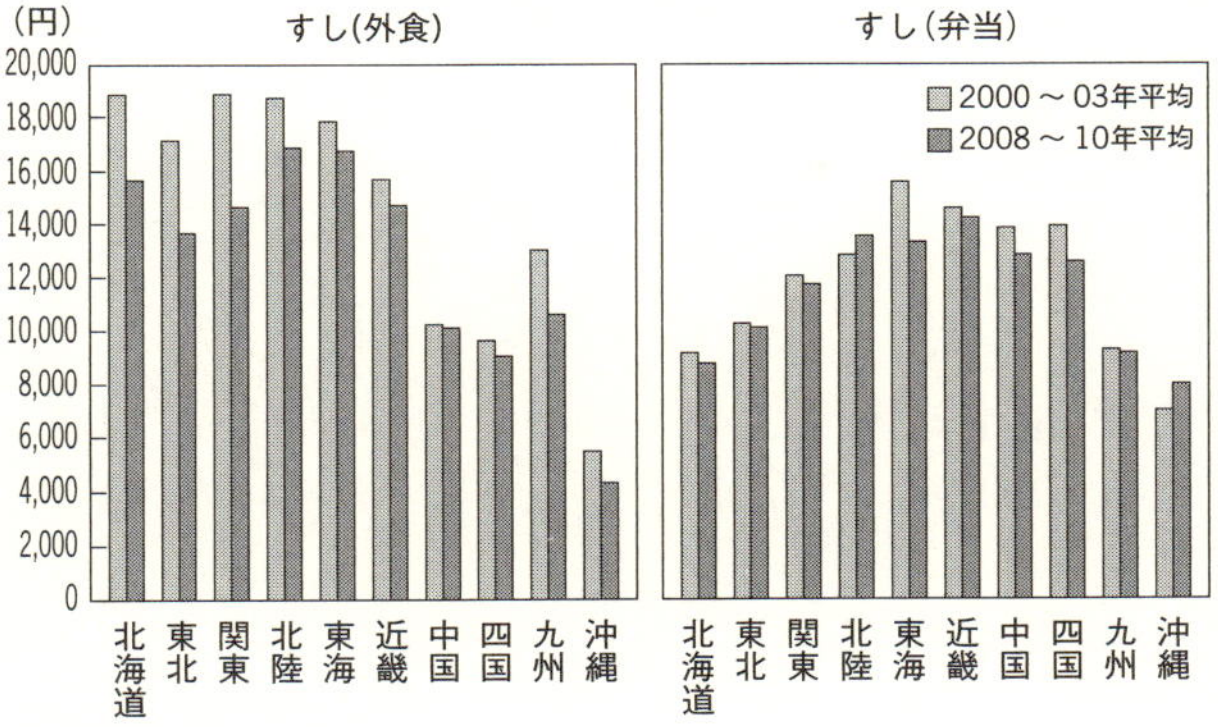
(円)
すし(外食)
すし(弁当)
2000 ～ 03年平均
2008 ～ 10年平均
20,000
18,000
16,000
14,000
12,000
10,000
8,000
6,000
4,000
2,000
0
北海道
東北
関東
北陸
東海
近畿
中国
四国
九州
沖縄

（資料）総務省統計局「家計調査」

を理解するには、すしの歴史を簡単に振り返っておく必要がある。

曲折を経てきた「すし」の歴史

日本のすしの原形は、淡水魚などを蒸した米とともに長期間塩で漬けこんで乳酸発酵させた保存食品、ナレズシであり、東南アジアや中国から伝わり、日本にも古来より存在している。現代に残っているナレズシとしては琵琶湖湖畔の「近江のフナずし」が有名である。この場合、発酵しビチャビチャになった米飯部分は捨てて魚肉部分だけ食べる。

２０１１年、タイでは、7月から上流で降り続いた大雨による洪水により、首都を取り巻く広い範囲で冠水し、10月に入って、自動車・電機メーカーなど日系企業が相次いで操業停止に追い込まれた。東南アジアでは、例年、雨期から乾期への変わり目（タイでは10月）は雨期末の降雨による洪水のシーズンであり、今回の被災は洪水の程度が大きかったに過ぎない。タイには「水が引けばアリが魚を食べ、洪水の時は魚がアリを食べる」ということわざがある。世界の中では、東南アジア大陸部で、雨期から乾期にかけて大量に捕獲される淡水魚の保存方法として魚醤とともにナレズシが誕生したという説が有力である。

室町時代には、ナレズシでは食べなかった飯を食べるものにしたナマナレ（生成）というすしが発明された。アユ、ウナギ、コイなどの魚やタケノコなどの野菜を飯と塩だけ使い短期間の発酵で酸味を帯びさせた食品である。さらに塩漬けした魚に糀や野菜、あるいは酒を加えることによって、発酵を早めた改良型のナレズシが生まれた。北海道から北陸日本海側にかけてのイズシ（秋田のハタハタずし、北陸のカブラずし）もその一つである。

そして、江戸時代に入ると、酢を飯にあてる即席ズシが開発され、当初は邪道とされていたが、18世紀以降、江戸から流行し、早ズシの主流となる。酢飯を箱に詰め、その上にすし種の魚介を載せ、落しぶたをして上から重しをかけて数時間押すという箱ずし（押しずし）が考案され、上方名物となった。

また、江戸中期には江戸前の魚が珍重され、19世紀初めには、ナレズシ、押しずしをファストフード化した食品として、酢飯に刺身を載せた握りずしも登場した。それでも、最初は魚介類はすぐに悪くなるので、醤油漬けのすしねたを使っていたといわれる。

江戸時代以降、全国各地で、ナマナレの各種改良型に加え、巻きずし（関東のノリ巻き、関西の太巻き）、棒ずし（京都のサバずし）、ちらしずし、いなり寿司（名古屋起源が通説）など多種多様な寿司が新たに開発されるなか、基本的には、明治から大正にかけて「関東の握りずし、関西の箱ずし」という状況が続いていたといわれる。

日比野光敏氏は、飯を食べるナマナレが「すしの第一革命」、酢の使用による早ズシが「すしの第二革命」、そして、各地に根づいたスシ文化に対する握りずしの全国展開を「すしの第三革命」と呼んでいる。

握りずしの全国展開は、①明治政府による東京文化の推奨、②関東大震災や戦災によるすし職人の地方流出、③握りずしのみを除外とした飲食業営業禁止（1947年飲食営業緊急措置令）を通じて進んでいったとされる（日比野光敏『すしの歴史を訪ねる』岩波新書、1999年、・50〜52、84、171〜172頁）。

こうしたすしの歴史を踏まえると現在のすしの地域分布がよく理解できる。「すし（外食）」は、回転寿司を含む握りずしの消費が中心であるため、「すしの第三革命」で全国展開したとはいえ、握りずしが開発された関東以東でなお消費量が多いのに対し、箱ずし（押しずし）文化の中心が京阪神地方にあったことが「すし（弁当）」の消費パターンに大きく影響しているといえよう。

回転寿司の影響

ただ、すし消費の地域的変動は、結構、激しい。

表3－1のように、県庁所在都市別の消費量ランキングは、3カ年平均でならしても、大きく変化している。三つの時期すべてで10位以内がどこの都市かを見ると、「すし（弁当）」の方は、7市（和歌山市、神戸市、京都市、名古屋市、高知市、大阪市、金沢市）であるのに対して、「すし（外食）」は、3市（金沢市、宇都宮市、東京都区部）のみであり、しかも順位の入れ替わりが激しい。「すし（弁当）」にしても、それまで11位以下だった広島市が2008～2010年には1位に躍り出ている。おそらく、これらは、回転寿司チェーンや弁当チェーンの地域展開の攻防が激しいためではないかと考えられる。

これと関連して、興味深いのは子どものすし好きが多くなっている点である。表3－2には、小中学生が好きな料理のベストテンの推移を掲げた。1995年から2005年にかけて、カ

表3-1 変動激しい「すし消費」の都市ランキング

順位	すし（外食）の上位10都市			すし（弁当）の上位10都市		
	2000～02年平均	2004～06年平均	2008～10年平均	2000～02年平均	2004～06年平均	2008～10年平均
1	甲府市	金沢市	金沢市	京都市	京都市	広島市
2	札幌市	川崎市	宇都宮市	名古屋市	名古屋市	和歌山市
3	金沢市	宇都宮市	名古屋市	和歌山市	大津市	神戸市
4	宇都宮市	奈良市	岐阜市	金沢市	奈良市	京都市
5	名古屋市	東京都区部	甲府市	高知市	神戸市	徳島市
6	東京都区部	富山市	さいたま市	大阪市	金沢市	名古屋市
7	福島市	長野市	神戸市	富山市	徳島市	高知市
8	浦和市	北九州市	奈良市	大津市	高知市	大阪市
9	富山市	さいたま市	東京都区部	神戸市	和歌山市	奈良市
10	仙台市	仙台市	福井市	静岡市	大阪市	金沢市

（注）2人以上の世帯の1世帯当たり年間支出金額の県庁所在地（および政令市）順位。
（資料）総務省統計局「家計調査」

レーライス、ラーメンが上位であることは変わりないが、ハンバーグが順位を大きく低下させる一方で、寿司が7位から1位へと急上昇している。

これは、郷土食として家庭でつくるすし料理の伝統が衰えるなか、従来型のすし屋での外食は、高級外食なので子どもには無縁だったため好きな料理としては下位であったのに対して、近年は、親子連れで出掛ける回転寿司が普及し、子どもにもすしが馴染み深い料理となったためと考えられる。こうした子どもたちが、従来型の高級寿司店、あるいは将来生まれる新しい形態の寿司店の顧客予備軍となっているので、寿司業界全体の将来展望は明るいといえよう。

表3-2　寿司の躍進〜子どもの好きな料理ベストテンの推移〜

順位	1995年度	2000年度	2005年度
1	カレーライス	カレーライス	寿司
2	ハンバーグ	ラーメン	カレーライス
3	ラーメン	焼き肉	ラーメン
4	パスタ	寿司	オムライス
5	ステーキ	ハンバーグ	ステーキ
6	焼き肉	パスタ	デザート
7	寿司	ステーキ	ピザ
8	グラタン	グラタン	チャーハン
9	シチュー	サラダ	パスタ
10	サラダ	チャーハン	焼き肉
備考 (11位以下)	ピザ16位 チャーハン12位 オムライス21位	オムライス13位 ピザ17位	グラタン14位 ハンバーグ19位

（注）1995年度のスパゲッティを2005年度に合わせパスタとするなど料理名の表示の変更あり。複数回答の回答数上限は、1995年なし、2000年度5つ以内、2005年度3つ以内なので厳密には比較できないが順位には大きな差は出ないと考えられる。各年度1万人以上の小中学生が調査対象。
（資料）日本スポーツ振興センター「児童生徒の食生活等実態調査報告書」

日本のすし文化は、「アリが魚を食べる」保存食の域を越え、生活リズムの中で手軽においしいものを食べたいと考えた日本人の長い取り組みの産物である。とはいえ、なお、すし文化は発展途上であり、そうであるからこそ最初に触れた好きな料理ベストワンを維持しているのだといえよう。

江戸時代の握りずしは、超高級すし料亭と路上の屋台店の両方で商われていた。屋台では、あらかじめすしを握って並べておき客はそこから選んで好きなすしを食べたらしい。そして、料亭型すし屋は屋台ブームを取り入れ店内に屋台スペースをつくり、現代のカウンター方式のすし屋へと発展したという。回転寿司は、握りずし発祥時の屋台方式の現代的再現だといえる（日比野前掲書、169～170頁）。歴史が繰り返されるとすれば、高級すし屋も回転寿司形式を店内に取り入れることとなろう。

日本食による世界への貢献

今度は世界に目を転じると、すし好きは何も日本人だけでないことが分かる。

2003年度より猪口孝氏主導で継続して行われていたアジア全域を対象にした「アジア・バロメーター」という名称の意識調査があった。この調査結果から、7カ国についてのアジア人の好きな食べもののデータを示すことにする（図3－6）。

好きな食べもののトップ回答を見ると各国とも異なっており（共通は中国と台湾の北京ダックのみ）、それぞれの国が自国特有の食べものにこだわっている様子が明らかである。ただ、トップ回答の食べものの回答率のレベルにはかなりの差がある。

最もトップ回答率の高いのは日本の寿司の86・5％であり、これにベトナムのフォー、80・5％が続いている。国民の8割以上が好きだと言っているわけであるので、国民食的な性格が濃厚であると言ってよい。

他方、トップ回答であっても回答率自体はそれほど高くないケースとしては、中国、台湾の北京ダック（50％程度）がある。中国では2位の飲茶、台湾では2位の寿司との差はあまり大きくない。これは選択肢として選ばれた北京ダックが中国料理の代表としては少し弱いせいであろう。北京ダックと選択肢としては選ばれていない棒棒鶏（バンバンジー）、マーボー豆腐、ピータン、フカヒレ、上海蟹などとの差は大きくない。そのためか、中国、台湾では「どれでもない」がそれぞれ、22・1％、13・6％とその他の国に比べ格段に多くなっている。

その他の国は、トップ回答の食べものが60％台となっている。香港の飲茶（68・9％）、韓国のキムチ（67・3％）、シンガポールのカレー（63・6％）である。シンガポールでは、マレーシアのゴム園労働者出身の南インド系住民が多く、南インド風カレー料理が自国料理の一つとして定着している。

このように各国には特有の食べものがあるが、それが、どれだけアジア・ワイドに受け入れられているかというと食べものにより差がある。

1位となった国以外ではあまり人気のない食べものの代表はフォーである。ベトナムでの人気とそれ以外の国での回答率の低さが対照的である。

図3-6　アジア人の好きな食べもの（2006年）

次の食べもののうち、好きなものはどれですか。
あてはまるもの全てをお選びください。(いくつでも)

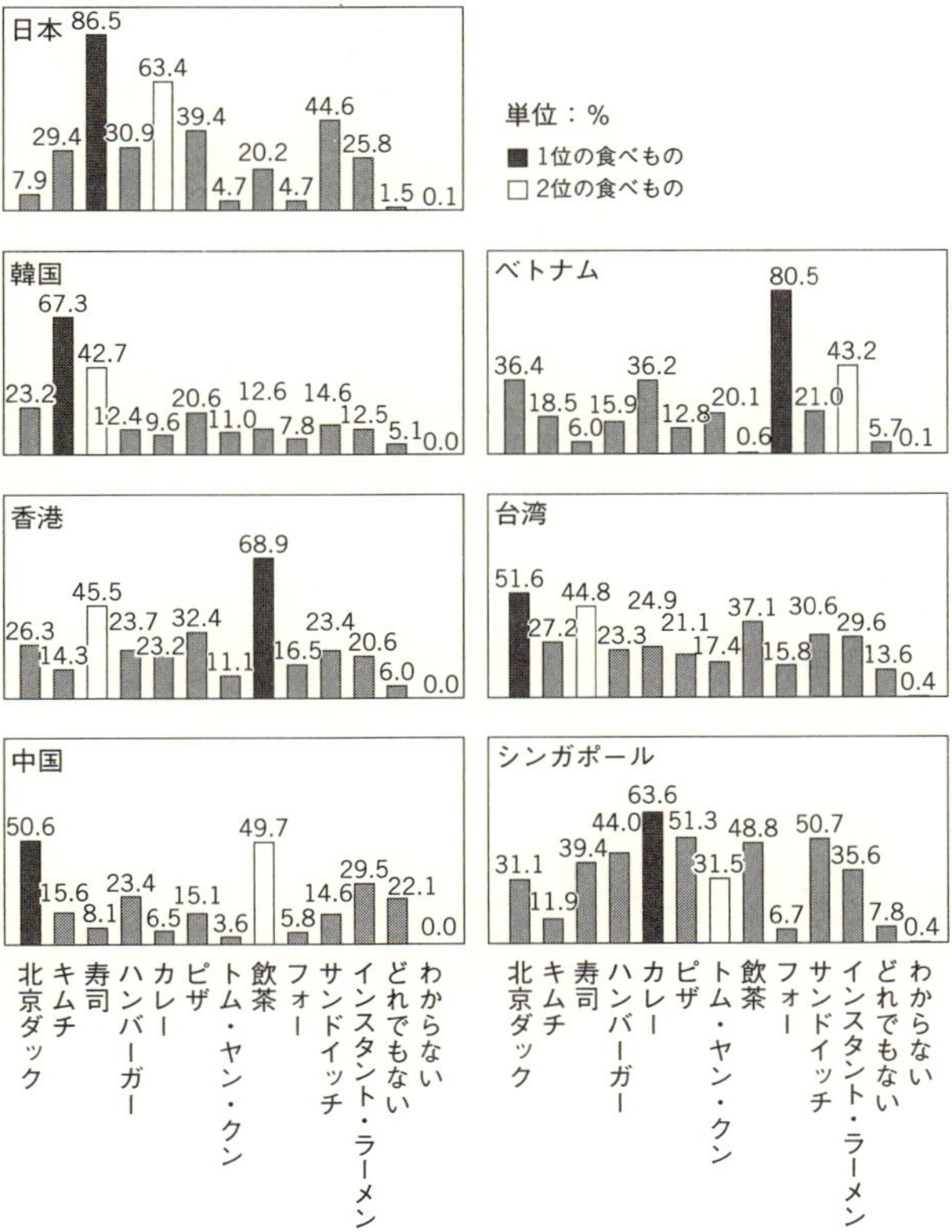
日本
86.5
63.4
29.4
30.9
39.4
44.6
20.2
25.8
7.9
4.7
4.7
1.5
0.1
単位：%
1位の食べもの
2位の食べもの
韓国
67.3
42.7
23.2
12.4
9.6
20.6
11.0
12.6
7.8
14.6
12.5
5.1
0.0
ベトナム
80.5
36.4
18.5
6.0
15.9
36.2
12.8
20.1
0.6
21.0
43.2
5.7
0.1
香港
68.9
45.5
26.3
14.3
23.7
23.2
32.4
11.1
16.5
23.4
20.6
6.0
0.0
台湾
51.6
27.2
44.8
23.3
24.9
21.1
17.4
37.1
15.8
30.6
29.6
13.6
0.4
中国
50.6
15.6
8.1
23.4
6.5
15.1
3.6
49.7
5.8
14.6
29.5
22.1
0.0
シンガポール
31.1
11.9
39.4
44.0
63.6
51.3
31.5
48.8
6.7
50.7
35.6
7.8
0.4
北京ダック
キムチ
寿司
ハンバーガー
カレー
ピザ
トム・ヤン・クン
飲茶
フォー
サンドイッチ
インスタント・ラーメン
どれでもない
わからない

（注）調査は、全国の20～69歳男女（ベトナムは都市部のみ）が対象。サンプル数は各国1,000人（ただし中国は2,000人）。層化多段階無作為抽出。面接調査。
（資料）AsiaBarometer HP

アジア・ワイドの人気は、どれだけ多くの国で2位回答の食べものとなっているかで測れる。こうした意味での人気度ナンバーワンは寿司である。寿司は、韓国、香港、および台湾の3カ国で2位回答となっている。他の食べもので複数の国で2位となっているものはない。

近年では、先進国における肉や脂の過剰摂取への反省により世界中にすしブームが広がり、回転寿司も珍しい存在ではなくなりつつある。図3－6は、先進国ばかりでなく、アジア各国でも同様の傾向であることを示している。

もともとは東南アジア・中国から日本に伝わったすしが、逆に日本から世界に輸出され、発祥地のアジアにも至っているという状況は何を意味しているのであろうか。

人類史的にみて、肉や油脂のおいしさの追求は食生活向上の大きなテーマであった。そのため、肉と油脂以外のおいしさの追求は頓挫することも多かった。古代ローマではガルムという魚醤が普及したのにいつの間にか衰えた。中国では宋の時代にはすしが全盛となったが、そもそも魚類を好まなかったモンゴル人の支配とともに衰えた。中国のすしは、酢飯を使う以前の形態であり、鳥獣のすしも多かった。魚肉の方に塩・酢をうったため膾（なます）や塩辛と見分けがつかなくなって衰退した側面もあるようだ（篠田統『すしの本』岩波現代文庫、2002年、178頁）。

アジア一帯では、もともと、魚醤、ナレズシ、味噌・醤油が生まれ、また殺生を戒める仏教文化の普及により肉食が制限されていたため、食文化の発展のなかでそれらが持つ「うま味」にスポットライトが当たる条件が成熟していた。

しかし、この章の第1節でも触れたように、中国を支配した北方民族が家畜文化をアジアに広め、肉食文化を普及させたため、唯一肉食を忌避し続けた日本でだけ、「うま味」文化が純粋に発達していくこととなり、だしの開発や多様なすしの発達にまで到達したのだと考えられる。

多くの国が飽食の時代に突入し、BSE問題を含め肉食文化への反省が生まれ、健康上油脂の取り過ぎが問題とされるなかで、すしをはじめとする魚食文化や醬油・味噌、だしのうま味、緑茶などの特徴を持つ日本食が世界的に見直されて、日本食ブームが起こっているが、これは、忘れかけていた古代の食文化を人類が再発見する過程であるように思われる。

シカゴの前衛黒人ジャズグループ アート・アンサンブル・オブ・シカゴは自らの音楽理念を“Ancient to the Future”という標語で示したが、私は、これが食文化にとどまらず日本文化が世界に貢献していく道だと思われてならない。

3 日本人は食品の品質に厳しい？
――案外、食の安全に無頓着な日本人――

食の安全に敏感、清潔好き、グルメ志向、というのが食に関する日本人の自己認識ではないだろうか。当然、食の品質には、きわめて、うるさい国民と考えられている。ところが、アジアの各国民に対する食の品質に関する意識調査を見ると、案外そうでもないことが分かる。

先に紹介した「アジア・バロメーター」という名称の意識調査の結果から、食べものに対する意識について、「少しくらい高くても、品質の良い食品を買う」、あるいは「できるだけ安い食品を買う」のどちらに近いかを聞いた設問の結果を図3－7に掲げた。

豊かな日本では、「少しくらい高くても、品質の良い食品を買う」という意識が、他のより貧しい国より多いかというとそうではない。回答率は日本が46％に対して、韓国は65％、中国は80％に達しているのである。逆に、「できるだけ安い食品を買う」は日本が34％であるのに対して、韓国は23％、中国は13％とずっと少ないのである。

この意外な結果の理由を探る前に、アジア各国の国内で、所得水準でどういう違いがあるかを見ておこう（図3－8参照）。この図を見れば明らかな通り、ほぼ、どの国でも高所得層より低

図3-7　アジアの中で日本人は案外「安い食べもの」志向

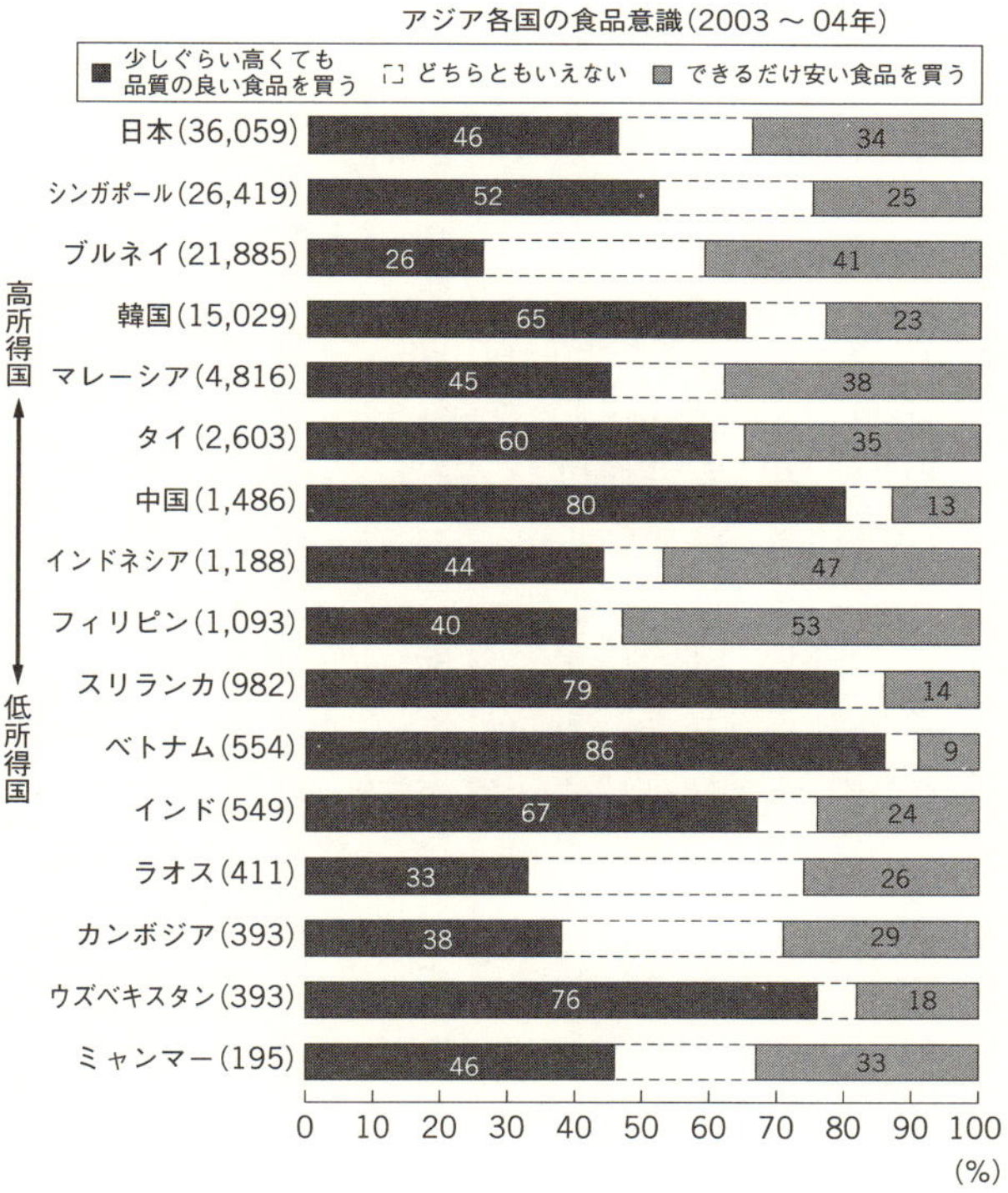
アジア各国の食品意識（2003 ～ 04年）
少しぐらい高くても品質の良い食品を買う
どちらともいえない
できるだけ安い食品を買う
日本(36,059) 46 34
シンガポール(26,419) 52 25
ブルネイ(21,885) 26 41
韓国(15,029) 65 23
マレーシア(4,816) 45 38
タイ(2,603) 60 35
中国(1,486) 80 13
インドネシア(1,188) 44 47
フィリピン(1,093) 40 53
スリランカ(982) 79 14
ベトナム(554) 86 9
インド(549) 67 24
ラオス(411) 33 26
カンボジア(393) 38 29
ウズベキスタン(393) 76 18
ミャンマー(195) 46 33
高所得国
低所得国
0 10 20 30 40 50 60 70 80 90 100
(%)

（注）国の並びは上から、1人当たりGDPの高い順。カッコ内に調査年の値（米ドル）を表示。「どちらとも言えない」には「分からない」を含む。調査は、層化多段階無作為抽出による面接調査であり、全国の20～69歳男女が対象（サンプル数800～1000人）。年次は、スリランカ、ウズベキスタン、インドは2003年、それ以外2004年。

（資料）AsiaBarometer HP、猪口孝ら編著「アジア・バロメーター都市部の価値観と生活スタイル－アジア世論調査（2003）の分析と資料－」2005年、同「アジア・バロメーター躍動するアジアの価値観－アジア世論調査（2004）の分析と資料－」2007年、IMF, World Economic Outlook Database, September 2011

所得層で「できるだけ安い食品を買う」の回答率が高く、常識に合致している。

ところが、国別に比較すると、必ずしも高所得国の方が低所得国より「少しくらい高くても、品質の良い食品を買う」の回答率が高くなるとは限らないのである。図3－7において国は高所得国から低所得国という順に並べてある。これを見ると、例外も多いが、日本からベトナムまでは、概して、高所得国ほど「少しくらい高くても、品質の良い食品を買う」の比率は下がっていく傾向が認められる。

これは、市中で食品を買い求める際に、安心して安い食品を買うことができる環境があるか否かに関係していると考えられる。日本では、安い食品を買ったからといって直ちに食中毒など衛生上の問題は生じないよう保健所による監視・取り締まりの仕組みがおおむねできている。ところが、中国やベトナムでは、安い食品を買った場合の衛生上のリスクが馬鹿にならないレベルなのだと見受けられる。したがって、低所得層であっても、「少しくらい高くても、品質の良い食品を買う」という行動パターンが定着しているのであろう。ここで「品質」とは、高級品とか贅沢品とかの「品質」というより、安全かどうかの「品質」だ。

なお、ベトナムよりさらに低所得国となると、逆に「少しくらい高くても、品質の良い食品を買う」は低くなる傾向が認められる。また中所得国のインドネシアやフィリピンでは、「少しく

図3-8 アジア各国の国内では低所得者ほど「安い食べもの」志向

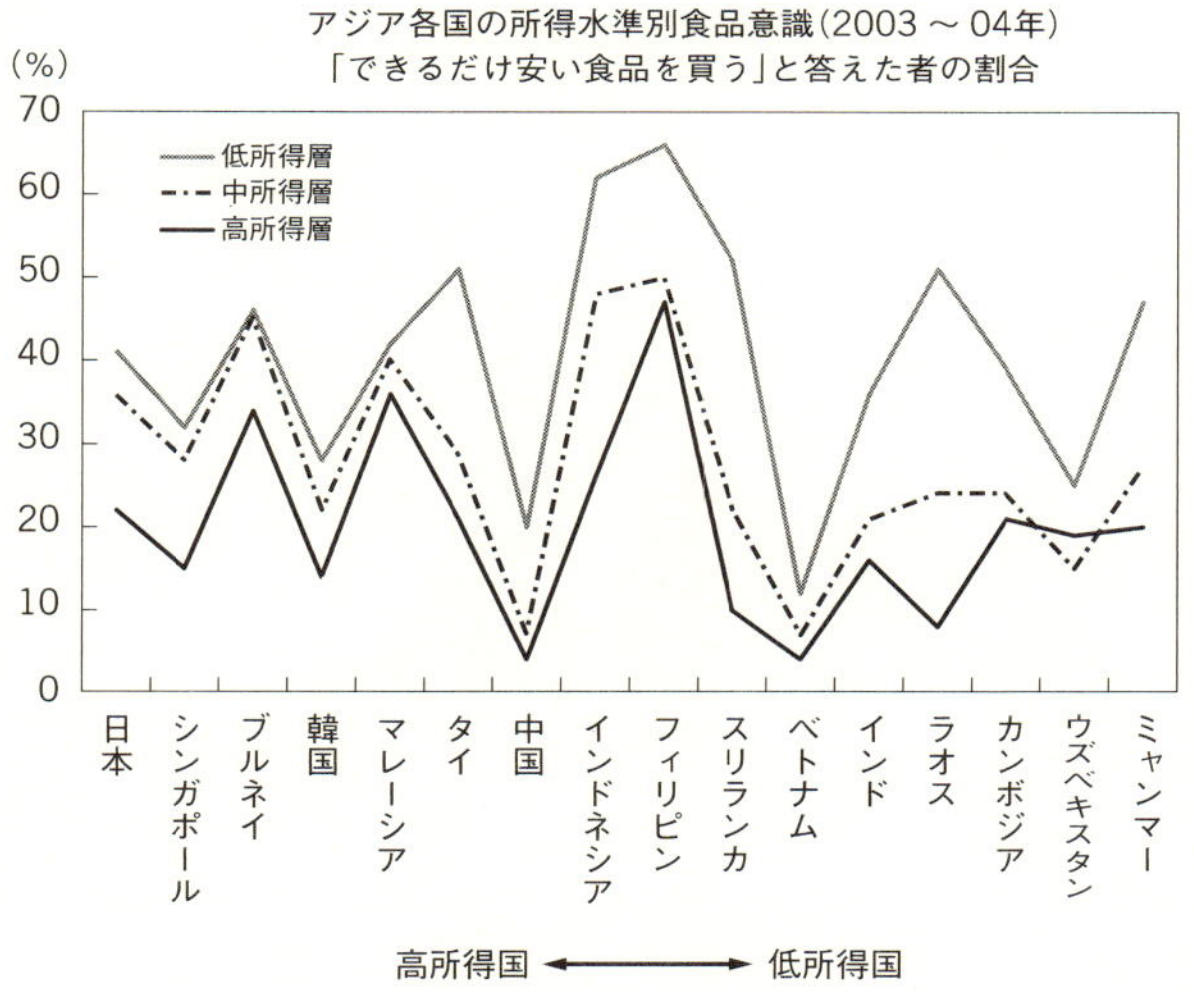
アジア各国の所得水準別食品意識(2003〜04年)
「できるだけ安い食品を買う」と答えた者の割合
(%)
70
60
50
40
30
20
10
0
低所得層
中所得層
高所得層
日本
シンガポール
ブルネイ
韓国
マレーシア
タイ
中国
インドネシア
フィリピン
スリランカ
ベトナム
インド
ラオス
カンボジア
ウズベキスタン
ミャンマー
高所得国
低所得国

(注)(資料)図3-7と同じ。

らい高くても、品質の良い食品を買う」の比率はそう高くなく、「できるだけ安い食品を買う」の比率が高くなっている。

こうした国では、①国の所得水準以上に、衛生管理が発達しているか、あるいは、②経済の発展途上で安全を犠牲にして豊かさを追求する以前の段階にあって、むしろ伝統的な食品の流通と消費のパターンが保持されていて安い食品を比較的安心して買える環境にあるか、または③貧しくて衛生を云々する状況にないか、なのであろう。

日本の状況の変化を探るために、

図3-9　戦後に激減した食中毒死

食中毒による死者数の推移（1886 ～ 2012年）

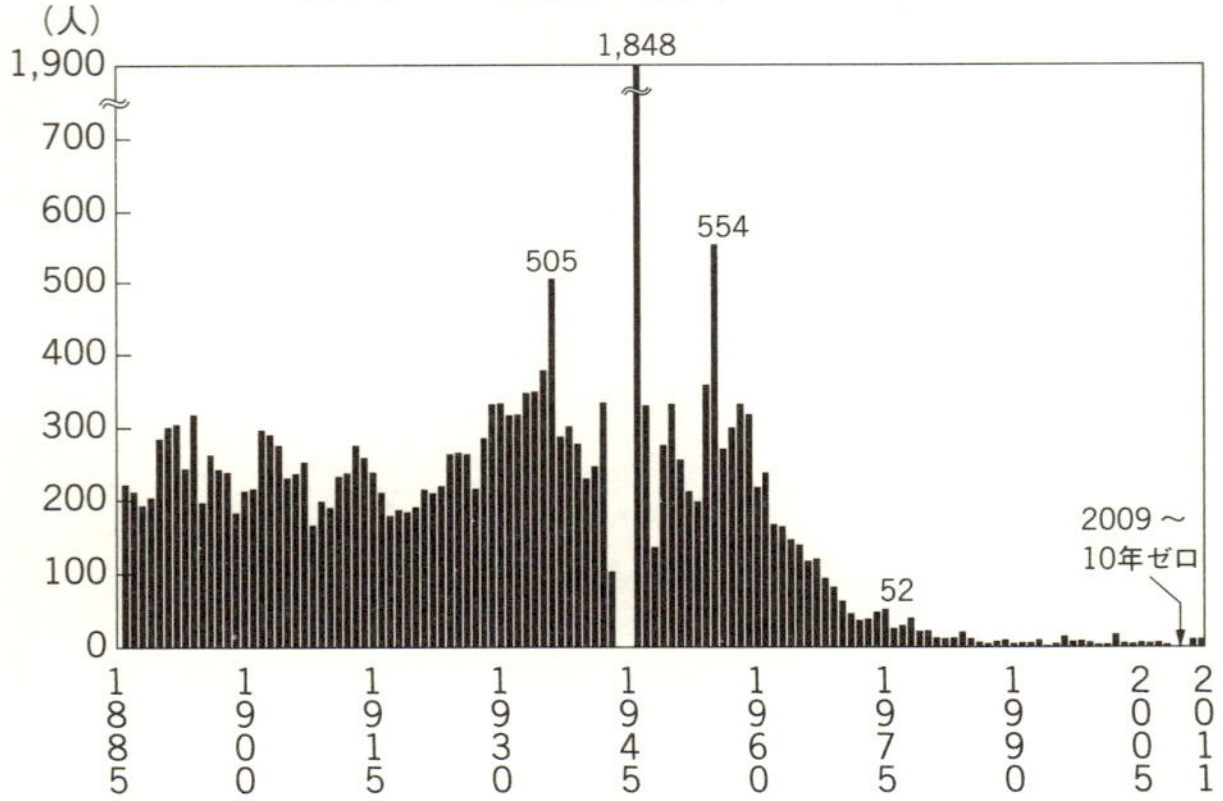
（人）
1,900
700
600
500
400
300
200
100
0
1,848
505
554
52
2009 ～
10年ゼロ
1885
1900
1915
1930
1945
1960
1975
1990
2005
2011

（資料）厚生労働省「食中毒統計」（長期推移は総務省統計局HP「日本の長期統計系列」

図3－9に食中毒による死者数の推移を示した。厚生労働省は各地の保健所からの食中毒報告を、都道府県を通じて毎年食中毒統計として集計している。データは、戦前からのこうした取り組みの収集情報によっている。

日本の高度経済成長期の成果の一つは、食中毒事件による死者数の減少である。戦前から戦後1960年頃まで食中毒の犠牲者は毎年200～300人に上っていた。多いときは500人を超え、終戦直後1946年には1848人のピークを記録している。

高温多湿が特徴の日本では、かつて食中毒は日常茶飯事だった。中高年以上だと、テカテカの黄土色をしたハエトリ（蠅取）紙が食堂の天井から幾本もぶら下がっていて、飛び交うハエの死骸が何匹も貼りついている光景を覚えている人も多かろう。高温多湿が共通のアジア途上国では今でも食中毒被害は多いと思われる（国際比較統計についてはＷＨＯ（世界保健機関）で取り組み中とのこと）。

しかし、その後日本では、下水道の普及、保健所行政による飲食物管理の徹底、コールドチェーンや防腐防菌技術の普及、不衛生店舗の淘汰、国民の衛生感覚の高まりなどにより食中毒事件は減少、死亡数は激減していった。

衛生国化、清潔国化は１９６０年頃から大きく進展した。１９６０年代には急速に食中毒死亡者が減少し、１９７０年代中頃は数十人レベル、そして１９８０年代後半からは10人未満の年も珍しくなくなった。腸管出血性大腸菌Ｏ１５７による集団感染が大きな社会的事件となった１９９６年以降、10人以上の食中毒死亡者が出る年は、Ｏ１５７（あるいはＯ１１１）による食中毒事件が発生した年に限られている。そして２００９~２０１０年には、食中毒による死者がゼロ人と統計開始以来の快挙となった。

いずれにせよ、日本は、豊かで発展した国であり、食中毒に対する取り組みが進んでいるからこそ、「できるだけ安い食品を買う」にも一定の合理性があるのだと考えられる。見境なく安い食べものを買ってきても、子どもが食中毒で死ぬというケースはゼロに近いのである。中国で「少しくらい高くても、品質の良い食品を買う」が80％というのは、やはり、驚きである。貧しくともおいしい食べものへのこだわりが強い民族であるためという側面もあろうが、やはり衛生面での大きなリスクを想定しないとこうした高い比率はなかなか理解できない。

図3－8の調査が行われた2004年以降、中国では、以下のように、食品の安全を脅かす大事件がいくつも起こっている。

2004年4月、安徽省で偽粉ミルクによる幼児が死亡する事件が発生
2007年12月、日本で大問題となった中国製冷凍餃子事件
2008年9月、甘粛省でメラミンで汚染された粉ミルクが発覚
2011年2月、中国でカドミウムを含んだ米が流通していたことが発覚
2013年3月、上海市の水源の川、黄浦江で1万匹を超える病死豚の死骸が大量に見つかる

中国では、ますます、「できるだけ安い食品を買う」などとは言ってはいられない状況になっているのだと考えられる（巻末図録対照表参照）。

4　日本の医療費は高い？
──現実にはコストパフォーマンスのきわめて高い日本の医療──

「食」と並んで世界から注目されているのは日本の「医」である。不老長寿は人類の究極的な夢であるが、世界一の長寿国としての日本の地位が「食」と「医」の日本的な特徴からもたらされているとして評判が高いのである。私は長寿への寄与度としては「食」より「医」の方がずっと高いと感じている。

これまで触れてきた統計データの中では、貧しくて医療を受けられなかった人の割合が日本の「医」の特徴を端的に示している（59頁、表1－3参照）。貧しくて医療を受けられなかった人の割合が、日本では、3％しかいないのに、英国、ドイツでも10％、公的医療保険の未発達の米国では31％、社会制度一般が未成熟な中国、ロシアでは、それぞれ、30％、33％に達しているのである。

それでは、このように発達した医療を確保するために日本はどの程度の高いコストを支払っているのであろうか。

厚生労働省によれば、現在、日本の国民医療費は37兆円と国民所得比10・71％（２０１０年度）となっており、高齢化の進展とともに実額、対ＧＤＰ比ともに上昇してきている。

ＯＥＣＤ（経済協力開発機構）では、医療費の国際比較のため医療費の定義を揃える形で各国の対ＧＤＰ比の推移を発表している。これをもとに高齢化比率との相関で医療費がどう推移してきているかをみると図３－10の通りである。

この図で注目すべきは、高齢化の進展度合いに併せて各国の医療費水準がどう上昇しているかである。ほとんどの国では、基本的に、高齢化の進展で医療費は増大傾向にある。ただし、国ごとにその経路を示すカーブはきわめて多様となっている。

日本のカーブはそう高くない水準で左右に長くなっており、日本の高齢化のスピードの速さを示すとともに、それとの対比で医療費の伸びがそう大きくなく、良好なパフォーマンスを持っていることを示している。

対ＧＤＰ比は、最近まで、比較した7カ国中、高齢化比率が最も低い韓国を除いて最もその値が低かったが、直近では、さすがに高齢化の勢いに抗しきれず、英国を上回った。しかし、日本はいまや最も高齢化の進んだ国となっているので、なおさら、対ＧＤＰ比の低さが目立つ形となっている。射角の低い弾道のようなカーブに日本の医療費の特徴が隠しようもなく表現されているといえるだろう。

図3-10 高齢化とともに高まる医療費（1960年～2011年）

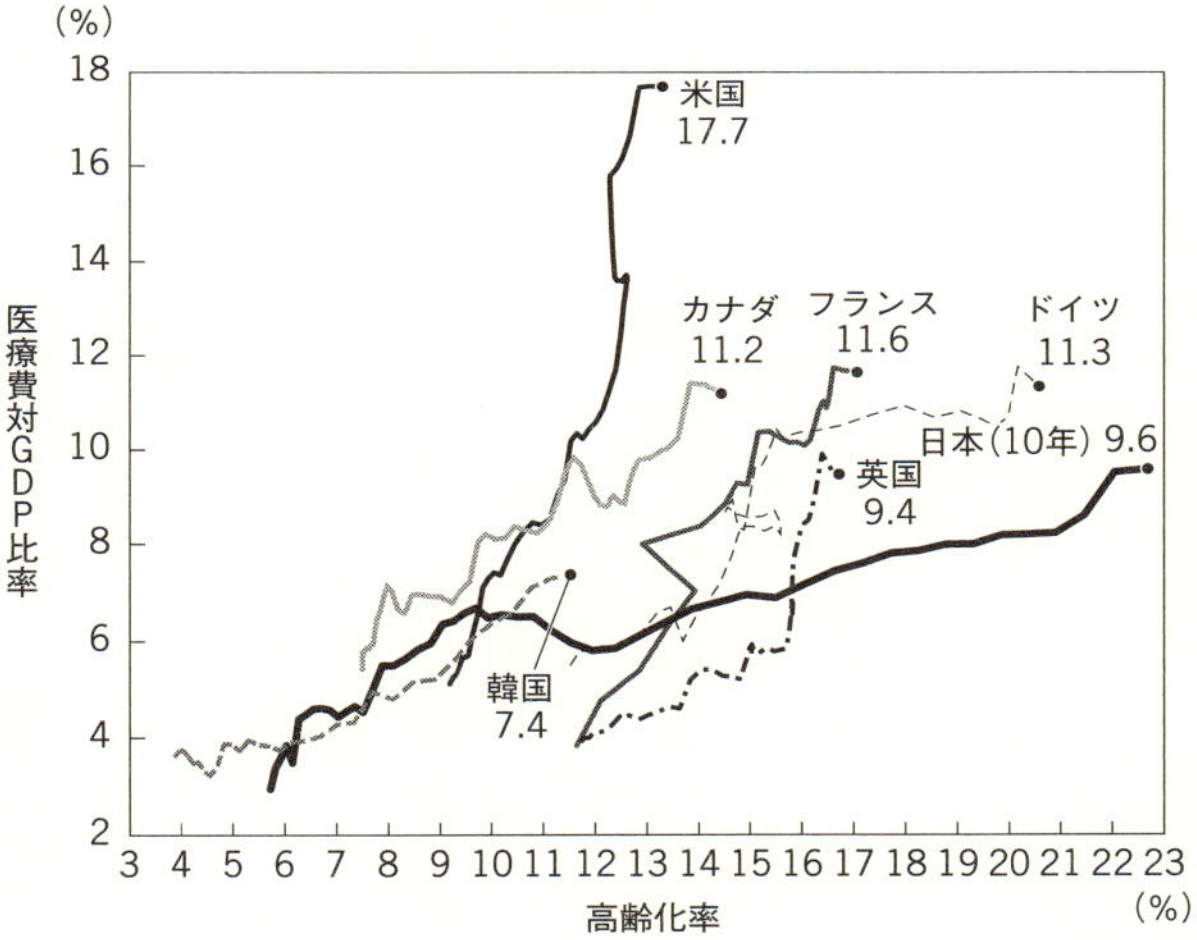
(%)
18
16
14
12
10
8
6
4
2
医療費対GDP比率
米国
17.7
カナダ
11.2
フランス
11.6
ドイツ
11.3
日本(10年) 9.6
英国
9.4
韓国
7.4
3 4 5 6 7 8 9 10 11 12 13 14 15 16 17 18 19 20 21 22 23
(%)
高齢化率

（注）韓国のデータ開始年は1980年。図中の値は最新年の医療費対GDP比率（日本のみ1年前）。ドイツ1990年以前は西ドイツの値。フランス1960～89年は5年ごと。
（資料）OECD Health Data 2013（June 2013）（ドイツ1960～69はHealth Data 1996）、高齢化率はWDI Online 2013.6.29

国民医療費対国民所得比（年度ベース）単位：%

1960	3.03	1970	4.09	1980	5.88	1990	5.94	2000	8.11
1961	3.19	1971	4.13	1981	6.08	1991	5.92	2001	8.48
1962	3.43	1972	4.36	1982	6.30	1992	6.41	2002	8.51
1963	3.57	1973	4.12	1983	6.29	1993	6.67	2003	8.57
1964	3.90	1974	4.78	1984	6.21	1994	6.97	2004	8.68
1965	4.18	1975	5.22	1985	6.15	1995	7.31	2005	8.86
1966	4.11	1976	5.46	1986	6.37	1996	7.48	2006	8.76
1967	4.03	1977	5.50	1987	6.43	1997	7.56	2007	8.96
1968	4.12	1978	5.82	1988	6.20	1998	8.02	2008	9.81
1969	3.99	1979	6.01	1989	6.15	1999	8.43	2009	10.51
								2010	10.71

（資料）厚生労働省「平成21年度国民医療費」

＜資料説明＞
OECDデータは国民医療費には含まれない非処方薬、公衆衛生費、施設管理運営費、研究開発費を含んだ総医療費概念を採用し、国ごとの違いを一定程度補正した数字である。

日本に関しては、むしろ、医療費を抑制し過ぎであり、近年の産科、小児科などの医師不足や地域医療の崩壊と名付けられる状況に結びついている。私の考えでは、英国のようなリバウンド（後述）に見舞われる前に、社会保障改革の中で年金に係る公的負担を減らす代わりに医療に係る公的負担を増加させ、医療費を適切な水準に計画的に底上げする必要がある。

カーブの形が最も特殊なのは、縦方向にきわめて高い上昇が目立っている米国である。社会保険の範囲が小さく、民間保険と医療機関相互の競争など市場原理をメインとしている点で世界の中でも特異なシステムをとっている米国では、高度医療の発達や医療機器の進歩では世界一となっているが、医療費については高騰に悩まされ、マネジドケアなど数々の医療システム改革にもかかわらず、貧困層への医療供給は制約され、平均寿命も先進国の中で最も低いのに、国民の所得のやたらに多くが医療費に注ぎ込まれているという誰が考えても好ましからざる状況に陥っている。オバマ大統領の医療制度改革はこうした課題を解決するための取り組みであるが、社会保険が自由を損ねるという考え方からの反対が根強い。

かたや英国では、有名な「揺りかごから墓場まで」の方針のもとに、国が医療を供給するという基本線が採用されており、１９８０年代までは1人当たりの医療費水準も他国と比べて低かったのだが、近年はむしろ医療費の上昇に悩まされている。高齢化は進展していないのに医療費だけは上昇しており、米国と同様垂直に上昇している点が目立っている。1980年代のサッチャー改革で医療費が切り詰められた結果、国民の医療へのアクセスが異常に制約を受け、むしろ、それへの反動で医療の供給量を増加させているためである。

米英の2国を除くと日本を含め高齢化と医療費の相関では、医療費レベルの大小の違いはあるが、相関の傾きにおいては、傾きの程度あるいは毎年の安定的な上昇など、ほとんど同等といえる傾向を示している点が目立っている。

ただ、最近は、英米だけでなくフランスやカナダなどで垂直シフトが目立ってきており、日本の良好なパフォーマンスがそれだけ際立つ状況となっている。ドイツは日本より医療費水準は高いが、高齢化との関連ではほぼ日本と平行した動きとなっている。

韓国は、高齢化も医療費水準も日本の1970年代の水準にあるが、今後、高齢化の進展が大きく見込まれることから医療費のこれからの動きについて注目される。韓国の医療費対GDP比7・4%（2011年）はもちろん現在の日本より低いが、右上がりの状況がどうなるかは予断を許さない。

次に、医療評価の国際比較について見ておこう。

医療に関する最も端的な成果指標は平均寿命である。QOL（生活の質）も、最近重視されるようになったもう一つの重要な医療の成果であるが、こちらの方は指標化が難しい。日本は低い医療費水準で平均寿命世界一を達成しているのであるから、驚異的なパフォーマンスを実現しているといえる。この点をはっきりさせるために、ＯＥＣＤの資料（Health at a Glance 2009）に基づき、１人当たりの医療費と平均寿命の相関図をＯＥＣＤ諸国について作成した（図３－11）。対数近似曲線を付加したこの相関図は、医療制度の効率性を分析したＯＥＣＤの論文においても同様の形で作成されている。

平均寿命と１人当たり医療費は正の相関を持っていることが明らかである。しかし、相関のパターンとして当てはめるべき近似線は必ずしも直線とは限らない。

近似線への当てはまり度は、R^2値で計られることが多い。これは、近似線との乖離が小さくなる程度を０～１で表す指標であり、すべてのデータが近似線上にある場合は１となる。

この場合は、近似線は一次直線より対数曲線の方がR^2値が高く、当てはまり度がよいと判断される。なぜなら、医療費をかけるほど平均寿命は長くなっていくとはいえ、かける医療費が大きくなるほど、医療費の伸び１単位当たりの寿命の伸びは小さくなると考えられるからである。ものには限度というものがあるわけである。実際、直線近似であれば、R^2値は０・３０９３であるのに対して、図で示した対数近似のR^2値は０・５５０６と相関の程度がアップするのである。

図3-11 低コストで高い効果をもたらしている日本の医療

医療費と平均寿命(OECD諸国)(2007年)

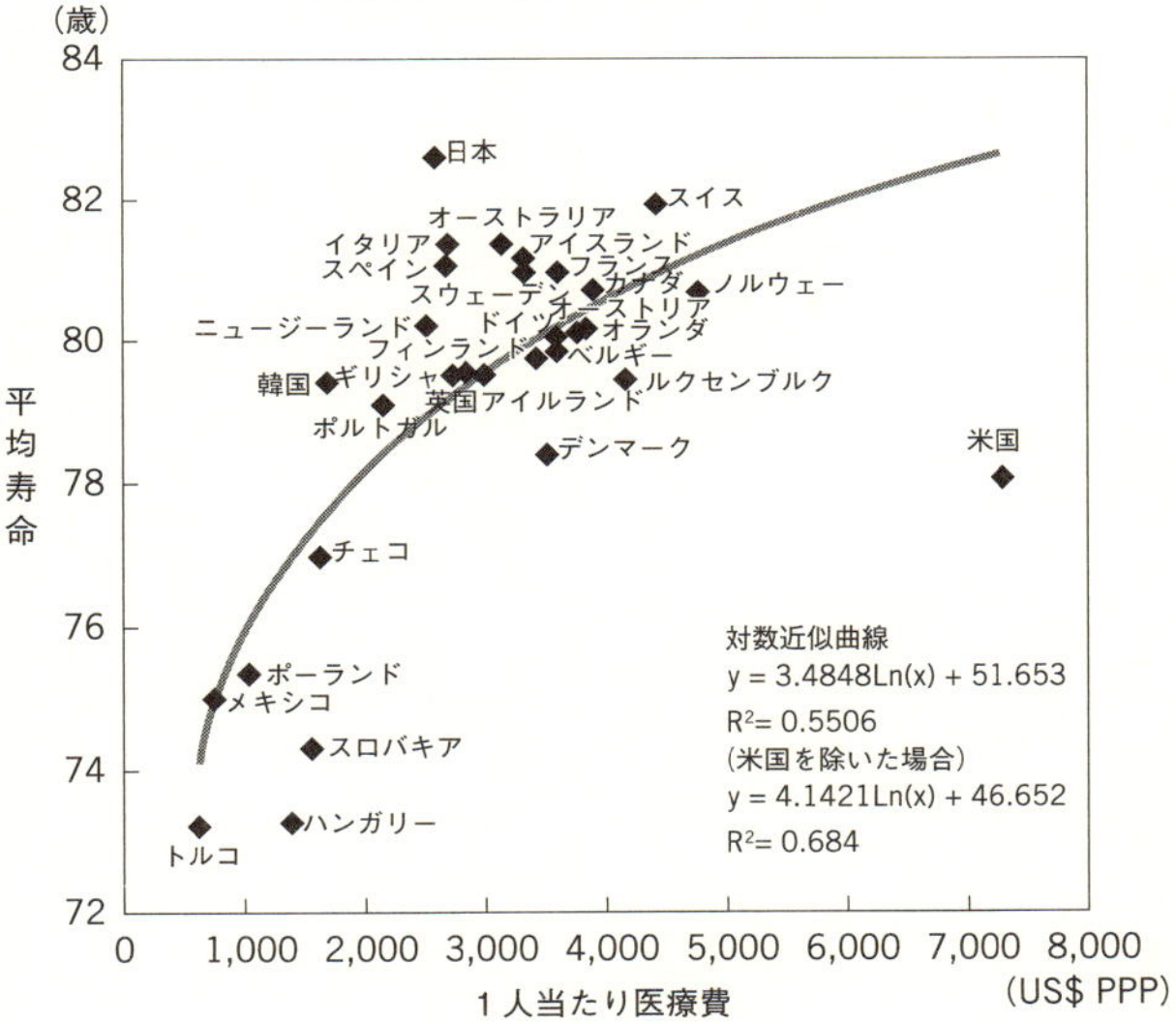

(歳)
84
82
80
78
76
74
72
平均寿命
日本
スイス
オーストラリア
イタリア
アイスランド
スペイン
フランス
スウェーデン
カナダ
ノルウェー
オーストリア
ニュージーランド
ドイツ
オランダ
フィンランド
ベルギー
韓国
ギリシャ
ルクセンブルク
英国
アイルランド
ポルトガル
デンマーク
米国
チェコ
対数近似曲線
y = 3.4848Ln(x) + 51.653
R²= 0.5506
(米国を除いた場合)
y = 4.1421Ln(x) + 46.652
R²= 0.684
ポーランド
メキシコ
スロバキア
ハンガリー
トルコ
0
1,000
2,000
3,000
4,000
5,000
6,000
7,000
8,000
(US$ PPP)
1人当たり医療費

(注) 2007年またはその直近データ。平均寿命は男女の単純平均
(資料) OECD Health at a Glance 2009

なお、米国は近似線から大きく乖離しているので図中に示した通り、米国を除けばR^2値は0・684とさらに大きく上昇する。

二つの点に留意が必要である。一つは、平均寿命は医療費だけで決まるわけではないことである。近似曲線から乖離している国が多いことでもそれがうかがえる。二つ目は、1人当たり医療費と並行して変化する変数が平均寿命に影響を与えている可能性がある。1

人当たり医療費はその国の所得水準（1人当たりGDP）と比例して増える。したがって、平均寿命に影響を与えそうな医療費以外の要因、例えば、栄養状態、衛生環境、防災環境、病院までの道路の整備状況などは国の所得水準の向上により改善されていくものなので、1人当たり医療費が所得水準の単なる代理変数に過ぎない側面が残るのである。

さて、相関図に戻ると、医療費をかけている割に寿命が長いか短いかで各国の医療のパフォーマンスの善し悪しを判断することが可能である。

米国は医療費の割に平均寿命が低く、医療のパフォーマンスは悪いと言わざるをえない。他方、日本は医療費の割に平均寿命が長く、医療のパフォーマンスは世界一であるともいえる。

米国ほどではないが、米国と同様にパフォーマンスが悪いのは、デンマーク、ハンガリーといった国であり、日本ほどではないがパフォーマンスが良いのはイタリア、スペイン、オーストラリアといった国である。

世界一になるためには最後の1％の上昇に非常に大きなコストがかかるのが当然だ、と考えるのが常識である。豊かな国の人々の多くは、ある程度高いコストを支払ってでも寿命の延長を実現できる高い医療水準を確保したいと思っている。

日本の平均寿命が世界一であることを知って驚いた人は、日本が思いがけない低コストで、平均寿命世界一につながるような高い医療水準を確保していることを知って、もう一度、驚くのである。驚いていないのは、それが当然のこととなっている日本人だけである。

5　ダイエットはそんなに必要？
――世界の中でも痩せている日本人――

長く続くダイエット・ブームの最近の話題は、カロリー制限ダイエットなのか低糖質ダイエットなのかである。しかし、そもそも、そんなにダイエットが必要なのであろうか。ここでは、体型に関する統計データを掲げて真相を探ってみよう。

先進国ではどこでも太り過ぎ・肥満対策が大きな課題になっている。ＯＥＣＤでは肥満比率を公表している。図３－12はＯＥＣＤ諸国の肥満比率を比較したグラフである。

世界の肥満比率は一般には身長と体重から計算されるＢＭＩ（体重kg÷身長ｍの二乗）が30以上の成人人口比率であるが、わが国ではＢＭＩ25以上を「肥満Obesity」とするのが普通である。国際的には25以上は「過体重Overweight」と定義される。

肥満比率には測定調査と自己申告の二通りの出し方がある。測定に基づく肥満評価は身長体重の当人の勘違いを防げることから申告調査より正確で、より高い数字となるのが普通である。両方の値がある国での男女計の平均を求めると前者は後者の１・46倍となっている。

図では、各国データを男女計の大きい順に並べた。米国が肥満世界一であることは知られてい

図3-12 先進国の肥満度ランキング：トップは米国、最下位は日本

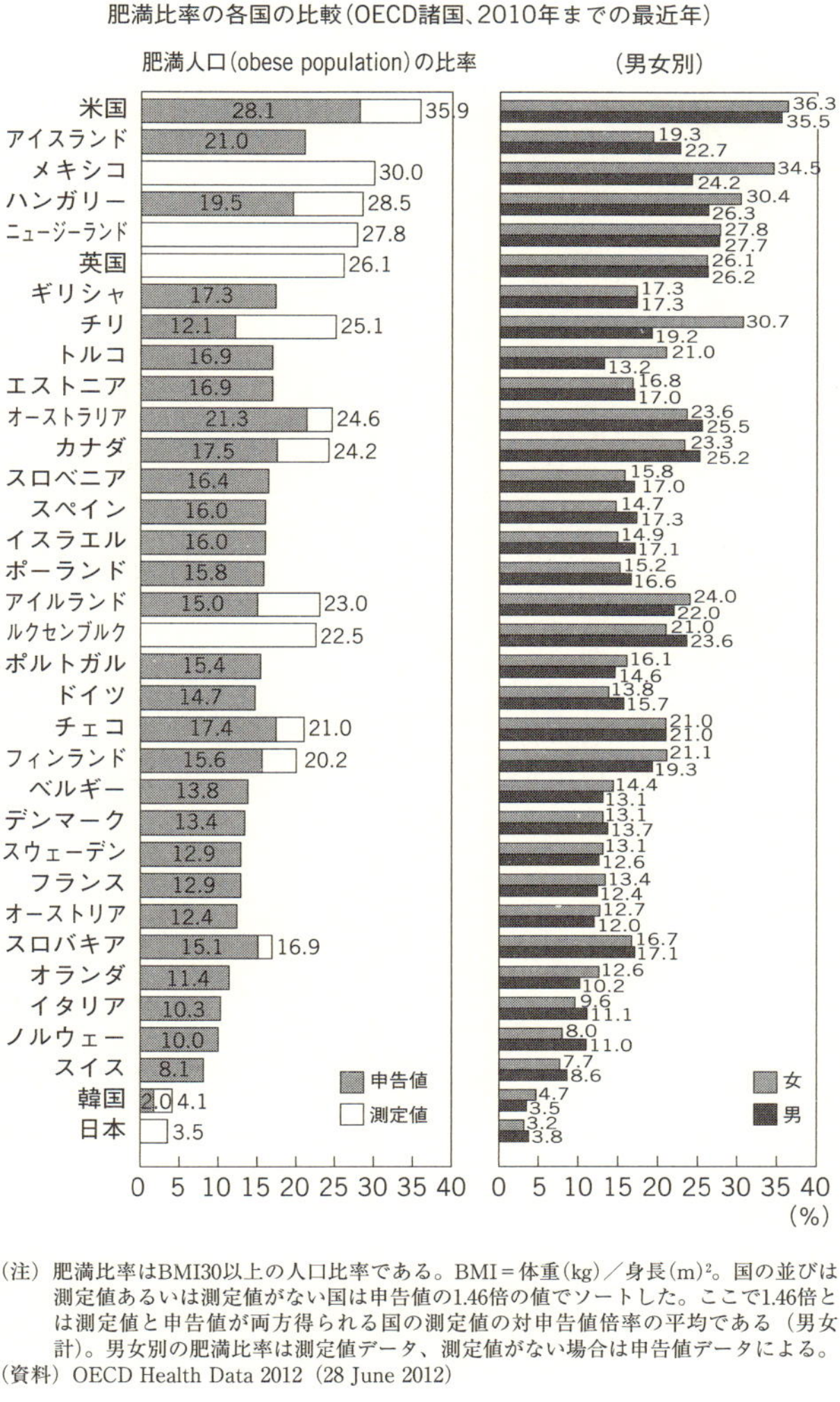
肥満比率の各国の比較（OECD諸国、2010年までの最近年）
肥満人口（obese population）の比率
（男女別）
米国 28.1 35.9 36.3 35.5
アイスランド 21.0 19.3 22.7
メキシコ 30.0 34.5 24.2
ハンガリー 19.5 28.5 30.4 26.3
ニュージーランド 27.8 27.8 27.7
英国 26.1 26.1 26.2
ギリシャ 17.3 17.3 17.3
チリ 12.1 25.1 30.7 19.2
トルコ 16.9 21.0 13.2
エストニア 16.9 16.8 17.0
オーストラリア 21.3 24.6 23.6 25.5
カナダ 17.5 24.2 23.3 25.2
スロベニア 16.4 15.8 17.0
スペイン 16.0 14.7 17.3
イスラエル 16.0 14.9 17.1
ポーランド 15.8 15.2 16.6
アイルランド 15.0 23.0 24.0 22.0
ルクセンブルク 22.5 21.0 23.6
ポルトガル 15.4 16.1 14.6
ドイツ 14.7 13.8 15.7
チェコ 17.4 21.0 21.0 21.0
フィンランド 15.6 20.2 21.1 19.3
ベルギー 13.8 14.4 13.1
デンマーク 13.4 13.1 13.7
スウェーデン 12.9 13.1 12.6
フランス 12.9 13.4 12.4
オーストリア 12.4 12.7 12.0
スロバキア 15.1 16.9 16.7 17.1
オランダ 11.4 12.6 10.2
イタリア 10.3 9.6 11.1
ノルウェー 10.0 8.0 11.0
スイス 8.1 7.7 8.6
韓国 2.0 4.1 4.7 3.5
日本 3.5 3.2 3.8
申告値
測定値
女
男
0 5 10 15 20 25 30 35 40
0 5 10 15 20 25 30 35 40
（%）

（注）肥満比率はBMI30以上の人口比率である。BMI＝体重（kg）／身長（m）²。国の並びは測定値あるいは測定値がない国は申告値の1.46倍の値でソートした。ここで1.46倍とは測定値と申告値が両方得られる国の測定値の対申告値倍率の平均である（男女計）。男女別の肥満比率は測定値データ、測定値がない場合は申告値データによる。

（資料）OECD Health Data 2012（28 June 2012）

るが、データ的にも確認される。米国のほか、ニュージーランド、英国、オーストラリアといった英語圏の諸国の肥満比率が高いのが目立っている。また、メキシコ、ハンガリー、ギリシャ、チリ、トルコといった途上国的色彩の濃い国も肥満率が高い。

所得の高い国ほど肥満比率が高いとは必ずしもいえないことは、メキシコが米国に次いで肥満比率が高い点、アジアの高所得国である日本や韓国の肥満比率は目立って低い点などから分かる。食生活パターンの影響が大きいと考えられる。

男女別には、米国、メキシコ、ハンガリー、チリ、トルコでは女性の肥満比率が男性をかなり上回っている。

このように、日本人は先進国で最もスリムな体型を持っているといえる。

それでは、日本人の体型はどのように変遷してきたのであろうか。図３－13には、年齢別の平均身長と平均体重から計算したＢＭＩの戦後の長期推移を掲げた。戦後直後には20歳以上の男女の体格は年齢による差があまりなく、おおむねＢＭＩが21～22程度であった。

戦後50年の体格の変化は男女によって大きく異なっている。男は、各年齢とも、太る方向に推移してきた。40代が先行していたが、現在では30歳以上の各年齢ともＢＭＩが23の後半あるいは24以上となっており、太り過ぎが懸念される。20代は、体格はよくなったが太り過ぎというほど

図3-13 痩せる女性、太る男性

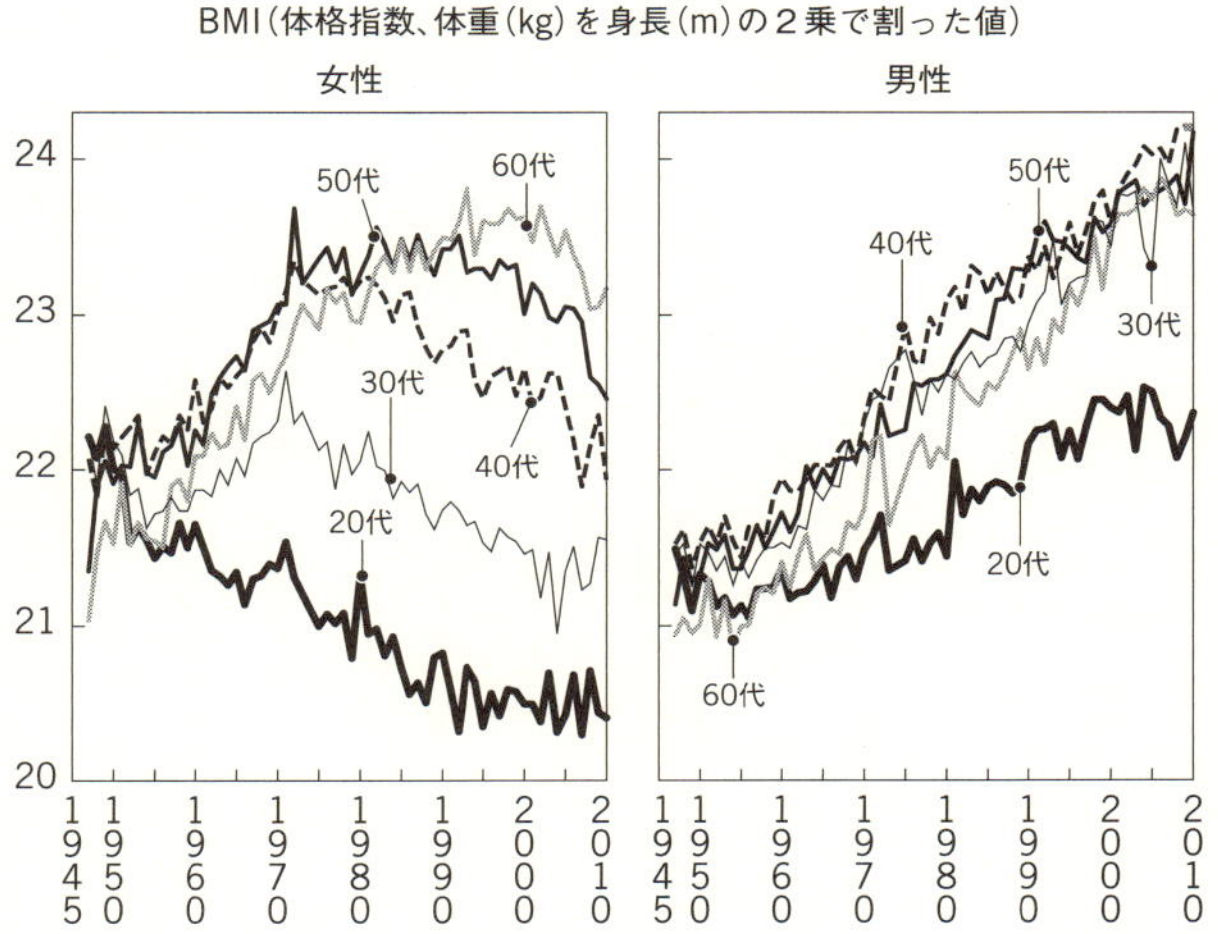
BMI（体格指数、体重（kg）を身長（m）の２乗で割った値）
女性
男性
24
23
22
21
20
50代
60代
30代
40代
20代
1945
1950
1960
1970
1980
1990
2000
2010

（注）BMI25以上は「肥満」、18.5以下は「痩せ」とされる。ここでは平均体重と平均身長から算出。87年までの20〜29歳は20〜25歳の各歳データ及び26〜29歳データによる平均値から計算。
（資料）国民健康・栄養調査（厚生労働省、1974年調査なし）

ではない。

戦後日本の文明の姿を特徴的に示しているのは、女の年齢別の動きである。

まず、戦後直後には、20代の若い女性が最も体格がよく、60代の高齢者層は最も痩せていた点を確認しておこう。中高年が若年層に優先的に栄養を分けていたとも考えられる。

現在では、まったく逆であり、20代はどんどん痩せていき最も痩せた年齢となり、60代はどんどん太っていったため最も太った年齢となりBMIで3以上の差が生じている。小説家・吉行淳之介のエッセイに「若い女性は決まって可愛いのに、我々の女房達はいったいどこから来たんだろう」というセリフがあるが、この体格の大きな差は驚異的である。年齢別の体格の差は、例えば年齢別の衣服の多様性などにつながっていると考えられる。

女性20代の痩せへの転換は高度成長期に始まっており、その後も一貫して痩せの方向へ進んだ。いわゆるダイエット・ブームである。30代、40代も、20代に10年、あるいは20年遅れて、痩せへの方向に転じている。40歳前後（35～44歳）の女性を意味するアラフォー世代という言葉が2007年から使われるようになったが、40代女性の痩身志向が最近特に目立つ。あたかも30代と同じ体型を維持しようとしているように見える。

さらに40代ばかりでなく50～60代でも痩身化への反転が起こっているようにみえる。いまや、気持ちとしては、全年齢の日本人女性が若い女性に見習ってボディコンシャスを目指しているといえる。こうした動きは、まさに、第2章3節で見た身の回りの用事の年齢別の所要時間の伸びの動向と軌を一にしているといえよう。

一方、女性の動きと対照的なのは、男性のＢＭＩの動きである。年齢にかかわらず一貫して肥満に近づく傾向が著しくなっており、これとの対比で女性の動きの特異性がなおさら目立つ形となっている。ダイエットが必要なのは男性の方であるのに、ダイエットを実践しているのは女性なのである。男と女は同じ生きものなのだろうかという感慨にも襲われる。

若い女性がこれだけ痩せてきている背景には精神的な要因を想定するしかないが、善い悪いは別にして、精神が肉体にこれだけの影響を及ぼしうることに驚きを禁じえない。しかし、なぜ、男性はまったく異なるパターンを辿っているのであろうか。精神と肉体の関係についていろいろ考えさせられる事実である。

若い女性を中心とした全体としてスリムへと向かう傾向は、一方で、痩せ過ぎの弊害も生んでいる。

日本女性が10代から20代にかけて痩せていくことが他国と比較して特異である点が、研究者の研究結果から明らかになったと毎日新聞が以下のように報じた（２００９年4月7日配信）。

「日本人女性の肥満度を示す体格指数（ＢＭＩ）が、10代後半から20代にかけて減少に転じ、他国では見られない特有の傾向であることが、菅原歩美・筑波大研究員（内分泌代謝科）らのチームの研究で分かった。米疫学誌の5月号に発表する。菅原さんは『やせていることのイメージは良いが、実際は健康や出産への悪影響が指摘されている』と話す。

一般に、ＢＭＩは6歳ごろから増加する。日本の国民健康・栄養調査と、同様の調査を持つ米国、韓国のデータを調べたところ、米国男女と韓国、日本の男性は、10歳以降はＢＭＩが増え続け、韓国女性は18歳ごろ増加が止まり、20代は横ばいだった。一方、日本女性は、15歳ごろ増加が止まり、20代は年齢とともに減少した。

また、58年以降の日本女性のＢＭＩを解析した結果、50～59年生まれの女性が10代後半から20代前半だった70年ごろ、一斉にＢＭＩが減り始めた。

若い女性の痩せは、摂食障害やうつ傾向、骨密度の低下を起こしやすく、出産時に低出生体重児になる確率が高い。曽根博仁・同大教授は『やせることを勧める風潮が強いが、若い女性のやせは深刻だ。70年ごろを境にやせ願望が強まった背景を探りたい』と話す」

世界各国の痩せ過ぎ女性の割合を所得水準との相関で見たグラフを図3－14に掲げた。ここで、痩せ過ぎはＢＭＩが18・5未満と定義されている。

一般には、食料事情もあって、所得（1人当たりＧＤＰ）の低い貧困国では痩せ過ぎ女性が多いという傾向がある。

東チモール、エリトリア、エチオピアといった最貧国に加え、パキスタン、バングラデシュといったイスラム国で痩せ過ぎ女性が多いことが目立っている。イスラム圏では女性の平均寿命の

図3-14　痩せ過ぎ女性比率の国際比較

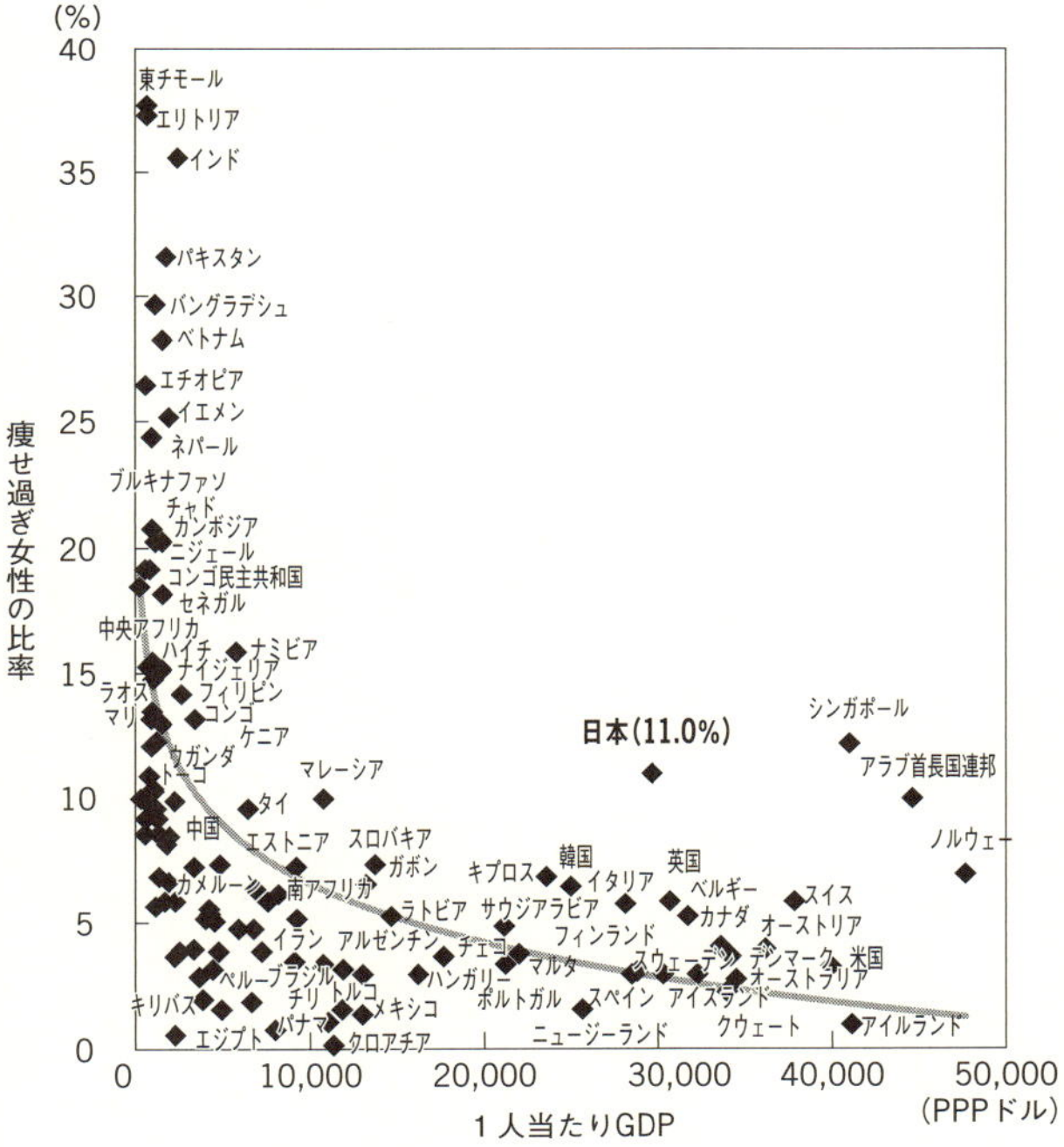

（注）グレー線は対数近似回帰線。痩せすぎ女性（BMI18.5未満）の比率はデータが得られる最新年のもの。
1人当たりGDP（GDP per capita, PPP（constant 2005 international $））も同じ年次。
（資料）WHO Global Database on Body Mass Index（BMI）2011-1-24
日本は厚生労働省「平成21年国民健康・栄養調査（概要）」
1人当たりGDPは、World Bank, World Development Indicators 2011-1-24

対男性比が相対的に低いこととも関わりがあると思われる。

日本は、11・0％と112カ国中、30位であるが、所得の高い国としては、シンガポールやアラブ首長国連邦と並んで、女性の痩せ過ぎ割合が異例の高さとなっている点が目立っている。国民全体、あるいは女性平均の体型が世界の中でスリムである点では日本と共通の韓国でも、痩せ過ぎ女性の比率は6・5％とそれほど高くない。日本の若い女性にとって、健康対策としては、ダイエットよりも、むしろ、脱ダイエットが必要な側面が大きいといえよう。

第 4 章

日本はいまだに儒教国

——日本人の価値観と幸福度——

1 控え目であいまいなのは日本人の弱点か？

――はっきりさせない見方には強みも――

あなたは自分の父親を超えられたか

国際比較調査の調査結果に目を通していると「なぜ、こんなに日本人は自信がないのであろう」、あるいは言い換えれば「なぜ、こんなに日本人は謙虚なのだろう」と感じる結果に出会うことが多い。ここでは、そんな調査結果を二つ掲げよう。一つは、自分の父親を超えられたかについてであり、もう一つは、日本に対する世界からの評価と日本人の自国評価との関係についてである。

各人が属している国が、社会階層的な変動の激しい社会か、それとも階層間の変動の乏しい停滞的な社会かは、世界的に格差社会が問題となるなかで関心を引くテーマである。また、変動が上昇方向なのかどうか、すなわち、成り上がりや出世人が多い社会なのか、あるいは地位下落が多い社会なのかも興味を引くテーマである。

国際的な継続的共同調査であるＩＳＳＰ（International Social Survey Programme）の

2009年調査（テーマ「社会的格差」）は、意識に表れている限りのものを対象にしているとはいえ、こうした点を巧妙な設問で明らかにしている（図4―1）。すなわち、仕事面で、子どもの頃の父親と比べて各人の現在の社会的地位は上昇したかどうかを聞いているのである（調査対象は各国の成人男女。何歳以上かは国により異なり、日本の場合は16歳以上。図の集計対象は男性就業経験者のみなので実際上の年齢はもっと高い。設問文は図の注に掲載）。

結果も、また、少なくとも日本人にとっては驚くべきものである。すなわち、世界38カ国の中で日本人だけが、父親より社会的地位が低下したと思っている人が上昇したと思っている人より多いのである。しかも、地位下落は4割と地位上昇の3割より1割も多いのである。図を見ていただければ一目瞭然であるが、日本のような国は他にない。どの国でも現在の世代の人間は、少しは自分の父親を凌駕していると思っているのに、日本だけが父親の世代には敵わないと思っているのだ。取りようによっては、日本社会の閉塞感を何よりも端的に示した意識調査結果といえよう。

日本と正反対なのが中国である。中国では7割が父親の仕事より高い仕事に就いていると考えており、この値は2位のポルトガルの60・1%、3位フランスの57・3%を大きく上回っている。

変動が大きい社会か、あるいは停滞的な社会かを「地位上昇＋地位下落」の値（すなわち地位

図4-1　あなたは自分の父親を超えられたか（2009年）

父親と比べ仕事の社会的地位は上がったか(男性)

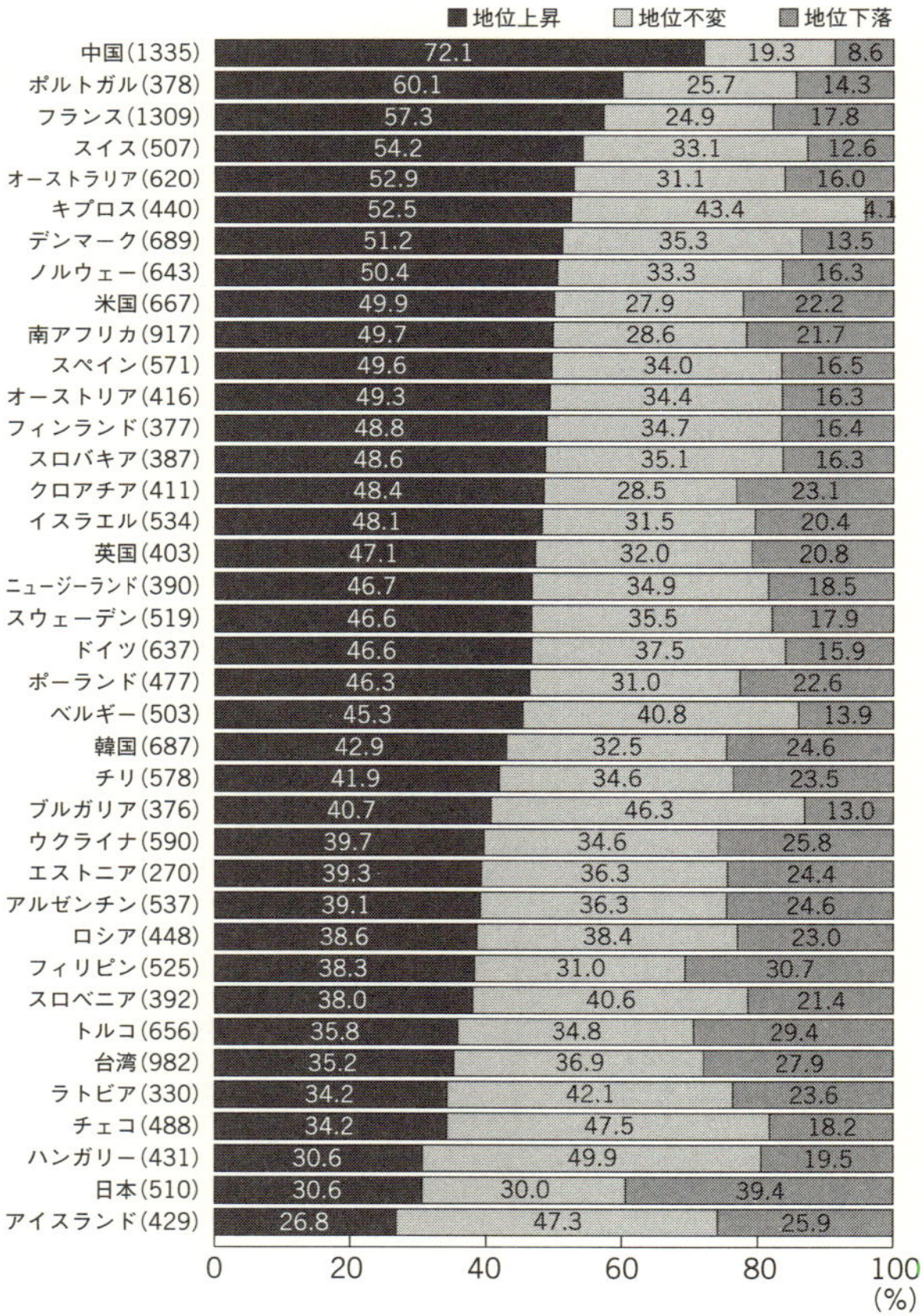
■地位上昇　□地位不変　▩地位下落
中国(1335) 72.1 19.3 8.6
ポルトガル(378) 60.1 25.7 14.3
フランス(1309) 57.3 24.9 17.8
スイス(507) 54.2 33.1 12.6
オーストラリア(620) 52.9 31.1 16.0
キプロス(440) 52.5 43.4 4.1
デンマーク(689) 51.2 35.3 13.5
ノルウェー(643) 50.4 33.3 16.3
米国(667) 49.9 27.9 22.2
南アフリカ(917) 49.7 28.6 21.7
スペイン(571) 49.6 34.0 16.5
オーストリア(416) 49.3 34.4 16.3
フィンランド(377) 48.8 34.7 16.4
スロバキア(387) 48.6 35.1 16.3
クロアチア(411) 48.4 28.5 23.1
イスラエル(534) 48.1 31.5 20.4
英国(403) 47.1 32.0 20.8
ニュージーランド(390) 46.7 34.9 18.5
スウェーデン(519) 46.6 35.5 17.9
ドイツ(637) 46.6 37.5 15.9
ポーランド(477) 46.3 31.0 22.6
ベルギー(503) 45.3 40.8 13.9
韓国(687) 42.9 32.5 24.6
チリ(578) 41.9 34.6 23.5
ブルガリア(376) 40.7 46.3 13.0
ウクライナ(590) 39.7 34.6 25.8
エストニア(270) 39.3 36.3 24.4
アルゼンチン(537) 39.1 36.3 24.6
ロシア(448) 38.6 38.4 23.0
フィリピン(525) 38.3 31.0 30.7
スロベニア(392) 38.0 40.6 21.4
トルコ(656) 35.8 34.8 29.4
台湾(982) 35.2 36.9 27.9
ラトビア(330) 34.2 42.1 23.6
チェコ(488) 34.2 47.5 18.2
ハンガリー(431) 30.6 49.9 19.5
日本(510) 30.6 30.0 39.4
アイスランド(429) 26.8 47.3 25.9
0 20 40 60 80 100
(%)

（注）国際的な継続的共同調査であるISSP（International Social Survey Programme）の2009年「職業と社会に関する国際比較調査」による。設問は「現在のあなたの仕事の社会的な位置づけはあなたが15歳のときの父親の仕事と比べてどうですか」。
（資料）ISSP HP（http://www.issp.org/index.php）

不変の少なさ）でランキングしてみると、中国、フランス、ポルトガルなどが変動的であり、ハンガリー、チェコ、アイスランドなどが停滞的となっている。

また成り上がりが多いか下落が多いかを「地位上昇－地位下落」の値でランキングしてみると、成り上がりが多い社会の上位3位は中国、キプロス、ポルトガルであり、地位下落が多い社会は、日本、アイスランド、トルコである。下落といってもマイナス超過は日本だけである。

こうした意識調査結果が、実際の社会階層の変動そのものを表しているとは考えにくい。日本の社会が、世界と比較して、こんなにも停滞的、階層固定的であるとも、また必ずしも前世代と比較して今の世代の仕事の内容がグレードダウンしているとも思われない。

逆に、中国はともかくとして、フランスの社会が意識と同じだけ変動的、あるいは上向的だとも思われない。移民の増加でグレードの低い仕事をフランス人はしなくなったのであろうか（回答者に移民が含まれないとして）。そうだとしても移民比率はせいぜい1割なので、こんなに差が出るとは思えない。フランスの場合、何か父親を超えていると思い込む力が働いているのだろうと想像する。

日本の場合は、それとは逆に、何か前世代より劣っていると思い込ませる心理的なメカニズムが働いているのであろう。こうした結果が日本人の自信喪失を表しているのであれば、日本人のこんな気分は是非とも打破せねばならない。

あるいは、フランス人はプライドが高く、大した根拠もなく自分は父親を超えていると思い込んでおり、逆に、謙虚な日本人は、どんな仕事であっても父親が仕事に打ち込んでいた姿に気高いものを感じ、自分は敵わないと思いがちなだけなのかもしれない。

社会階層の変動状況を見るための指標としては、この意識調査結果はやや問題ありと考えられるが、それとは別の何か大事なことを表していると考えられるのである。

謙虚過ぎる日本人?

次に、各国国民が世界の主要国をどう評価しているかの調査結果を見てみよう。

英国BBC放送が定期的に行っている世界世論調査では主要国に対する各国国民の評価（世界にプラスの影響を与えているか、それともマイナスの影響を与えているか）を調べている。同調査はBBCの委託を受け、民間調査機関グローブ・スキャンおよび米メリーランド大学が実施したものであり、２０１３年調査では、主要17カ国・地域（EUを含む）について、世界25カ国、約２・６万人（各国約１０００人）の成人に聞くアンケート調査を実施している。留意すべきは、評価する対象は国であるが、評価者は各国国民である点である（例えば、日本国への評価であり日本人への評価ではない）。

まず、日本に対する世界各国の国民の評価をグラフにしたのでご覧いただきたい（図４－２）。調査対象25カ国のうち日本人を除く24カ国の平均では、肯定的評価（概してプラスMainly positive）が52％、否定的評価（概してマイナスMainly negative）が26％であり、評価対象となった17カ国・地域の中では、プラス評価（肯定的評価）の割合が、ドイツ、カナダ、英国に次いで高かった。２０１０年にはドイツに次いで高かったが、２０１３年は安倍新政権の右傾化が懸念されて評判が低下したといえる。

各国民別に日本へのプラス評価の割合を見ると、インドネシア人が82％で最も高くなっている。次に、ナイジェリア人の75％、ブラジル人の71％、米国人・チリ人の66％と続いている。

逆に、日本を最も低く評価しているのは、中国人と韓国人である。日本人の中国、韓国に対する評価も非常に低いので、尖閣諸島や竹島をめぐる紛争による双方のマイナス評価が影響し合っていると考えられる。

ドイツ人、フランス人はじめ西欧人は概して日本をあまり高く評価していない（英国人はやや例外）。むしろ、米国人、カナダ人の方が西欧人より日本を高く評価している。もちろん、これらが必ずしも各国の日本に対する外交的立場を表しているものではない点には気をつける必要が

図4-2　日本を世界はどう見ているか（2013年）

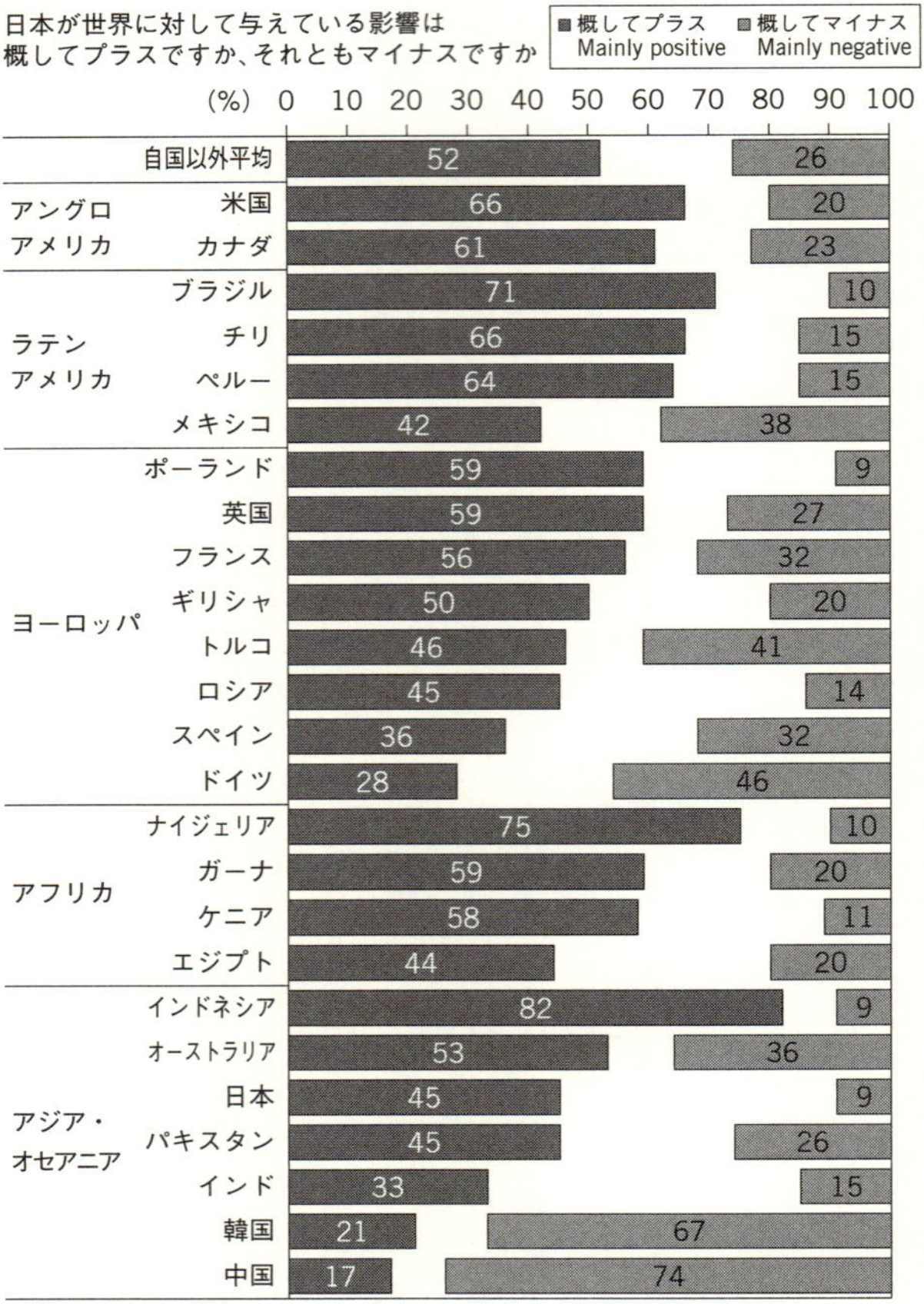
日本が世界に対して与えている影響は
概してプラスですか、それともマイナスですか
■概してプラス Mainly positive
■概してマイナス Mainly negative
(%) 0 10 20 30 40 50 60 70 80 90 100
自国以外平均 52 26
アングロアメリカ
米国 66 20
カナダ 61 23
ラテンアメリカ
ブラジル 71 10
チリ 66 15
ペルー 64 15
メキシコ 42 38
ヨーロッパ
ポーランド 59 9
英国 59 27
フランス 56 32
ギリシャ 50 20
トルコ 46 41
ロシア 45 14
スペイン 36 32
ドイツ 28 46
アフリカ
ナイジェリア 75 10
ガーナ 59 20
ケニア 58 11
エジプト 44 20
アジア・オセアニア
インドネシア 82 9
オーストラリア 53 36
日本 45 9
パキスタン 45 26
インド 33 15
韓国 21 67
中国 17 74

（注）空白部分は「一概には言えない」「どちらともいえない」「分からない」「無回答」。25カ国、約2.6万人（各国約1,000人）の成人を対象とした面接及び電話による調査による（2012年12月10日～2013年4月9日調査実施）。ブラジル、中国、エジプト、インドネシア、ケニア、トルコは都市部のみ。

（資料）BBC World Service

ある。

この件に関する日本人の見解の最大の特徴は、世界からのプラス評価より自国へのプラス評価の方が低い点にある。図４－３に各国の世界評価と自国評価を対照させたグラフを掲げた。

当然ともいえるが、各国国民は、世界からの評価より自国への評価の方が高いのが一般的である。日本人からすると、考えられないほどどの国民も自信に満ちあふれているのである。プラス評価の割合を比べると、中国、韓国、インド、パキスタン、ロシア、ブラジルなどの国民で自国評価が世界評価を大きく上回っている。中国人は、何と77％が自国は世界に対して「良い影響」を与えていると考えているのだ。

比較的クールに自国評価をしている国民はドイツ人、英国人や米国人である。それでも世界評価より自国評価の方が高い。

唯一、日本人だけが自国評価が世界評価より低いのである。あまり自信過剰なのも問題だが、自信がなさ過ぎ、自虐的評価と見られても仕方がないであろう。

もっとも自己評価のマイナス評価割合は９％と、世界評価の26％より低く、「悪い影響」は世界に対して与えていないとは思っている。この辺りも微温的といえば微温的であろう。「悪い影響」も与えているとしっかり認識すべき、という声が世界から聞こえてきそうだ。

図4-3　謙虚な日本人（世界評価と自国評価の対比）

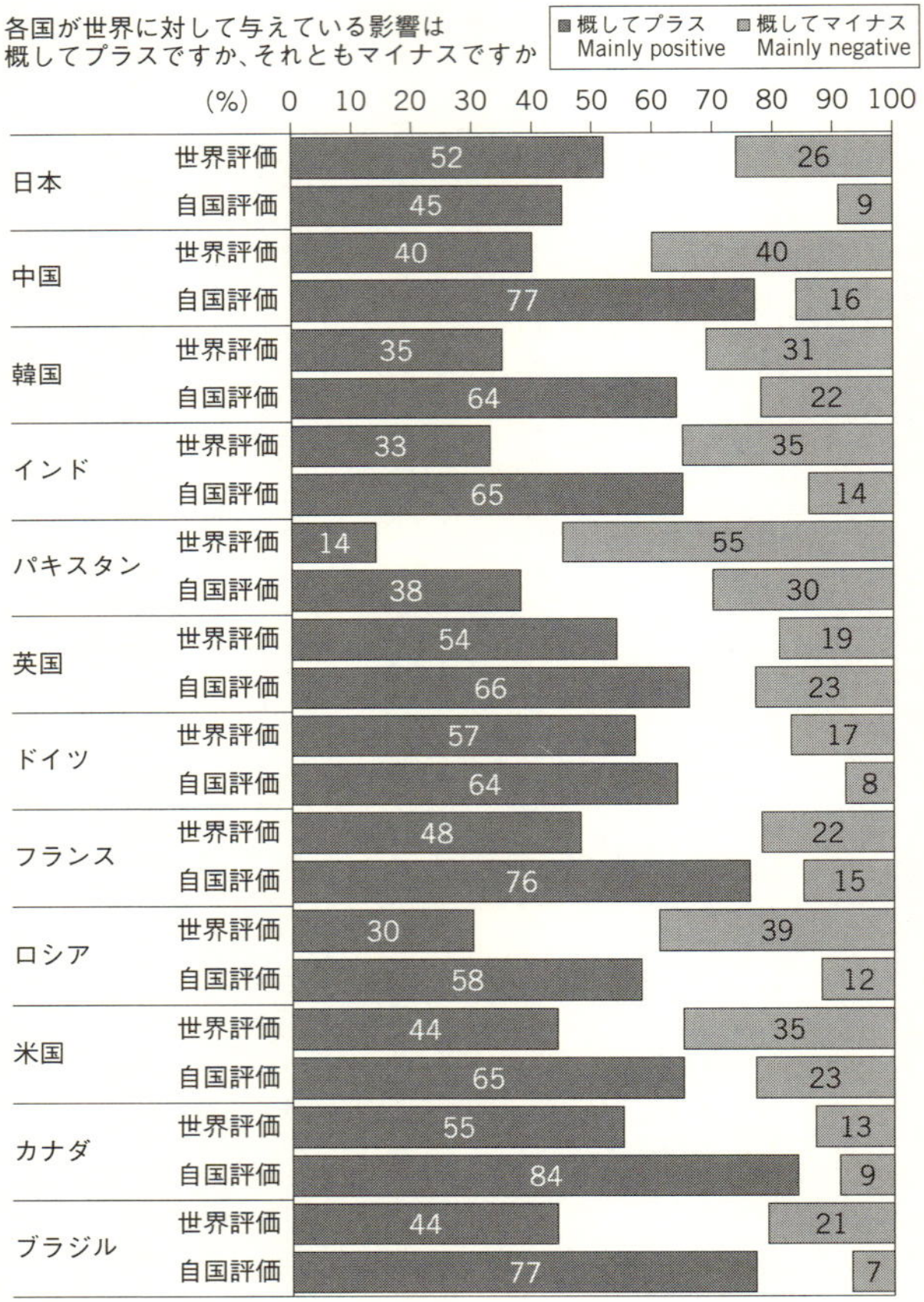
各国が世界に対して与えている影響は
概してプラスですか、それともマイナスですか
概してプラス Mainly positive
概してマイナス Mainly negative
(%) 0 10 20 30 40 50 60 70 80 90 100
日本 世界評価 52 26
日本 自国評価 45 9
中国 世界評価 40 40
中国 自国評価 77 16
韓国 世界評価 35 31
韓国 自国評価 64 22
インド 世界評価 33 35
インド 自国評価 65 14
パキスタン 世界評価 14 55
パキスタン 自国評価 38 30
英国 世界評価 54 19
英国 自国評価 66 23
ドイツ 世界評価 57 17
ドイツ 自国評価 64 8
フランス 世界評価 48 22
フランス 自国評価 76 15
ロシア 世界評価 30 39
ロシア 自国評価 58 12
米国 世界評価 44 35
米国 自国評価 65 23
カナダ 世界評価 55 13
カナダ 自国評価 84 9
ブラジル 世界評価 44 21
ブラジル 自国評価 77 7

（注）世界評価は自国を除く24カ国の調査結果
（資料）同上

世界に「悪い影響」を与えていると自国に対して思っている人が最も多い国はどこだろうと目を凝らして数字を見てみると、パキスタン人を除くと、実は、米国人・英国人である。英米人の23％は自国がマイナスの影響を世界に与えていると自覚しているのだ。自国に批判的な国民を抱えていることが、むしろ、英米系の強さなのであろう。

日本統計学会の会長も務めた統計学者の林知己夫氏は、「日本人らしさとは何か」を研究するため、国民性に関する意識調査を１９５０年代から継続的に行い、また国民性に関する国際比較調査を行った。林知己夫氏によれば、こうした研究は、方法的には仮説検証的アプローチではなく、データに基づく探索的アプローチを採用したとしており（『日本人の国民性研究』南窓社、17頁）、統計手法上の新しい流れに対応している。本書にも表れている私の方法もこれと方向的には同じだといえる。

林知己夫氏は、自らが関係した数多くの調査の結果に表れた特徴として「晴れがましいことや、うぬぼれととられかねないことは遠慮してみせるという傾向や、物事の悪いほうばかりに目がいくという日本人の国民性」（林知己夫・櫻庭雅文『数字が明かす日本人の潜在力──50年間の国民性調査データが証明した真実』講談社、２２１頁）を指摘している。

そして、これが内向きには、進歩・向上や改善意欲につながるので問題ないが、対外的には、

「反日的な行動」あるいは「日本人の自虐意識」としてマイナスに作用する場合もあるとしている（同書、２２１頁）。ナショナリズムに基づく対外強硬派の主張は突き詰めていくと、日本的でなくなってしまうというアイロニーを抱えていると考えられる。

神は存在するか？

国際比較調査の調査結果に目を通していると、謙虚さを示す回答とともに日本人の特徴として「わからない」、「どちらともいえない」といった、判断を鮮明にしない回答が多いことに気づかされる。

典型的な例として、神の存在、死後の世界の存在についての調査結果を掲げよう（図４－４）。

世界数十カ国の大学・研究機関の研究グループが参加し、共通の調査票で各国国民の意識を調べ相互に比較する「世界価値観調査」が１９８１年から、また１９９０年からは5年ごとに行われている。各国ごとに全国の18歳以上の男女１０００サンプル程度の回収を基本とした個人単位の意識調査である。

図４－４には、神の存在、死後の世界に対する各国国民の見方をグラフにした。

神の存在と死後の世界を比べると、神の存在の方が一般的に信じられている。神の存在は24カ

図4-4　神の存在・死後の世界に対しては「わからない」とするのが日本人の特徴

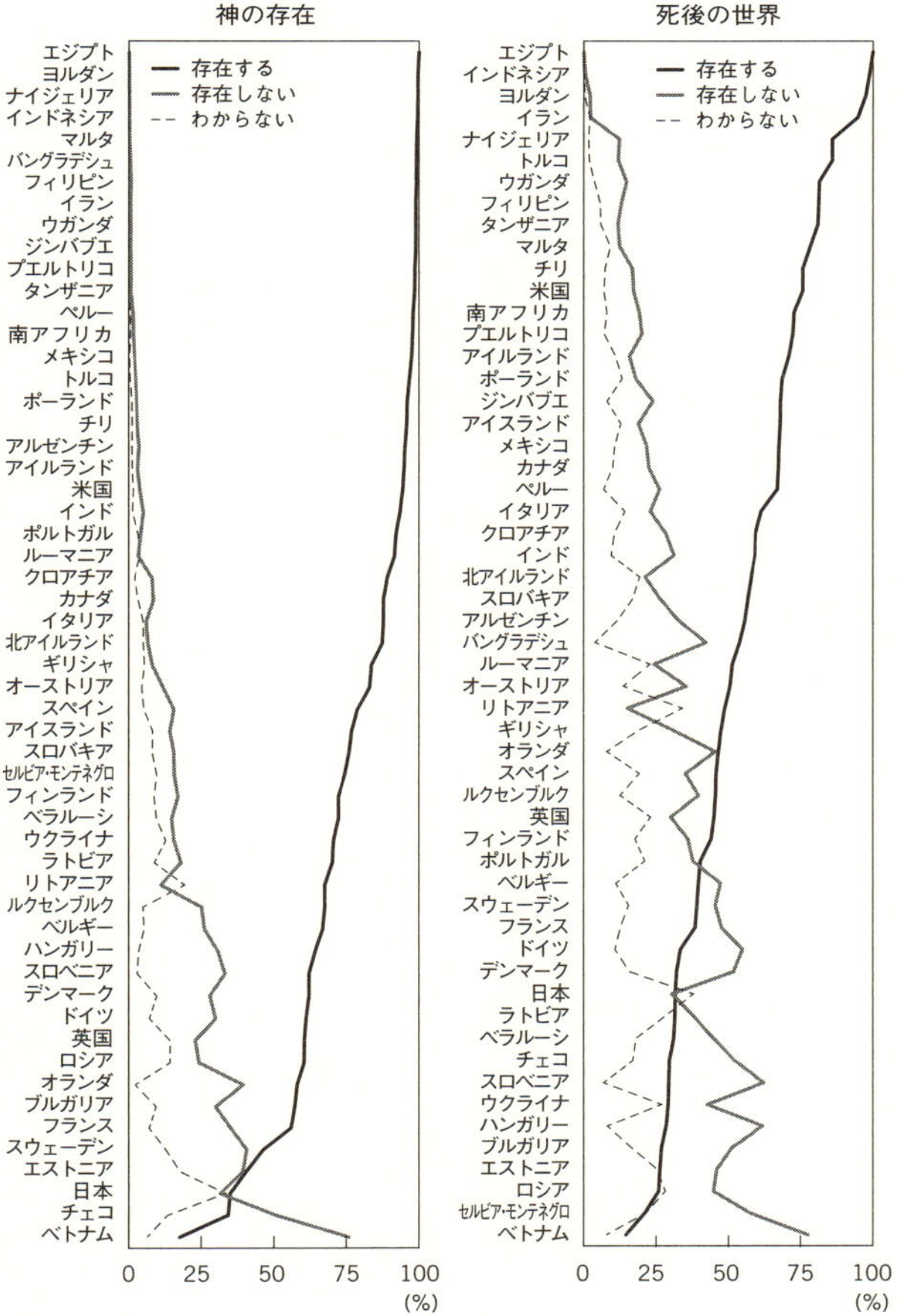
神の存在
存在する
存在しない
わからない
エジプト
ヨルダン
ナイジェリア
インドネシア
マルタ
バングラデシュ
フィリピン
イラン
ウガンダ
ジンバブエ
プエルトリコ
タンザニア
ペルー
南アフリカ
メキシコ
トルコ
ポーランド
チリ
アルゼンチン
アイルランド
米国
インド
ポルトガル
ルーマニア
クロアチア
カナダ
イタリア
北アイルランド
ギリシャ
オーストリア
スペイン
アイスランド
スロバキア
セルビア・モンテネグロ
フィンランド
ベラルーシ
ウクライナ
ラトビア
リトアニア
ルクセンブルク
ベルギー
ハンガリー
スロベニア
デンマーク
ドイツ
英国
ロシア
オランダ
ブルガリア
フランス
スウェーデン
エストニア
日本
チェコ
ベトナム
0
25
50
75
100
(%)
死後の世界
存在する
存在しない
わからない
エジプト
インドネシア
ヨルダン
イラン
ナイジェリア
トルコ
ウガンダ
フィリピン
タンザニア
マルタ
チリ
米国
南アフリカ
プエルトリコ
アイルランド
ポーランド
ジンバブエ
アイスランド
メキシコ
カナダ
ペルー
イタリア
クロアチア
インド
北アイルランド
スロバキア
アルゼンチン
バングラデシュ
ルーマニア
オーストリア
リトアニア
ギリシャ
オランダ
スペイン
ルクセンブルク
英国
フィンランド
ポルトガル
ベルギー
スウェーデン
フランス
ドイツ
デンマーク
日本
ラトビア
ベラルーシ
チェコ
スロベニア
ウクライナ
ハンガリー
ブルガリア
エストニア
ロシア
セルビア・モンテネグロ
ベトナム
0
25
50
75
100
(%)

（注）各国の全国18歳以上男女1,000サンプル程度の回収を基本とした意識調査の2000年の結果。国の並びは「存在する」の多い順。
（資料）電通総研・日本リサーチセンター編「世界60カ国価値観データブック」

表4-1　神の存在、死後の世界に対する日本人の回答結果（%）

	存在する	存在しない	わからない	無回答
A）神	35.0	31.6	33.4	－
B）死後の世界	31.6	30.5	37.9	－

国で90%以上の人が信じており、50%未満の人しか信じていない国は5カ国に過ぎないのに対して、死後の世界は、90%以上の人が信じている国は4カ国しかなく、50%未満の人しか信じていない国は25カ国もある。

エジプト人は、神の存在、死後の世界ともに、100%の人が信じている。ヨルダン、インドネシア、フィリピンといった諸国も、エジプトと同様の見方を示している。

逆に、ベトナムは、神の存在も死後の世界も信じていない者が多い点で目立っている。

日本は、ベトナム、チェコと並んで、神の存在を信じない人の多い国であるが、死後の世界については、信じない人が多いが、その比率は、ドイツ、デンマークと同程度であり、それほど目立っているわけではない（表4－1参照）。

日本人の回答の特徴は、「わからない」の比率が多い点にある。神の存在については、世界各国の中でも、「わからない」の比率は圧倒的であるし、死後の世界についても、「わからない」の比率は世界一高い。

日本人は、神の存在や死後の世界に対して、存在するともいえるし、存在しないともいえるという立場をとっているように見える。悪くいえば、どっちつかずの見方で他国から理解不能な民族と捉えられる傾向があるともいえるし、よくいえば、存在を証明できない以上、どっちでも良いではないかと哲学的に考えている民族であるともいえる。

あいまいな日本人（中間的回答の多さ）

前に触れた英国ＢＢＣ放送が定期的に行っている世界世論調査でも、日本人のあいまい回答が目立っている。

図４－３をもう一度見てほしい。日本人の自国評価に関して、プラスともマイナスとも評価できないとする回答が46％と非常に多くなっている。これと対照的なのが、中国人や韓国人である。自国評価でプラス評価がそれぞれ77％、64％と高いが、マイナス評価も16％、22％と多く、どちらでもないと回答したのは7％、14％しかいないのだ。日本人は自己評価があまりにあいまい、逆に、中国人、韓国人は自己評価がはっきりし過ぎ、ともいえる。

同じことを米国に対する評価に関する結果で見てみよう。

ここでは、同調査の米国の評価について、「その他」の比率をあいまい回答比率としてＸ軸にとり、プラス評価からマイナス評価を引いた値をプラス超過度としてY軸にとった相関図を作成した（図4－5）。

各国国民はプラス超過度が高いほど、あいまい回答比率が低いという右下がりの分布の傾向が認められるが、これはまあ当然のことであろう。むしろ興味深いのは、こうした傾向からの乖離度合いである。

韓国人と日本人は、プラス超過度ではほとんど差がないが、あいまい回答比率はまったく正反対となっており、日本人の回答は一般傾向から大きく乖離している。後に見る東アジアの共通性はここでは見られず、むしろ韓国対日本は両極となっている。儒教精神が韓国では物事をはっきりさせないと気が済まない方向に作用し、日本は、儒教道徳を韓国同様に受け入れたが、朱子学的論理精神は学ばなかったといえる。それだけに、日本人だけの特徴として目立つようになっている。「あいまいな日本」を欧米が批判すると、東アジアの隣接国も「そうだそうだ」ということになるのである。

先にも触れた林知己夫氏は、海外比較を含めた国民性調査の長い蓄積から、日本人らしさを表す「J－態度」の特徴として、以下の3点を挙げている（林知己夫『日本らしさの構造——こころと文化をはかる』東洋経済新報社、210頁）。

図4-5　米国を世界はどう見ているか（2013年）

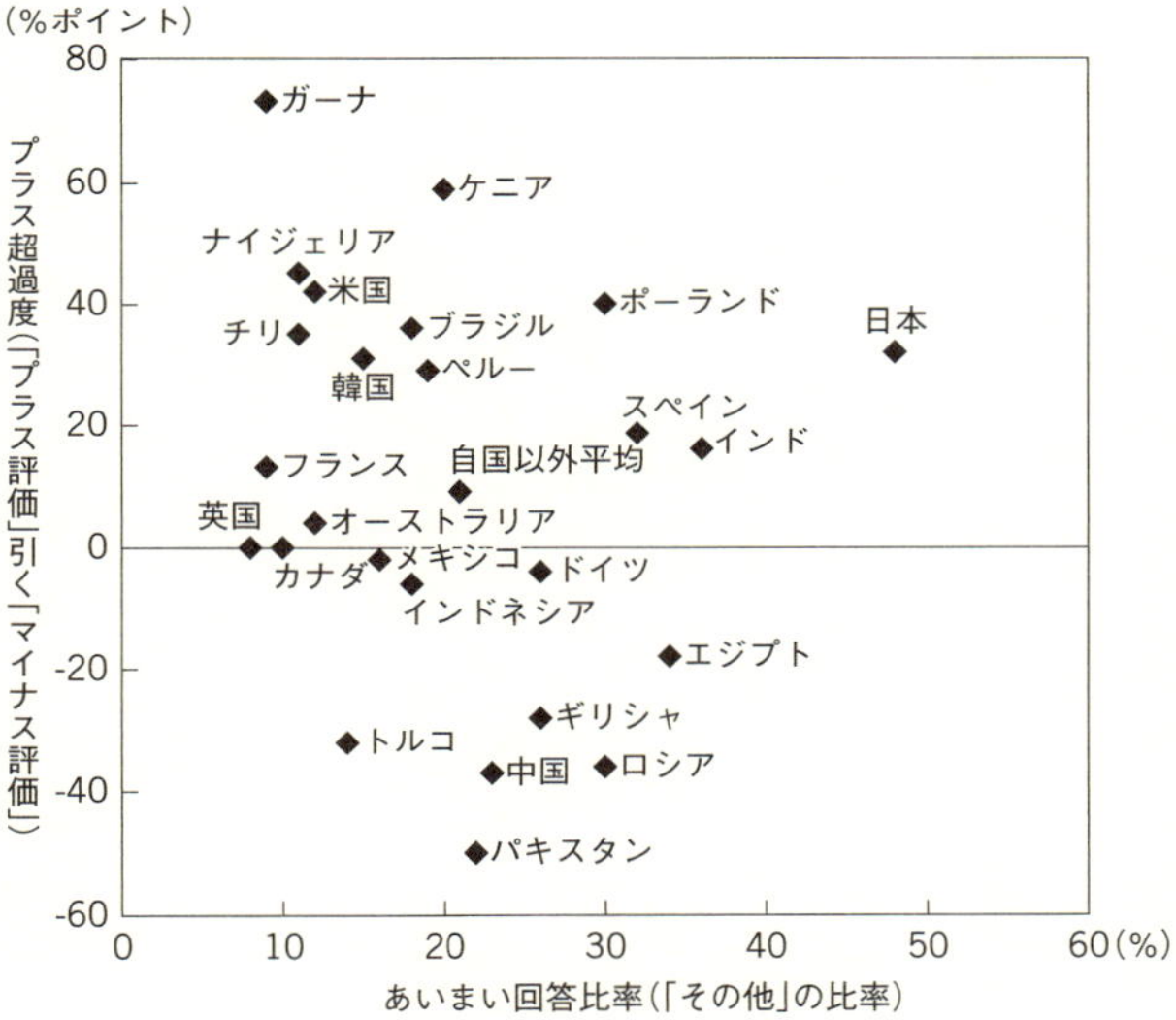
(%ポイント)
80
60
40
20
0
-20
-40
-60
プラス超過度(「プラス評価」引く「マイナス評価」)
ガーナ
ケニア
ナイジェリア
米国
チリ
ブラジル
ポーランド
日本
韓国
ペルー
スペイン
インド
フランス
自国以外平均
英国
オーストラリア
メキシコ
カナダ
ドイツ
インドネシア
エジプト
ギリシャ
トルコ
中国
ロシア
パキスタン
0
10
20
30
40
50
60(%)
あいまい回答比率(「その他」の比率)

（注）（資料）図4-2と同じ

①人間関係重視
②中間的回答の多いこと
③宗教を信じないが宗教的な心を大切にする

ここで、中間的回答とは、「非常によい」と「まあよい」なら、「まあよい」の方の回答、また「どちらともいえない」、「分からない」といった回答を指す。

そして、1953～1988年の継続調査において、新しい年次の方が「J－態度」的であり、また現時点では若い世代の方が「J－態度」的だと分析している。また、中間的回答については、以下のようなプラスの評価を与えている。

「私はこの中間的回答をする発想そのものは（中略）本居宣長のいう「漢心（からごころ）」なき素直な見方ができ、不確定状況の下でうまく対処することが無理なくできる長所であると思われる」（同書、215頁）

「中間的回答好みは国際化時代に適用しないから『はっきりものをいえ』という人がいるが、これは日本人が日本人でなくなることを意味する」（同書、217頁）

不確定でも、はっきりAかBかを表明しないと、次に進めないとする考え方と、確定していても、AかBかをはっきりさせない方が、世の中うまくいくという考え方は、それぞれにそれなりの有効性があるのではなかろうか。

日本人のあいまいさは、人間関係重視のなかで生じたものだと推定できる。明確な物言いで他人を傷つけない配慮が心の働きとして習慣化しているともいえるのである。これが日本社会の過ごしやすさを生んでいることも確かであろう。林知己夫氏はこうも言っている。

「日本人は『日本社会は人間関係が煩雑で高ストレス社会だ』などという、マスメディアの無根拠な報道を信じ込んでいるが、それはまったくの誤りである。むしろ、日本人の一見煩雑に見える人間関係のあり方が、人間のもつ攻撃性をやわらげ、人間同士の直接的な衝突を回避させることに役立っていると考えるべきである。」（林知己夫・櫻庭雅文『数字が明かす日本人の潜在力——50年間の国民性調査データが証明した真実』講談社、60頁）

第2章1節では、日本人の仕事のストレスは必ずしも大きくないことを示したが、それは、ストレス回避のため工夫されてきた日本独特の職場の慣習に裏づけられているからであろう。

2 日本人の倫理的態度の特徴
——死に対するもともとの許容度の高さ——

同性愛への許容度が高くなった日本人

この節では、前節でも引用した「世界価値観調査」の定番設問である倫理上の許容度に関する設問、すなわち、年金などの無資格請求、キセル、脱税、ワイロといった不正行為、あるいは同性愛、売春、中絶、離婚、安楽死、自殺といった性倫理や生命倫理の上から問題となる行為に対して、各国の国民が、どの程度厳しく考えているか、あるいは、どの程度許容しているかに関する設問への回答結果から、日本人の倫理的態度の特徴について探ってみよう。

なお、設問文は、日本の調査票の表現に従っている。2005年調査には新たに「家庭内暴力」の項目が加わったが、英語表現は“For a man to beat his wife”であり、国際的には「妻を叩く」に特定されている。

まず、わが国でもかなり認められるようになってきている同性愛に対する許容度について見てみよう（図4－6参照）。

図4-6 日本人の場合、同性愛を正しいとする者、間違っているとする者が相半ば

同性愛許容度の国際比較（52カ国、2005年頃）

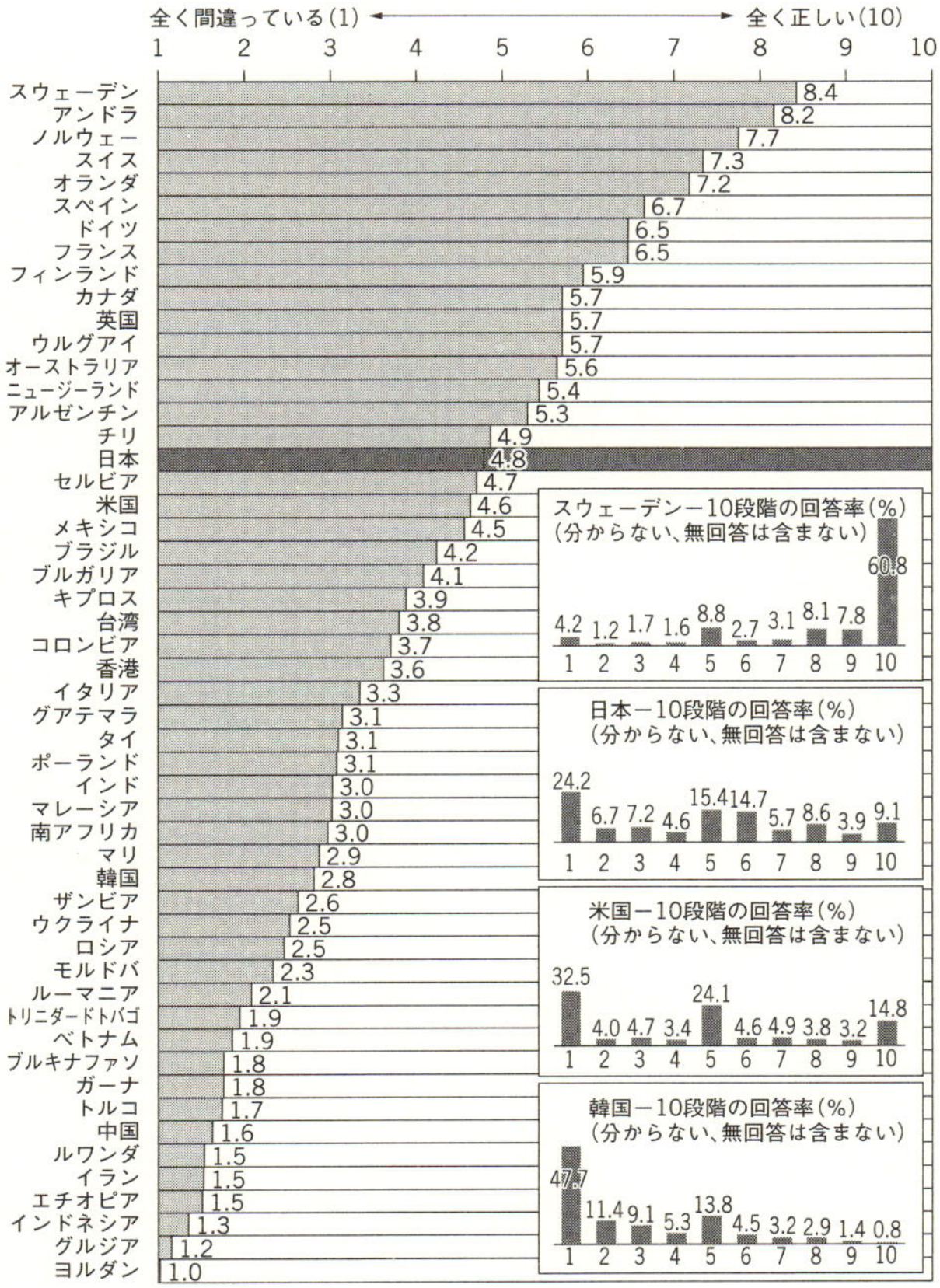
全く間違っている(1)
全く正しい(10)
1 2 3 4 5 6 7 8 9 10
スウェーデン 8.4
アンドラ 8.2
ノルウェー 7.7
スイス 7.3
オランダ 7.2
スペイン 6.7
ドイツ 6.5
フランス 6.5
フィンランド 5.9
カナダ 5.7
英国 5.7
ウルグアイ 5.7
オーストラリア 5.6
ニュージーランド 5.4
アルゼンチン 5.3
チリ 4.9
日本 4.8
セルビア 4.7
米国 4.6
メキシコ 4.5
ブラジル 4.2
ブルガリア 4.1
キプロス 3.9
台湾 3.8
コロンビア 3.7
香港 3.6
イタリア 3.3
グアテマラ 3.1
タイ 3.1
ポーランド 3.1
インド 3.0
マレーシア 3.0
南アフリカ 3.0
マリ 2.9
韓国 2.8
ザンビア 2.6
ウクライナ 2.5
ロシア 2.5
モルドバ 2.3
ルーマニア 2.1
トリニダードトバゴ 1.9
ベトナム 1.9
ブルキナファソ 1.8
ガーナ 1.8
トルコ 1.7
中国 1.6
ルワンダ 1.5
イラン 1.5
エチオピア 1.5
インドネシア 1.3
グルジア 1.2
ヨルダン 1.0
スウェーデン－10段階の回答率（%）
（分からない、無回答は含まない）
4.2 1.2 1.7 1.6 8.8 2.7 3.1 8.1 7.8 60.8
1 2 3 4 5 6 7 8 9 10
日本－10段階の回答率（%）
（分からない、無回答は含まない）
24.2 6.7 7.2 4.6 15.4 14.7 5.7 8.6 3.9 9.1
1 2 3 4 5 6 7 8 9 10
米国－10段階の回答率（%）
（分からない、無回答は含まない）
32.5 4.0 4.7 3.4 24.1 4.6 4.9 3.8 3.2 14.8
1 2 3 4 5 6 7 8 9 10
韓国－10段階の回答率（%）
（分からない、無回答は含まない）
47.7 11.4 9.1 5.3 13.8 4.5 3.2 2.9 1.4 0.8
1 2 3 4 5 6 7 8 9 10

（注）各国の全国成人男女1,000サンプル程度の回収を基本とした意識調査の結果。「全く間違っている」（1）から「全く正しい」（10）までの10段階評価の平均点である。
（資料）世界価値観調査（World Values Survey）
サイト（http://www.worldvaluessurvey.org/）

「全く間違っている（認められない）」から「全く正しい（認める）」までの10段階評価から平均点を算出し、この結果をグラフ化した。これをみると、日本人は、同性愛に関して4・8点とほぼ中程度の許容度、順位では52カ国中17位となっている（倫理的許容度に関する設問の回答国数は55か国であるが、同性愛など特定の項目は調査していない国もあるので、国数は全参加国数より少ない場合がある）。

同性愛への許容度の最も高い国はスウェーデンであり、アンドラ、ノルウェー、スイス、オランダがこれに続いている。許容度が最も低い国はヨルダンであり、許容度1、すなわち、全員が1（全く間違っている）と回答している。

概して、許容度の高い順に、プロテスタント系ヨーロッパ→カトリック系ヨーロッパ→中南米・アジア→イスラム圏となっているようである。米国は19位と日本を下回っており、それほど許容度が高くない。これは、保守的なキリスト教の影響およびヒスパニック系人口の影響であろう。

実際の回答分布を見てみると、スウェーデンでは、「全く正しい」（10）と答えた者が60・8％と6割を占めており、「全く間違っている」（1）は4・2％である。日本は、「全く間違っている」（1）が24・2％と最も多いが、「全く正しい」（10）も9・1％おり、5〜6番と答えた者も結構いる。米国は、平均点では日本に近くなっているが、回答分布を見ると「全く間違っている」

（1）と「全く正しい」（10）がそれぞれ32・5％、14・8％と両方とも日本より多くなっており、国論が2分されている状況がうかがえる。韓国では、「全く間違っている」（1）が47・7％と半数近くおり、「全く正しい」（10）は0・8％とかなり少数派である。

倫理的態度の国際比較

図4－7は、同性愛の他、ワイロ、脱税といった不正がほぼ認知されている事項や安楽死、離婚、自殺など論議を呼んでいる事項などの全11設問について、許容度最小国と許容度最大国の幅を示している（日本の許容度は中間の縦線で示している）。

表4－2に見る通り、同性愛は最大国と最小国の許容度の幅が7・41と離婚や妊娠中絶を上回って大きい。同性愛ほど国によって見方が分かれている倫理項目はないと言ってもよいのである。

日本の位置を見てみると、どの国でも当然よくないと思われている不正行為のA～Dについては、間違っていると答える人が多くなっている点が、まず気がつく、目立った特徴だといえる。日本人は世界の中でもルールを守る遵法精神の高い国民だといえよう。

2013年のNHK大河ドラマ「八重の桜」は、主人公新島八重の精神的なよりどころとし

図4-7 ならぬものはならぬ、しかし性倫理・生命倫理の許容度は西欧に近づく日本人

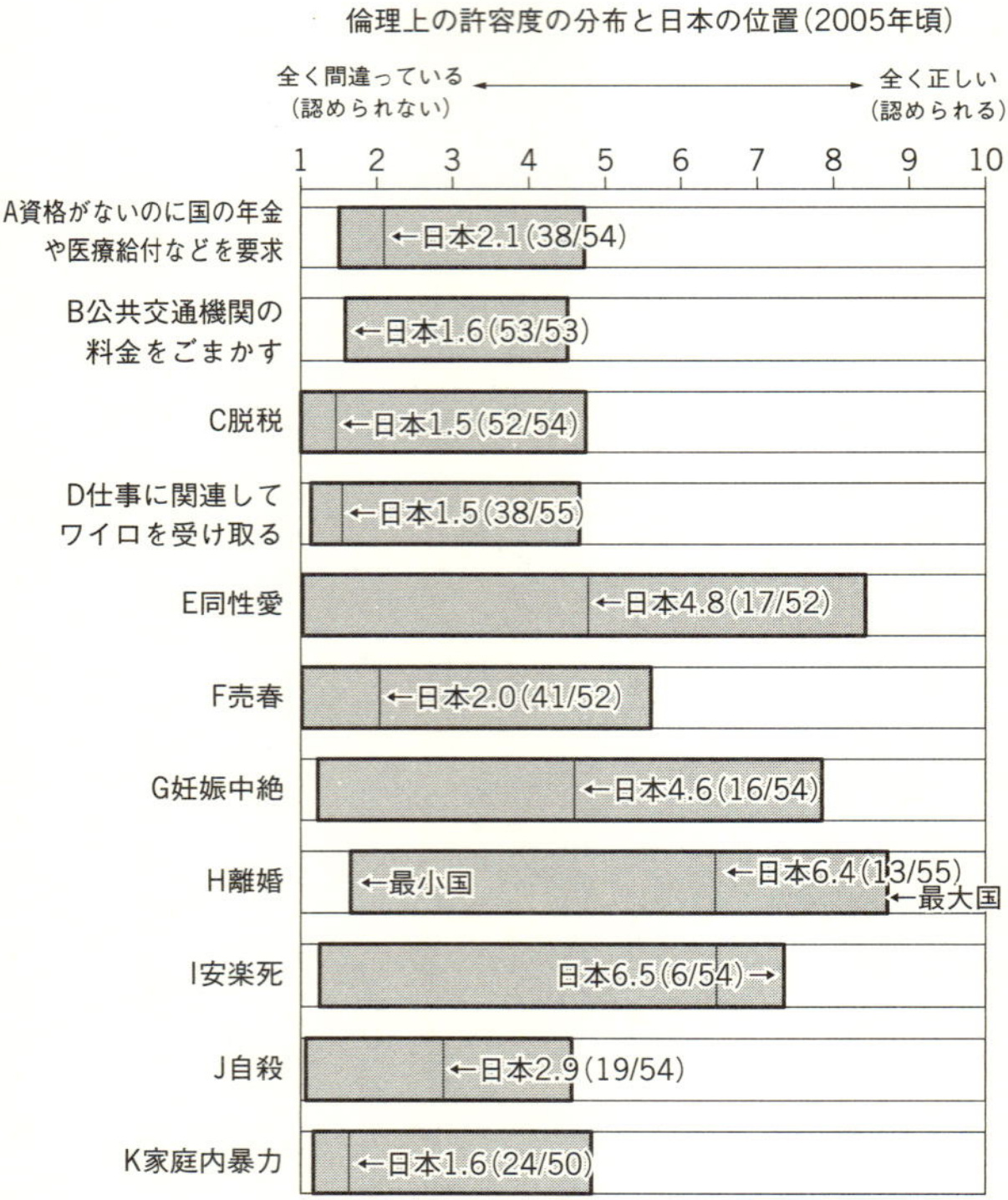
倫理上の許容度の分布と日本の位置(2005年頃)
全く間違っている(認められない)
全く正しい(認められる)
1 2 3 4 5 6 7 8 9 10
A資格がないのに国の年金や医療給付などを要求
←日本2.1(38/54)
B公共交通機関の料金をごまかす
←日本1.6(53/53)
C脱税
←日本1.5(52/54)
D仕事に関連してワイロを受け取る
←日本1.5(38/55)
E同性愛
←日本4.8(17/52)
F売春
←日本2.0(41/52)
G妊娠中絶
←日本4.6(16/54)
H離婚
←最小国
←日本6.4(13/55)
←最大国
I安楽死
日本6.5(6/54)→
J自殺
←日本2.9(19/54)
K家庭内暴力
←日本1.6(24/50)

（注）（資料）図4-6と同じ。

表4-2 倫理上の許容度：国による幅と日本の位置（2005年頃）

	日本の許容度	最小許容国	許容度	最大許容国	許容度	最大と最小の幅
A 資格がないのに国の年金や医療給付などを要求	2.09	オランダ	1.50	セルビア	4.73	3.23
B 公共交通機関の料金をごまかす	1.58	日本	1.58	セルビア	4.50	2.92
C 脱税	1.46	ガーナ	1.00	セルビア	4.74	3.74
D 仕事に関連してワイロを受け取る	1.54	ヨルダン	1.13	セルビア	4.66	3.53
E 同性愛	4.77	ヨルダン	1.02	スウェーデン	8.43	7.41
F 売春	2.03	ヨルダン	1.01	アンドラ	5.61	4.59
G 妊娠中絶	4.59	ヨルダン	1.22	スウェーデン	7.85	6.63
H 離婚	6.45	イラク	1.65	アンドラ	8.72	7.06
I 安楽死	6.47	ヨルダン	1.24	アンドラ	7.35	6.11
J 自殺	2.88	ヨルダン	1.06	スイス	4.56	3.49
K 家庭内暴力	1.63	カナダ	1.16	マリ	4.82	3.65

（注）（資料）図4-6と同じ。

て、会津藩における幼年者の「什の掟」の最後の一節「ならぬことはならぬものです」を取り上げている。世界的に見ると、日本人は会津藩的なのである。

次に目立つのは、世界的に許容すべきかどうか意見が分かれるE～Kの項目について、「F売春」、「K家庭内暴力」を除いて、A～Dと異なり、日本人は全体としてどちらかというと許容度の高い部類に属する点である。許容度の高さのポジティブな面を寛容と呼ぶならば、日本人は先進国の国民ならではの寛容精神が見られるといってもよい。

それでは、こうした日本人の倫理的許容度のパターンは、欧米諸国やアジア諸国と比較してどのように位置づけられるであろうか。図4－8は、各項目の許容度の順位で各国を比較したグラフである。絶対的な許容度ではなく、図4－7における許容度の最大国と最小国の幅の中の相対的な許容度を示している点に留意が必要である。

日本の2005年の順位について、許容度の小さい項目から大きい項目へと並べてみると、「B公共交通機関の料金をごまかす」から「I安楽死」まで、国際比較における日本の倫理的態度には大きな幅があることがうかがえる。

欧米のフランス、ドイツ、米国は、概していずれの項目も許容度が高く（「K家庭内暴力」は例外）、脱税、ワイロなどの不法行為まで含めて倫理的な寛容さ（悪くいえばいい加減さ）が特

図4-8 倫理的態度の国際比較（2005年）

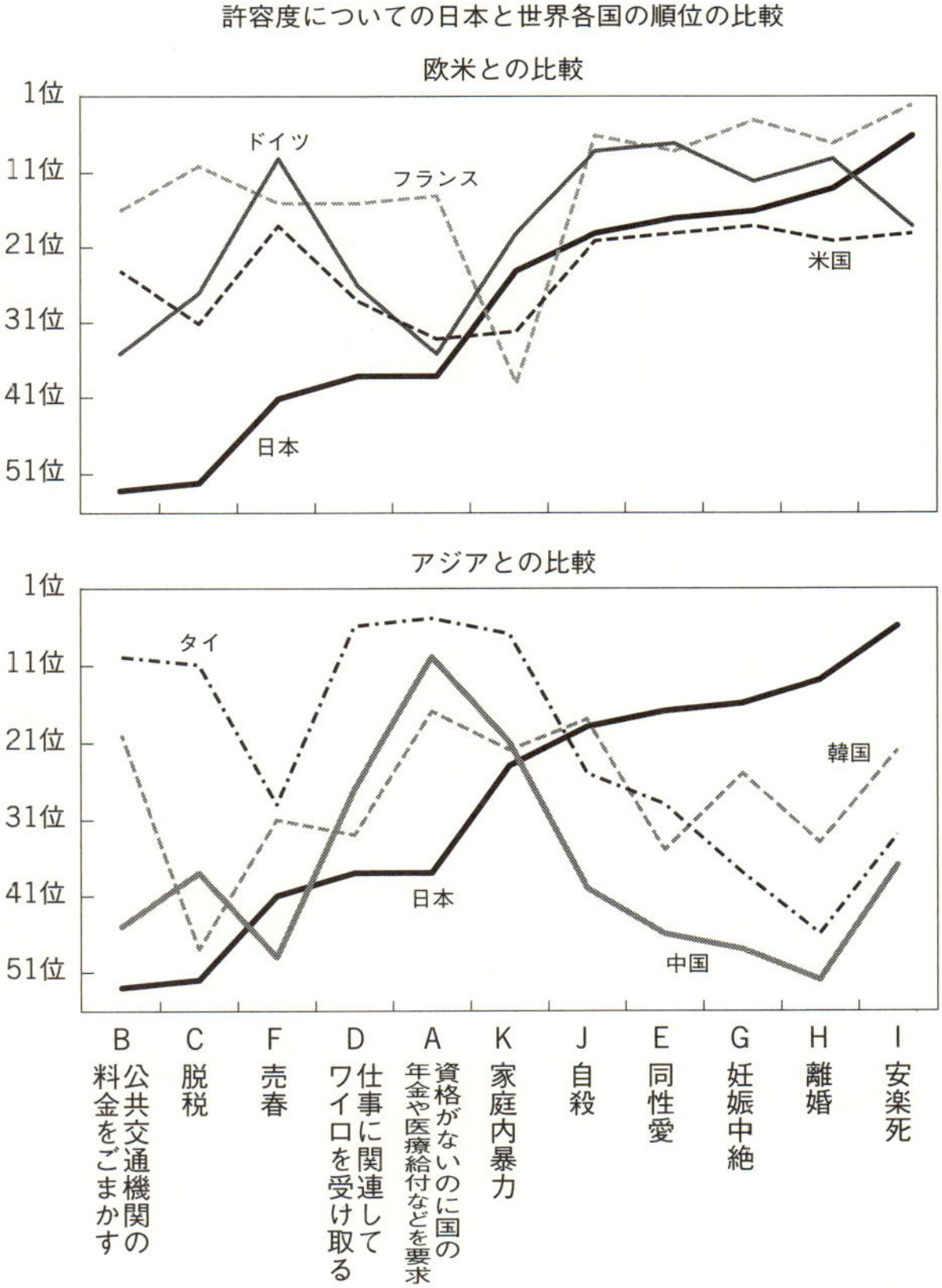
許容度についての日本と世界各国の順位の比較
欧米との比較
1位
11位
21位
31位
41位
51位
ドイツ
フランス
米国
日本
アジアとの比較
タイ
韓国
日本
中国
B 公共交通機関の料金をごまかす
C 脱税
F 売春
D 仕事に関連してワイロを受け取る
A 資格がないのに国の年金や医療給付などを要求
K 家庭内暴力
J 自殺
E 同性愛
G 妊娠中絶
H 離婚
I 安楽死

（注）（資料）図4-6と同じ。

徴となっている。米国は、ドイツ、フランスと比較して許容度がやや小さいが、これは、前の同性愛の許容度の分析で見たように、キリスト教保守主義の影響によるものであろう。

次に、アジア諸国は、不法行為についてはは国によりバラツキが大きく、日本ほど「ダメなものはダメ」とはしていない。一方、「J自殺」、「E同性愛」、「G妊娠中絶」、「H離婚」、「I安楽死」の性倫理・生命倫理上の項目については概して許容度が低い点が目立っており、また「K家庭内暴力」については逆に許容度が大きくなっている。

結論として、欧米諸国やアジア諸国との比較における日本人の特徴としては、第一に、「不法行為に対して潔癖」、第二に、「性倫理、生命倫理の上からは許容度の低いアジア的価値観から許容度の大きい西欧的価値観に大きくシフト」という2点が挙げられよう。

日本人の独特な死生観

こうした倫理的態度における日本人の特徴は、もともとの特徴なのか、あるいは最近になって西欧的価値観に影響されて身につけるに至った特徴なのかが次に解明されるべきであろう。

このため、世界における日本人の倫理的態度の特徴を許容度の高さの順位とその時系列変化から探った図4－9を示した。

図4-9　許容度の高い日本人の死生観

日本人の倫理的許容度の高さの世界順位の推移

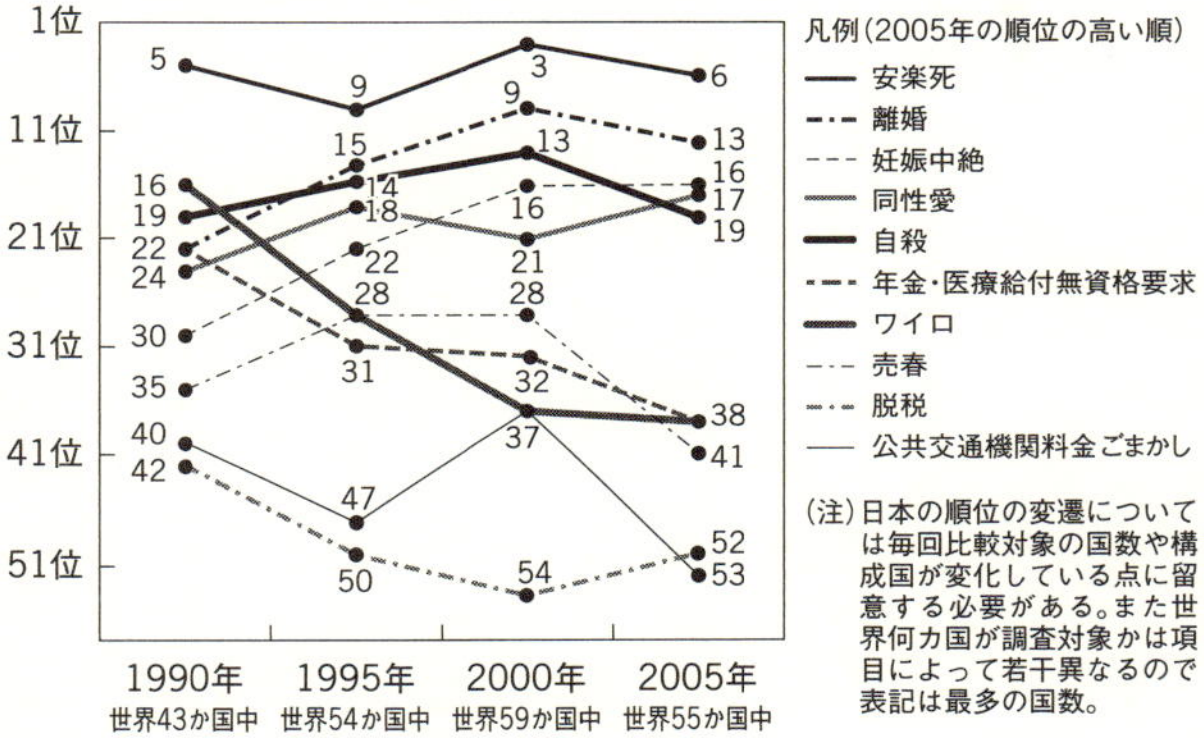
1位
11位
21位
31位
41位
51位
5
9
3
6
9
13
15
13
16
14
17
19
16
19
18
16
22
22
21
24
28
28
30
31
32
35
38
37
40
41
42
47
52
50
54
53
1990年
世界43か国中
1995年
世界54か国中
2000年
世界59か国中
2005年
世界55か国中
凡例(2005年の順位の高い順)
安楽死
離婚
妊娠中絶
同性愛
自殺
年金・医療給付無資格要求
ワイロ
売春
脱税
公共交通機関料金ごまかし
(注)日本の順位の変遷については毎回比較対象の国数や構成国が変化している点に留意する必要がある。また世界何カ国が調査対象かは項目によって若干異なるので表記は最多の国数。

(参考)実際の許容度の推移

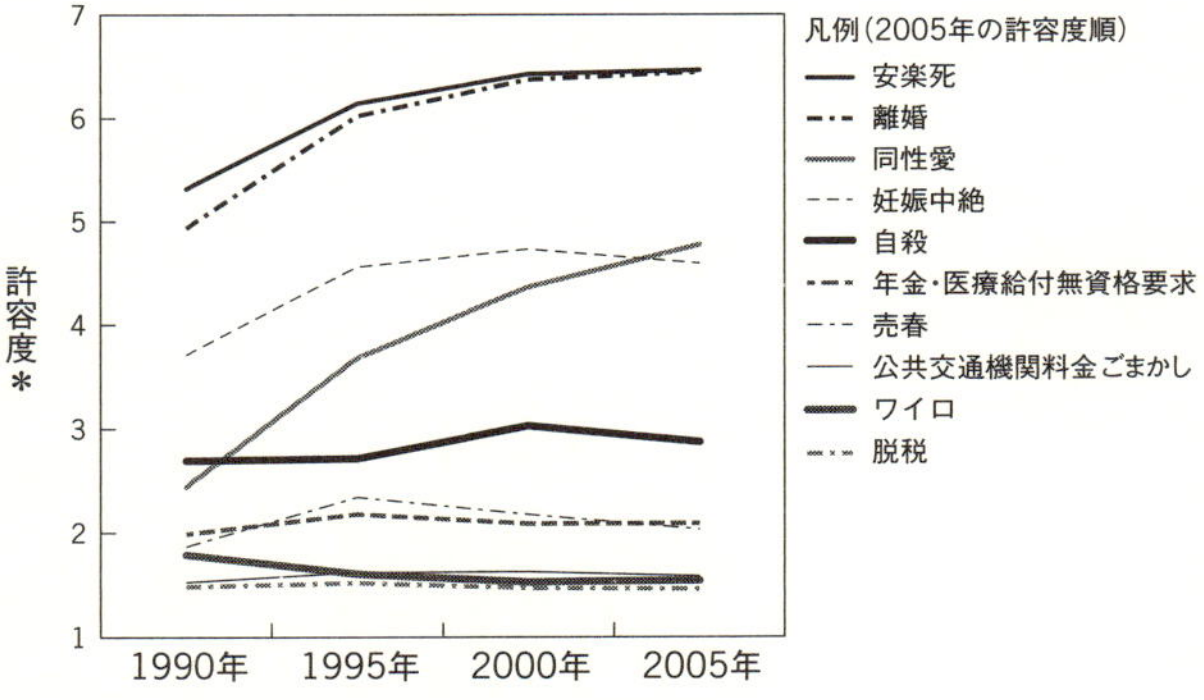
7
6
5
4
3
2
1
許容度*
1990年
1995年
2000年
2005年
凡例(2005年の許容度順)
安楽死
離婚
同性愛
妊娠中絶
自殺
年金・医療給付無資格要求
売春
公共交通機関料金ごまかし
ワイロ
脱税

＊許容度(1：全く間違っている～10：全く正しい)

(資料) 図4-6と同じ。

まず、参考に掲げた「実際の許容度の推移」から見てみよう。安楽死、離婚、同性愛など許容度の高い項目については、近年、許容度が上昇してきていることが見てとれる。特に、前にも掲げた同性愛への許容度については上昇が著しい。他方、許容度の低い項目はほぼ横ばいであり、許容度そのものに大きな変化はない。

しかし、こうした傾向は世界全体で進んでいる可能性がある。日本はただ世界全体の傾向をなぞっているだけかも知れない。また、世界全体がどちらかの方向に変化しているのに日本だけ不変であれば、それも日本の特徴ということになる。そこで、日本人の特徴を探るためには許容度に関する日本の順位にも着眼する必要がある。

順位の高さと順位の変化を総合的に見て、各項目を虚心坦懐に分類すると、以下のようになろう。

①もともと許容度が高かった項目

・安楽死

・自殺

②許容度が高まった項目

・離婚
・妊娠中絶
・同性愛
③許容度が高かったが今は低くなった項目
・ワイロ
・年金・医療給付無資格要求
④もともと許容度が低かったが今はさらに低くなった項目
・公共交通機関料金ごまかし
・脱税
⑤その他
・売春

結果としては、各々の分類には同種のジャンルの項目が当てはまっていることが分かる。

①死の選択に対するもともとの許容度の高さ

②性と関連する項目の許容度の上昇
③コンプライアンス意識の向上
④国家的な規則を遵守する精神の高さ

すなわち、国際比較上、①〜④が日本人の倫理的態度の特徴だということができる。2005年時点では①〜②は世界の中で日本人の許容度の高い倫理項目、③〜④は低い倫理項目であるが、1990年時点では二つに大きく分かれておらず、順位もかなり異なっていた。

性と関連する倫理（②）については、順位が上昇し、世界の中でも許容度が高くなった点が目立っている。これらが西欧で許容度の高い項目であることから、個人の自由や女性の権利を最大限認めようとする西欧的倫理観に接近してきているという点自体が、日本人の特徴であるといえよう。1990年頃には、まだ、日本は、これらに関して2005年時点のアジア諸国と同様の厳しい許容レベルにあったのである。

「ならぬものはならぬ」という日本人が持つ会津精神は、国家的な規則についてはもともと強く（悪くいえば「お上意識」が強く）、一方、民間的なコンプライアンスに関しては最近になって日本人の特徴として目立つようになっている（③と④、あるいは⑤）。本当に必要な者に生活保護を受けさせるためには、ある程度、生活保護給付の不正受給が増えるのは仕方がないとは分かっていても、やはり、不正受給は許せないと感じてしまう日本人の習性をここに見ることもできよう。

自分たちはそうなのだという自覚という点で他の項目と違って意外ともいえるのが、死の選択への許容度のもともとの高さ（①）であろう。安楽死や自殺に対しては西欧諸国も許容度が高いが、これは個人の自由を認める立場からといえる。性と関連する倫理と同様に、最近になって許容度順位が上がったのなら、西欧的な倫理観に影響されて高まったともいえようが、もともと順位が高かったということは、西欧的倫理観とは別の日本固有の倫理観から許容度が高いということを意味している。死刑を廃止するという機運が日本では盛り上がらないのも同じ倫理観からであろう。こうした特徴には、仏教に基づく無常観、自死を潔しとしていた武士の伝統などの日本の文化的背景を想定せざるをえない。

日本人の自殺率はもともと高く、中高年男性を別にして、全体としては最近上昇しているわけではないということを第2章4節に示した。ここで示した自殺に対する日本人のもともとの許容度の高さがこれを裏づけているといえる。２０００年から２００５年にかけての自殺に対する許容度の値と順位の低下は、１９９８年以降、自殺者3万人台が続くという事態に対し、自殺問題が社会的に大きくクローズアップされて自殺抑制へ向け国民意識が変化したためだと考えられる。

日本における自殺率の高さに関して、WHO（世界保健機関）精神保健部ホセ・ベルトロテ博士はこう言っている。

「日本では、自殺が文化の一部になっているように見える。直接の原因は過労や失業、倒産、いじめなどだが、自殺によって自身の名誉を守る、責任を取る、といった倫理規範として自殺がとらえられている。これは他のアジア諸国やキューバでもみられる傾向だ」（毎日新聞2004年10月2日）

これは、当の国の人間ではかえって気づきにくい見方かと思われる。

ただ、くれぐれも誤解しないでほしい。最近増えたものではないからといって、減らす努力を弛めてもよいと主張しているわけではない。対症療法的な対策に加えて、自殺をもっぱら社会や職場の環境悪化のせいにするのではなく、日本人の歴史文化に根ざしている国民性を改善する根本治療も必要だ、ということを統計データが語っていると言いたいのである。少なくとも、日本人が死に関連して許容度の大きい独特な見方を持っているということだけには、もっと、自覚的であった方がよいと思う。

3 熱血先生だから言うことを聞く？
――教育現場に残る儒教の影――

前節までに触れた日本人の謙虚さやあいまいな態度、あるいは独特な死生観などについては、読者の予想の範囲内だったかもしれないが、次に、私自身、データを見るまでは想定もできなかった日本人の精神的態度の別の特徴について見てみよう。日本人といっても、ここで取り上げるのは高校生である。日本の高校生は諸外国の高校生と、どのようなところが違っているのかを見てみよう。

ＯＥＣＤ（経済協力開発機構）のＰＩＳＡ（生徒の学習到達度）調査では、3年ごとに各国比較可能な学力テストを行っており、その結果は世界各国で大きな関心を呼び、日本でもまた例外ではない。同調査では、学力と就学上の状況との関係を調べるため、さまざまな学校生活や生徒の状況について、直接、生徒に聞く調査を並行実施している。

読書に関しては、生徒の読解力と読書比率（勉学でなく楽しみで読書している生徒の比率）との関係を調べ、両者には相関があるとの結論を出している。また両者の関係を詳しく分析し、少ない時間でも毎日読書を楽しんだ方が、一日に何時間も読書するより、読解力に差が出ることを突き止め、毎日の読書へ向かわせることを各国の政策担当者に勧めている。

　ここでは、この設問を調査した39の国と地域について、読書する生徒の比率を男女別に掲げた（図4－10）。

　男女計では、読書率は、最高は上海（中国）の92・0％から、最低はオーストリアの50・0％まで幅が広い。日本は55・8％で34位と下から6番目である。決して読書好きな国とはいえない。読書以外にスポーツ、テレビ、ゲームなど遊びや楽しみの機会が多いからだと思われる。読書率の高い国を見ると、上から上海、インドネシア、ギリシャ、ロシア、ブラジル、トルコ、メキシコと、途上国やそれに近い国が並んでおり、また、下にはオーストリア、オランダ、ルクセンブルクと、先進国が並んでいることからも、この点は裏づけられよう。

　ここで着目したいのは、読書率の男女差である。

　いずれの国でも女子が男子を上回っている。世界的に読書が女子生徒に人気が高いことが分かる。女子は読書、男子はスポーツというのがだいたいの相場なのであろう。

　ところが、経済発展度とも関係した読書率の高低とは無関係に、男女差の小さい点で目立っている国がいくつかある。上海、韓国、日本である。華僑の影響があるインドネシアも、この3カ国に次いで男女差が小さい。これは明らかに男子の読書を重んじる儒教の伝統が影響していると

図4-10　男子生徒も読書する儒教国

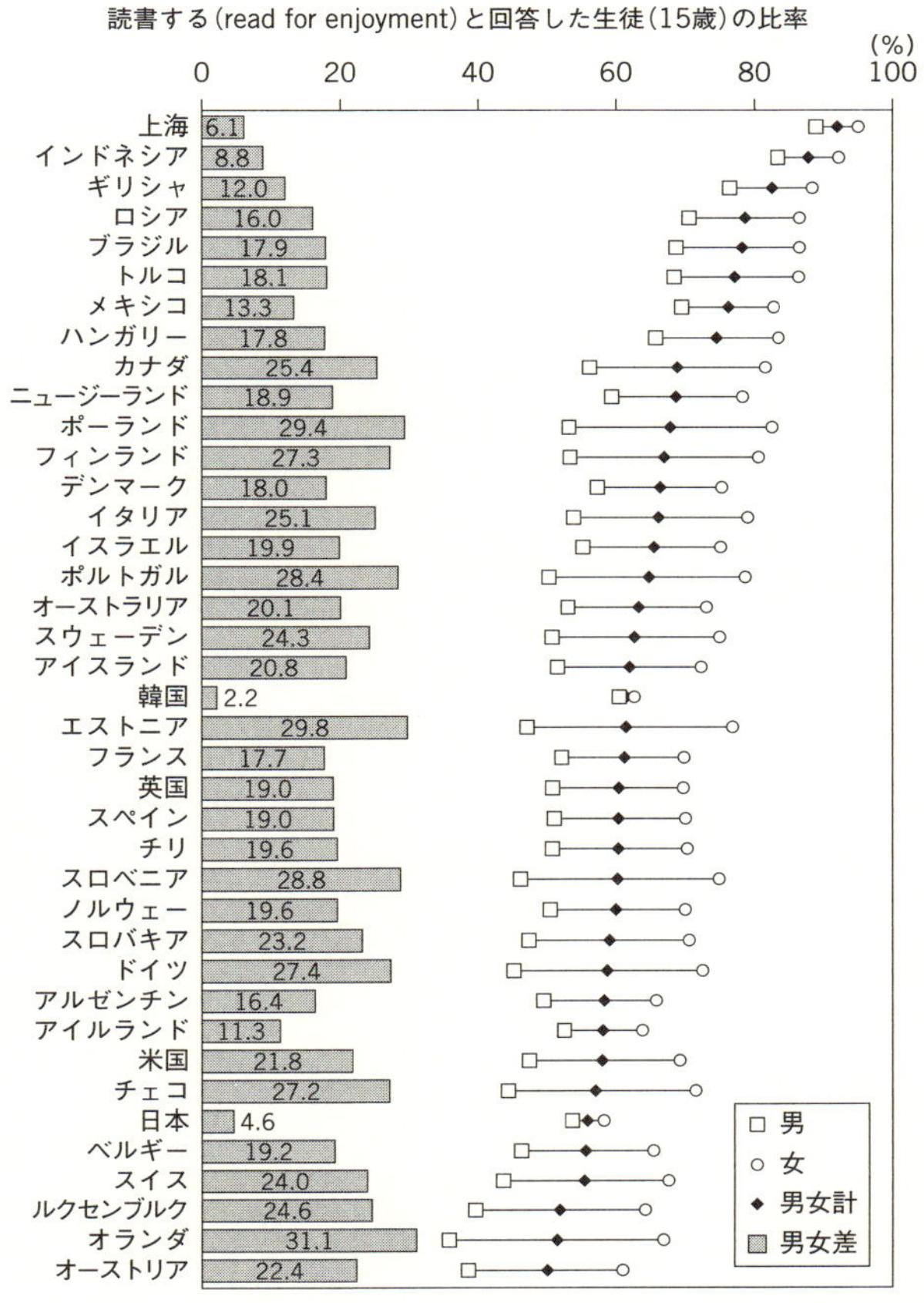
読書する（read for enjoyment）と回答した生徒（15歳）の比率
（%）
0
20
40
60
80
100
上海 6.1
インドネシア 8.8
ギリシャ 12.0
ロシア 16.0
ブラジル 17.9
トルコ 18.1
メキシコ 13.3
ハンガリー 17.8
カナダ 25.4
ニュージーランド 18.9
ポーランド 29.4
フィンランド 27.3
デンマーク 18.0
イタリア 25.1
イスラエル 19.9
ポルトガル 28.4
オーストラリア 20.1
スウェーデン 24.3
アイスランド 20.8
韓国 2.2
エストニア 29.8
フランス 17.7
英国 19.0
スペイン 19.0
チリ 19.6
スロベニア 28.8
ノルウェー 19.6
スロバキア 23.2
ドイツ 27.4
アルゼンチン 16.4
アイルランド 11.3
米国 21.8
チェコ 27.2
日本 4.6
ベルギー 19.2
スイス 24.0
ルクセンブルク 24.6
オランダ 31.1
オーストリア 22.4
□ 男
○ 女
◆ 男女計
▨ 男女差

（注）PISA2009による。OECD34カ国、OECD以外4カ国1市の結果を男女計の比率の高い順に並べた。

（資料）OECD, Education at a Glance 2011

考えられる。儒教文化圏では伝統的に読書階級の社会的地位が高かったのである。

ＰＩＳＡ調査では、学級秩序（Disciplinary climate during lessons）や師弟関係（Teacher-student relations）についても、生徒に直接聞く設問を設定している。ここでは、それぞれについての代表的な設問の結果をX軸、Y軸にとった相関図を描いた（図4－11）。

学校教育において、学級崩壊、授業崩壊などが問題となっているが、日本は世界と比べて、そのような状況がどの程度進んでいるのであろうか。41カ国の国際比較の結果では、実は、日本の学校では学級秩序が世界の中で最も保たれている国となっている。Y軸の値を見てほしい。ここには「生徒が教師の言うことを聞いていない」かどうかについて、プラスの評価を示すこれへの否定の割合を示している。この指標で見る限り、日本はタイや韓国を上回っており、生徒が最も先生に従順な国なのである。

次に、師弟関係については、「多くの先生は実際に私の言いたいことを聞いてくれる」という設問に対する肯定的な回答の比率をX軸に掲げた。学級秩序では世界トップであった日本であるが、師弟関係の緊密度のランクは41カ国中下から10番目と低水準である。金八先生は日本ではそう多くないのだ。多くないからドラマの題材となるわけである。

さらに興味深いことは、両者の関係である。一般的には、学級秩序と師弟関係（緊密度）は比

図4-11　熱血先生ほど言うことを聞く傾向、ただし儒教国は例外

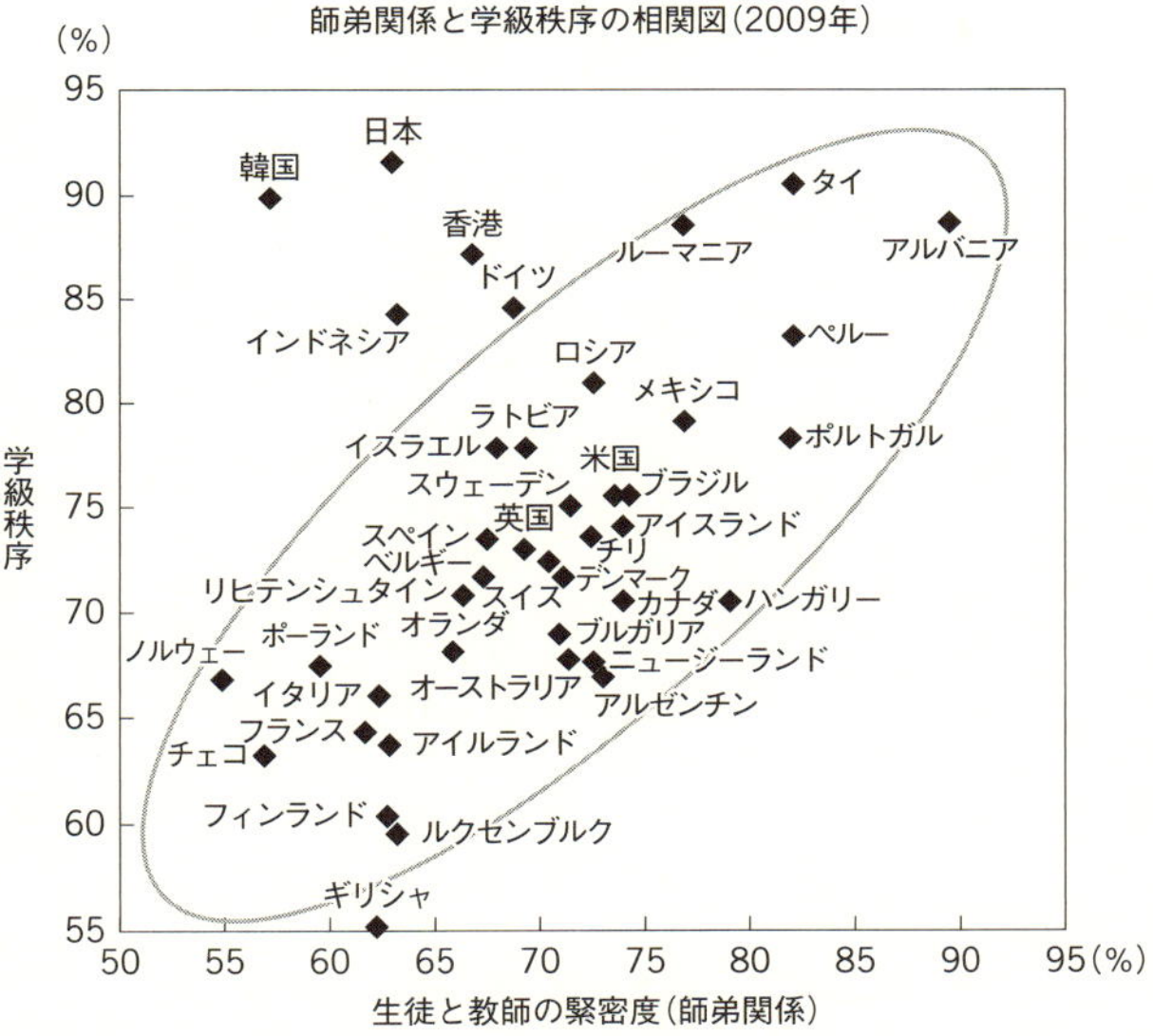

（注）学級秩序は「生徒が教師の言うことを聞いていない」という設問に否定的な生徒（15歳、日本では高校1年）の割合、生徒と教師の緊密度は「多くの先生は実際に私の言いたいことを聞いてくれる」という設問に肯定的な生徒の割合である。
（資料）OECD, PISA at a Glance

例しており、途上国ほど学級秩序は保たれ、生徒と教師の関係は緊密であることが分かる。逆に先進国では、両方ともダメである。先生が一生懸命なら生徒も真剣に先生の言うことを聞くし、逆なら逆という関係になっている。すなわち、熱血先生ほど生徒は言うことを聞くのである。

こうした正の相関関係から左上方向に外れているのが、日本、韓国、香港、インドネシアといったアジアの国々である。ドイツも実はこのアジア・グループに近い。そしてこれらの国々のうち、日本、韓国、香港は、世界の中でも学力がかなり高いグループなのである（なお、上海ではこの問いを実施しておらず、香港では読書の方の調査を実施していない）。

日本だけが特殊ではないことが分かる。おそらく、儒教精神が残っている国では、生徒と先生の間には一定程度の距離がある方が、かえって授業の緊張関係を保てる面があり、師弟関係の緊密度・希薄度を論評して、単純に、良い悪いとはいえないのである。

そもそも儒教国で、教育が重視されてきたのは、社会の秩序を好ましい形で形成するには、子どもに対して、無邪気なままでは必ずしも悪の道から遠ざけられないので、積極的に、礼儀や道徳を教え、文化的な人間に育て上げる必要があるという考え方からである。知識教育や実務教育の方がむしろ副次的だとさえ考えられたのである。

宋代の大儒家、朱子が編んだ「小学」という子ども向けの教科書では、礼（社会的マナー）を学ぶための日常の作法として、家の内外を掃除することや外出にあたっては行き先を告げ、帰宅報告を必ずすることなどを細かく記述している。「今日、小・中・高校において生徒が義務として掃除をするのは、おそらく儒教文化圏における学校のみではなかろうか」（加地伸行『儒教とは何か』中公新書、２３５頁）

儒教圏では、教育の位置づけと同じように、師弟関係のあり方にも他の文化圏と異なる独特なものがある。参照すべき師弟関係の姿は、論語にまで遡る。「一を聞いて十を知る」ことで名高い弟子の顔回について、孔子は、こう言っている。

「子曰く、自分は顔回と会って話すが、一日中はいはいとばかり言っているから馬鹿かなと思う。併し退出してから独りでいる時の様子を見ていると、ちゃんと此方の言ったことを理解していたことがわかる。どうしてあれは馬鹿どころではない」（宮崎市定『論語の新研究』訳解編為政第2、全集版、岩波書店、１９９頁）

こんなエピソードで示されるような、師弟のあり方に関する達観した見方は、儒教国以外では、とても考えつかないのではなかろうか。

以上のように、読書率の男女差、さらには、学級秩序と師弟関係の相関という学校生活におけるかなり異なった二つの側面において、世界の国々の中で、東アジア儒教国ならではの特徴が認められる。政治体制の違い、経済発展の段階差を超えて、こうした共通項が存在している点に、儒教文化の根強さを見て取ることができよう。

日本は、明治維新以後、長く欧米文化の影響を受け続け、特に第二次世界大戦の敗戦ショックを契機に戦前の道徳教育から、180度脱したはずであるのに、儒教の影響が残っているなどというのは何かの間違いではないかと疑う向きもあろう。しかし、長い間に染みついた考え方が親から子へと受け継がれている側面とともに、以上で見てきた通り、民主主義教育が徹底されたはずの学校教育においても、儒教文化の影響がなお根強いという側面も無視できないのではないかと思われる。

戦後日本の学校教育は、脱道徳教育と個人主義の確立を目指してきたと思われており、保守政治家たちもそうした方向が行き過ぎていると批判している。しかし、統計データの分析によれば、以上のように、少なくとも学校生活の局面においては、実際上、儒教精神を色濃く残していることは確かである。そこから類推すると、人格形成における学校教育の影響は大きいと見なさざるをえない以上、男女関係、家族関係、年功序列など社会関係一般において、東アジア儒教国共通の伝統的意識の影響はなお根強いのではないかと想像される。

ここで、伝統的意識の影響が根強いといった場合、それは、単純に旧来の考え方に基づく社会システムが残っているということではなく、次節に見るように、家族関係や男女関係は、法律的にも実質的にも近代化されたのに対して、意識だけはそれに追いついていない場合があるという

表4-3　論語におけるキーワード頻度

仁		97回
礼		75回
信		38回
孝		18回
忠	真心の意	15回
	君に対する忠の意	3回

（資料）宮崎市定「論語の新しい読み方」

ことを意味している。

しかし、男尊女卑や権威主義、形式主義といった儒教道徳のマイナス面だけに目を奪われて、儒教精神やその影響で形成された日本人の精神構造をすべて放棄するのは得策ではないだろう。儒教は、もともとは、やられたらやり返せといったパターンの獣のような暮らしにうんざりしてきていた古代人に人間としての生き方を指し示した、仏教と並ぶ、古代アジアの二大思想の一つであった。

宮崎市定『論語の新しい読み方』によれば、論語におけるキーワード頻度からもうかがえるように（表4－3）、孔子は「仁・礼・信」を基本にしていたことは明らかである。忠についても君に対する忠ではなく、「特定の知人に対して誠実なること」を意味している場合が多かった。

ところが、その後、儒教が人民統治に必要な思想として活用され、権力者の都合の良いように「仁・礼・信」よりむしろ「忠・孝」が上位に置かれるに至った。すなわち政権に忠誠を尽くし、それ以外ではもっぱら親孝行をして余計なことは考えるなというわけである。こんな形で後世に悪用が進んだため、その反動から無闇に儒教からの脱却が図られるようになったに過ぎないのである。

歪められた儒教道徳に縛られず、儒教道徳のそもそもの由来に立ち返れば、男子が読書に親しみ、友のように親しく接していなくても師は師として敬うという儒教文化や、人間同士が心と形の両面から相互に尊重して付き合っていくという「礼」を重視した行動様式のなかに、むしろ、東アジアから世界へ向けての貢献の可能性を見ることもできよう。

4　女は女に生まれたい
――「おとこ社会」の虚妄に囚われているのは男だけ――

生まれ変わるとすれば男？　女？

長期的な日本人の意識変化を見ることができる継続的な意識調査としては、以下の三つが貴重である。

①「世論調査」（内閣府）戦後すぐから毎年、継続設問は一部
②「日本人の国民性調査」（統計数理研究所）１９５３年以来５年ごと
③「日本人の意識」調査（ＮＨＫ放送文化研究所）１９７３年以来５年ごと

ここでは、②が１９５８年以来調べている「生まれ変わるとしたら男がいいか女がいいか」という設問への回答結果の長期推移を追った（図４－12）。

回答結果は男女で著しく異なっている。すなわち、男性は「無変化」、女性は「大変化」であ

る。男性は一貫して同じ男に生まれてきたいとする者が9割程度を占めているのに対して、女性は、かつては男に生まれたいとする者が6割以上の多数派であったのが、この50年の間に女に生まれたいとする者が7割以上の多数派を占めるように変化したのである。女性の意識変化は、まことに大きいといえよう。

こうした結果となった要因を探るため、関連した二つの設問、すなわち、男女のいずれが苦労が多いか、また男女のいずれが楽しみが多いかの回答結果の推移を見てみることにしよう（図4－12の中・下）。

「苦労」の面では、男性の回答も女性の回答も、おおむね男の方が女より苦労が多いとしている。男性の回答の方が男の苦労をより大きめに評価しているが、時系列で見ると、男性も女性も男女の苦労の差についてはあまり変化がない。男性の方の回答で、男の苦労が多いという回答がやや減り、女の苦労が多いという回答が増えてきている傾向はある。

女性も働く機会が増えたので苦労が多いのではと男性は思っているが、女性の方は、別に大したことないと思っているようでもある。男女とも、男は職場の人間関係に巻き込まれて苦労が多いと考えているようでもある。

戦後の大きな意識変化が見られるのは、「楽しみ」の男女差についての見方である。男性の場

図4-12　生まれ変わるとしたら男がいいか女がいいか

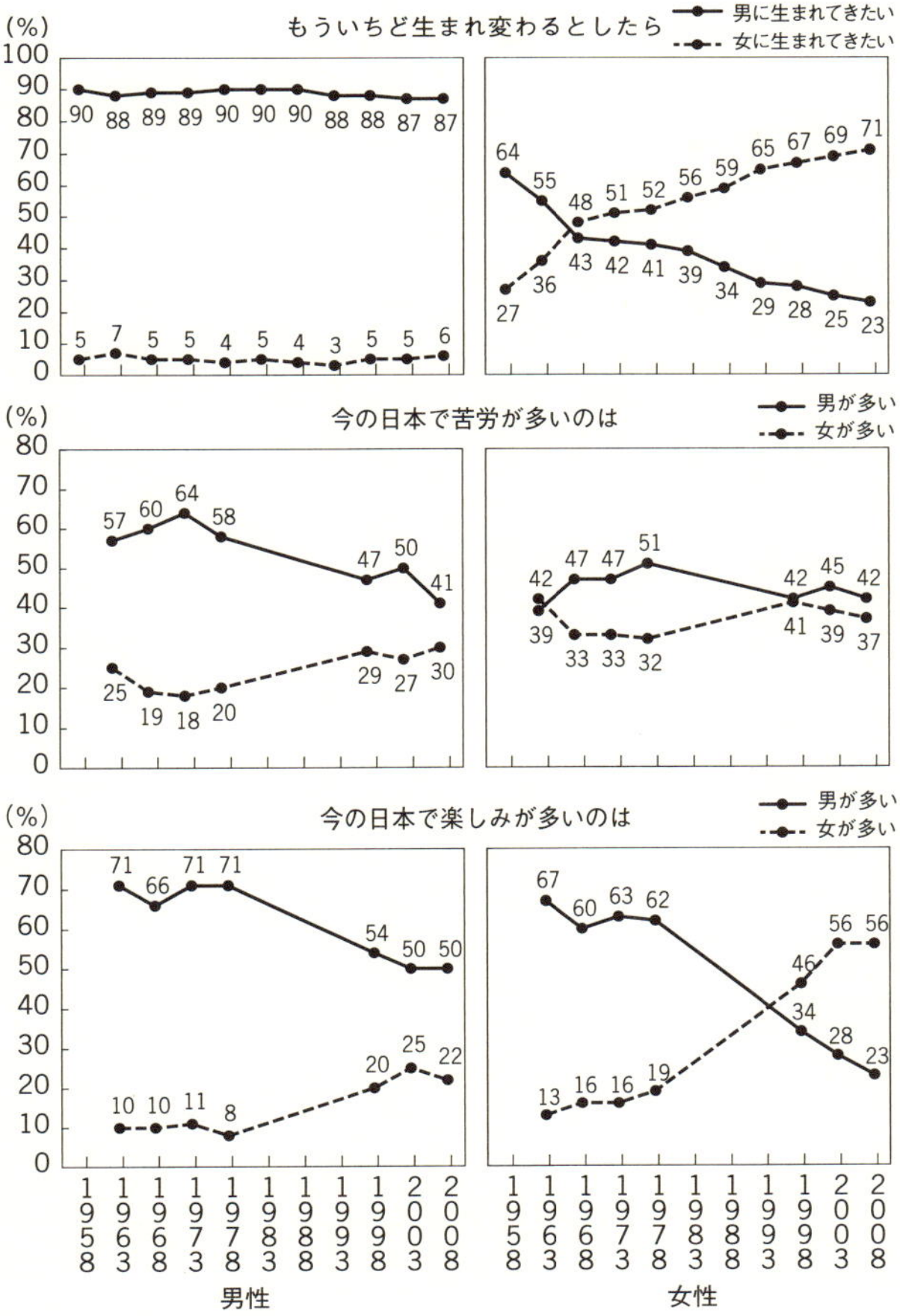

（注）回答には表記の他「その他」「分からない」があるので足して100にならない。
（資料）統計数理研究所「日本人の国民性調査」

合、男の方が楽しみが多いとしているが、その割合は下がってきている。むしろ女の楽しみの方が多いのではと思う男性が増えている。女性の場合は、大変化であり、昔は男の方が楽しみが多く、女は楽しみが少ないと思っていたのに、最近は、女の方が楽しみが多く、男は楽しみが少ないと評価しているのである。

すなわち、結論的にまとめると、女性が、もう一度生まれるなら女に生まれてきたいと考えるに至ったのは、苦労の面の変化ではなく、楽しい人生を送れるのは女だと思うようになったからである。生き生きとしていて、快活に笑っている美しい女性が多くなったと感じるにつけ、なるほどと思わせる意識調査結果である。また、この結果は、フェミニストが、女性の目線ではなく、男性の目線で女性の生活や人生を評価しているのではなかろうかと感じさせるデータでもある。何か勘違いをしているのは女性の方なのか、男性の方なのか、よく考えてみる必要があろう。私は女性の方が勘違いしているとは、どうしても思えない。

本当に女性の方が「楽しみ」が多いのであろうか。これを裏付けるデータを次に掲げる。

NHKと総務省統計局は、国民の生活時間を調べる調査を行っているが、いずれも生活行動の時間を調べるだけで、その時の気分を調べてはいなかった。この点を補うため、NHK放送文化研究所が2008年に行った「テレビと気分」調査では、テレビ視聴だけでなく、食事や仕事やレジャーなどすべての生活行動にわたって、その時、楽しかったのか、忙しかったのか、退屈していたのかなど６区分でその時の気分を聞いている。

図４－13では、この調査の結果から、男女年齢別に「楽しかった」時間の合計をグラフにした。これを見ると以下の三つの点が明解である。

①若い世代の方が楽しい時間が多い
②女の方が男より楽しく生活している
③20歳代の男は女ほど楽しくしていない

第一に、若い世代の方が楽しい時間が多いという点については、日曜日の結果に端的に表れている。男女ともに、年齢が加わるのに比例して楽しい時間は減る傾向にある。ただし、40代では、女はそれほど減らず、40代なりの楽しみが多い（たぶん、子どもとのかかわりや子どもを媒介とした付き合いなどによるものか）という結果に対して、男は大きく楽しい時間が減ってしまい、50代より楽しい時間が少なくなっている。

平日である月曜日については、こうした年齢に伴う低減傾向は明確ではなくなる。女は、20代

図4-13　楽しい時間を過ごしているのは誰か

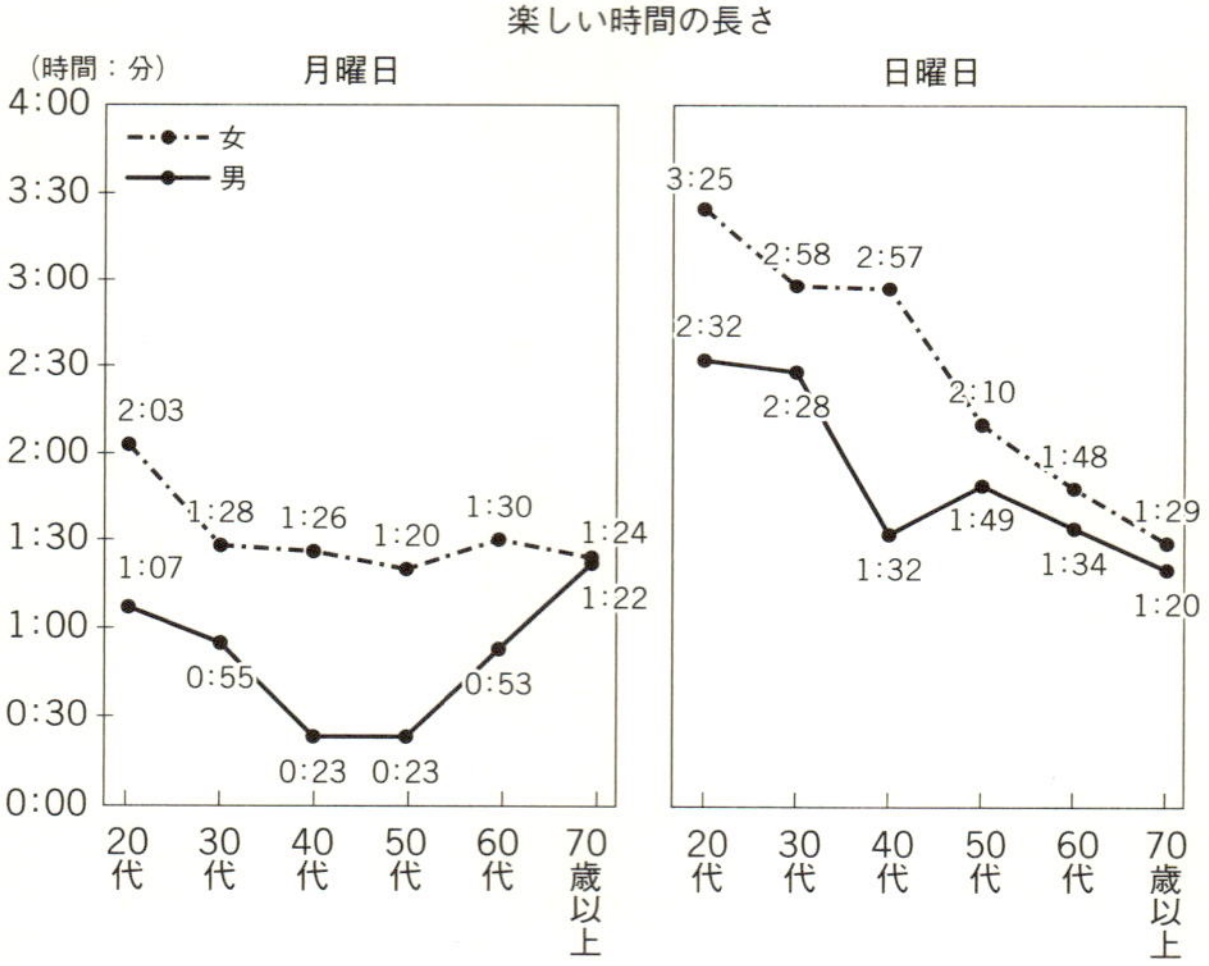

（注）1日を15分刻みにし、生活行動とともに6つの気分のいずれであったかを聞いた結果より。6つの気分とは、①忙しい時間、②リラックスした時間、③楽しい時間、④ドキドキした時間、⑤集中した時間、⑥退屈な時間。NHK放送文化研究所が関東（1都6県）の20歳以上の男女1,800人に対して2008年10月19日（日）・20日（月）に行った「テレビと気分」調査による（有効回答率59.2％）。
（資料）NHK放送文化研究所「放送研究と調査」2009年4月号

では平日でも楽しい時間が2時間以上と多いが、30歳以上でも1時間半程度は楽しい時間を維持している。男は、若い時期は1時間ほど楽しい時間があるが、40～50代では20分と1日の中で楽しい時間はほんの少しとなる。むしろ、定年後の者が多い60歳以上で楽しい時間が復活する。70歳以上であると20代より楽しい時間が多い。

　第二に、女の方が男より楽しく生活していることは確かである。平日、日曜ともに、すべての年齢で女の過ごす楽しい時間が男の過ごす楽しい時間より多い。

平日では20～50代、日曜では20～40代で男女の格差が大きい。特に、40代の男は1週間を通して、絶対量でも、女との対比でも、楽しい時間は少なく、ほとんど悲惨ともいうべき毎日を送っているといってよいであろう。

第三に、若い世代の象徴である20代の男女を比較すると、女性は他の世代に比べて楽しく過ごしている時間が非常に長いが、男性の方は、女性ほど他の世代との差が顕著でない。ここに「草食男子」と「肉食女子」という現象の反映を見ることも可能である。昭和20年代生まれの私が生徒・学生の頃、廊下で大きな声で騒いでいたのはもっぱら男子であり、女子は静かにしていたことを思い出す。最近の学校では、女子の笑い声の方が目立つようである。

若い男女の方が高齢者より楽しく暮らしているのは、社会として正常なことであろう。そういう社会をつくるのが大人の役割である。平日の男20代の楽しい時間が男70歳以上より少ないのが、むしろ、問題である。

女性が笑顔でいれば男性も幸せになれるので、女性が男性より楽しい時間を送っているのは悪くない。逆であれば男性として情けないという感じになるであろう。ただし、男20代～50代の楽しい時間を、もう少し女性レベルに近づけた方が、世の中全体が明るくなると思われる。男女共同参画は、引き続き推進すべき課題であるが、それ以上に、男子脱草食化計画や中年男性再活性化計画にも力を入れるべきである。

他にも目立つ男女の逆転現象

日本の男女が正反対の方向に向かっていることを示すデータとして、本書ではこれまで、自殺者数において、男が増加傾向、女が減少傾向というデータ（図2－18）、また、体格の推移において、男が肥満傾向、女が痩せ傾向というデータ（図3－13）を掲げた。

自殺者数の推移の男女差とここで示した男女の楽しさ格差とは、ほぼ整合的といってよいであろう。楽しい時間が多ければ自殺を考えることも少なくなるであろう。

一方、体格の推移の男女差には日本女性の積極性を感じざるをえない。物があふれる社会の中では自らを律しようとしなければ太ってしまうため、米国の例を引くまでもなく、先進国における肥満化傾向は世界的な健康問題としてクローズアップされている。日本の男性の肥満化傾向は、単純にこの線に沿った推移と考えられる。

日本女性の痩せの傾向は、先進国の中では珍しく、むしろ、痩せ過ぎ女性や低体重出生児などの健康問題を引き起こしている。しかし、日本女性が豊かな社会の中でスリム化しているということは、栄養や運動に気をつけながら体格のコントロールを持続的に行っているということでもあり、強靱な精神力がなければ無理である。同じ環境下で生きているのにもかかわらず、体格の向かう方向が男女で全く逆であるというのはやはり驚異的なことである。

生活時間の変化のなかで、身の回りの用事時間の増加が特に女性で目立っているのも（第2章3節参照）、生活の充実へ向けた女性の積極性の表れと見ることができる。男性と比較してポジティブな日本女性のこうした生活態度が男女の楽しみ格差を生んでいると考えられよう。

これと関連して思い出すのは、日本の競技スポーツにおいて、女子が男子を凌駕している点である。アテネ、北京、ロンドンという過去3回のオリンピック大会金メダル獲得数は、女子が男子を上回っており、女子0～2個というそれ以前の時代とは、異次元の実績を挙げている（巻末図録対照表参照）。2011年サッカー女子ワールドカップドイツ大会における日本女子「なでしこジャパン」の優勝という快挙も記憶に新しい。

いまでは海外に活躍の場を求める女性が男性以上に多くなっている。外務省「海外在留邦人数調査統計」によれば、海外在留邦人は1999年以降、男性より女性が上回るようになり、差は広がっている（2011年10月1日現在、男57万人、女61万人）。JICA（国際協力機構）によれば、2013年5月末にアフリカに派遣されている青年海外協力隊員は650人であるが、そのうち女性が328人と過半数を占める。

スリム化して体の切れもよく、おしゃれをして、きれいになり、笑顔で楽しく暮らしながら、男子の不甲斐なさを笑うかのように世界でも活躍が目立ってきている日本女子は、鬱屈して太り、大した成果も上げられない日本男子とはおそらく別の生き物なのであろう。

また、このように男女の間に著しい違いがあるとすれば、男の状況だけを取り上げて日本人全体の傾向とするのは間違いだということも分かる。

日本の幸福度の男女格差は他の東アジア諸国と同様に大きい

こうした日本人の男と女の間の著しい差がどこからきているかを探るために、他の国でも日本と同様の状況にあるのか、あるいはどの国が日本の状況と似ているのかを調べてみよう。世界各国の男女の生活の充実度の違いを知るため、国際比較調査で調べられることが多くなっている幸福度について、男女別集計の結果から男女格差を求めて見た（図4－14）。

ここで幸福度とは、「あなたは幸せですか」という設問に「とても（非常に）幸せ」、および「やや（一定程度）幸せ」と回答した者の割合の計としている。一つの調査だけであると、傾向を判断するには、やや心許ないので、ここでは、３回の国際比較調査（ＩＳＳＰ調査２００８年・２００７年、世界価値観調査２００５年）の結果を掲げた。

まず、国数の多い世界価値観調査２００５について、女性の幸福度が男性を上回っている程度を検討してみよう。これによれば、日本の値が2・3％ポイントであり、上から第11位である。

女性の幸福度が男性より低いことで目立っているのは、ウクライナ、ロシア、グルジアといった旧ソ連諸国やペルー、ウルグアイ、アルゼンチンといった南米諸国である。欧米先進国の中ではスペイン、フランスといった南欧の低さが目立っている。旧ソ連諸国では社会がなお混乱を続けているなかで家庭生活を支えなければならない女性の苦難の表れではないかと推測される（表１－３参照）。南米諸国や南欧諸国の低さは、カトリックの伝統の下で女性が男性と比較して厳しい状況に置かれているためだと考えられる。

女性の幸福度が相対的に高い国は、所得水準の高低で2グループに分けることが可能である。

①高所得グループ：香港、台湾、オーストラリア、韓国、日本

②低所得グループ：イラク、エジプト、イラン、南アフリカ、ブルキナファソ、トリニダード トバゴ、キプロス

③　世界価値観調査2005

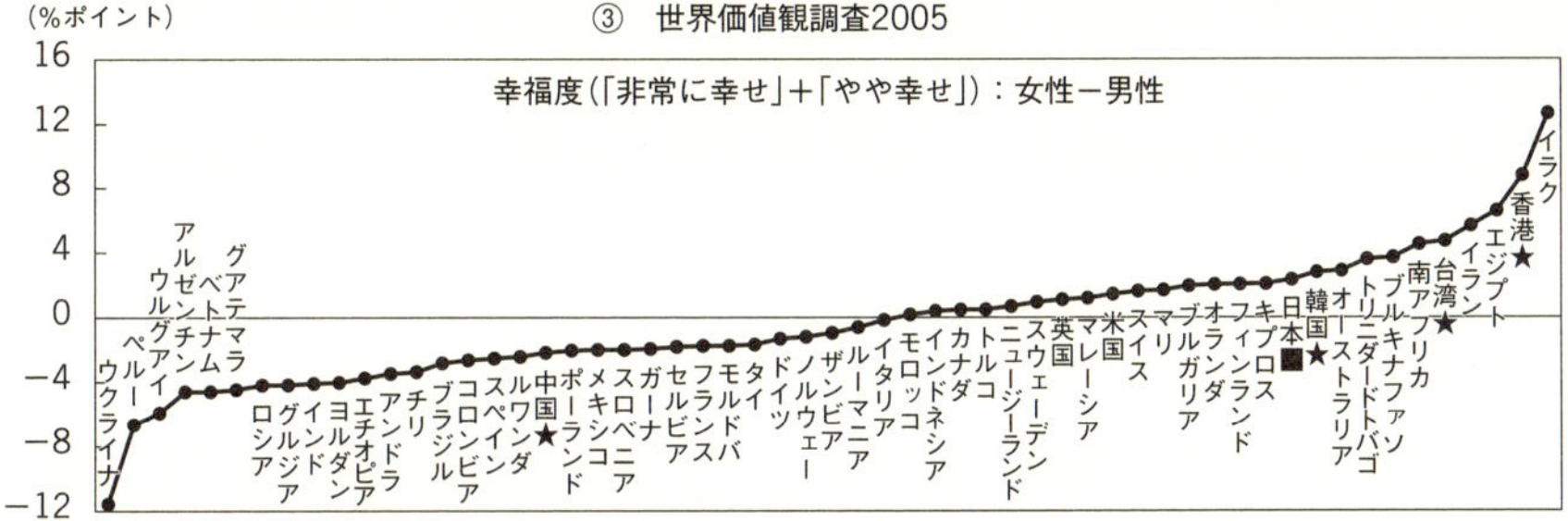

（資料）ISSP HP（http://www.issp.org/index.php）、World Values Survey [http://www.worldvaluessurvey.org/]

図4-14 女の幸せ、男の不幸せ（日本など東アジアの特徴）

男女の幸福度格差の国際比較

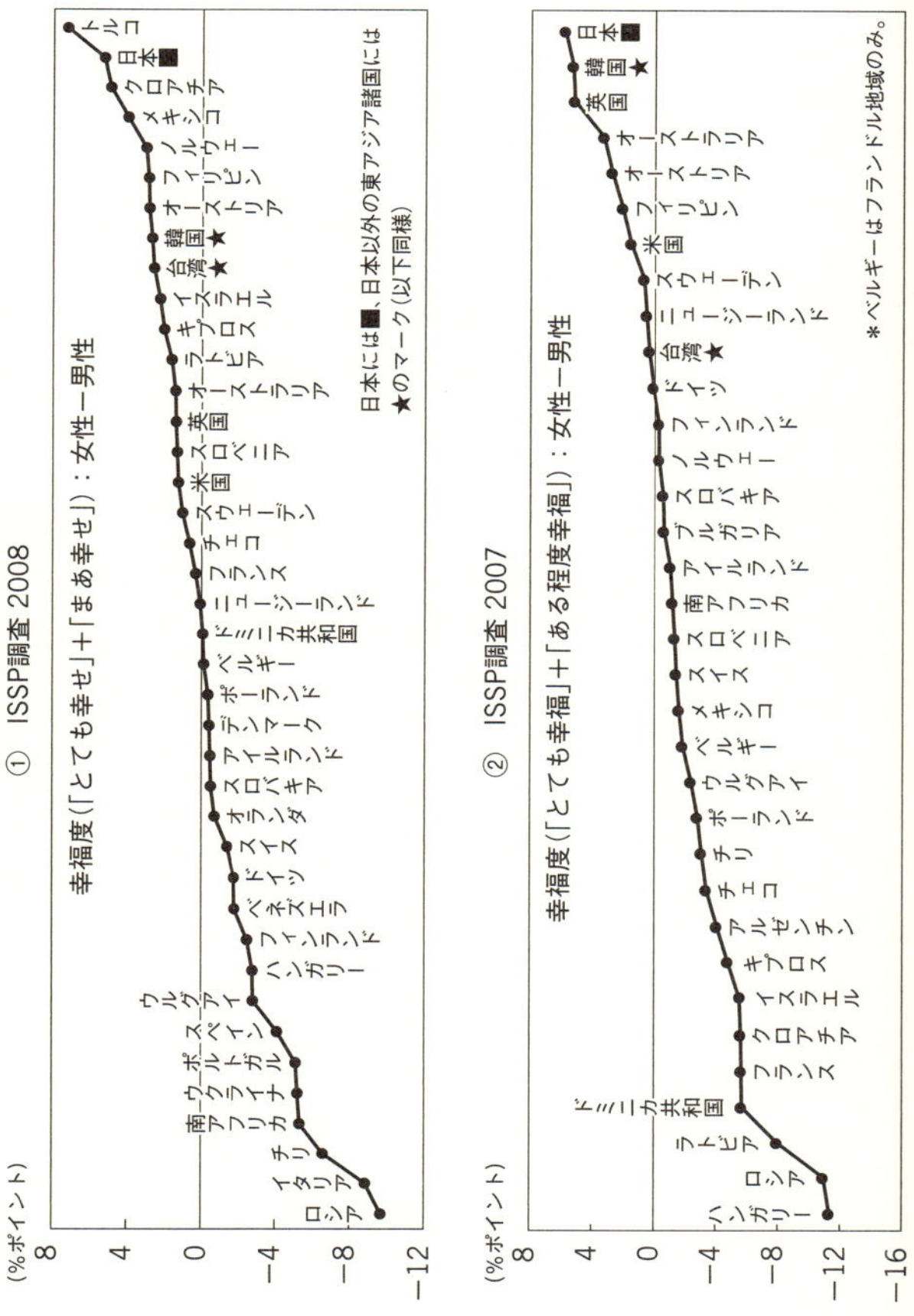

低所得グループは、イラクのような紛争国、あるいは国内に問題を抱える国が多い。こうした国では、女性が幸福というよりは、内戦など厳しい社会情勢のなかで、男性が不幸に陥りやすいのではないかと想像される。

高所得グループは、オーストラリアを除くとすべて東アジア諸国である。東アジア諸国の中で女性の幸福度の方が低い国は、中国だけである。

ＩＳＳＰ調査２００７・２００８の結果を見ると、当たり前のことではあるが、大体、世界価値観調査２００５と傾向は一致している。

ただ、目立っているのは、日本の順位がＩＳＳＰ調査２００７では第1位、ＩＳＳＰ調査２００８では第2位となっており、女性の幸福度が男性を上回っているという日本の特徴がより鮮明な点である。韓国、台湾という東アジア成長国で、日本と同様、女性の幸福度が男性を上回っている点は世界価値観調査２００５と同じである。

東アジア諸国はかつての儒教国だという性格を共有し、欧米諸国と比較すると、家庭や社会の中での女性の地位が低いと考えられているが、経済発展と社会の近代化が進んだ高所得国では、幸福度にそれが反映しているわけではなさそうである。むしろ、女性は、①家族の財産権、相続権の男女平等など近代的な法律上の地位、②家事労働を軽減する家電製品の発達、③子育て、老親の世話の負担を軽減する社会保障の充実などにより、かつての家への従属・拘束から解放されて自由になったのに、男性の方は、男性の権利ばかりでなく責任も大きかった過去の伝統に引きずられ、自分が家族やまわりを支えなくてはと思い過ぎて、幸福感を感じにくくなっているのではと想像される。

「生まれ変わるとすれば男？ 女？」という設問で、男女の幸せに関連した日本女性の意識は、上述したように、戦後、女性の幸せへ向かう方向に大きく変化したが、ここで見た幸福度の男女格差の国際比較から、これは、どうやら日本だけでなく、経済発展に伴って家族関係が大きく変化した東アジア成長国に共通の現象であることがうかがわれる。

中国以外の東アジア諸国と中国との違いは、経済発展と社会の近代化や民主化が同時並行的に進んだか、あるいは経済発展に社会の近代化や民主化が追いつかないかの違いであろうと考えられる。世界価値観調査２００５で中国だけが女性の幸福度が男性より低くなっているのは、こうした点に原因があるのではなかろうか。

世界価値観調査２００５の結果によれば、国民の幸福度は、世界全体では、経済発展度に比例する傾向が見られる。ところが、東アジア諸国は、経済発展度に見合った幸福度の水準に達していない。そのため、経済発展度が相対的に低いマレーシア、タイ、インドネシア、ベトナムといった東南アジア諸国のいずれの国も、経済発展度では先んじている日本、韓国、台湾、香港といった東アジア諸国のいずれの国よりも幸福度が高くなっている（巻末図録対照表参照）。その一つの要因は、ここで述べたような東アジア諸国における幸福度の男女差の存在だといえよう。東アジア・ワイドの男性活性化計画が必要なのかも知れない。

前節では、日本、韓国、台湾、香港、中国など、儒教国の国民性の中には、礼の重視など、世界が見習うべきところも残っているのではないかという点に言及したが、本節では、社会の近代化のなかで時代遅れとなっている男女の役割に関する儒教の精神的な呪縛から解放されないと儒教国の国民、特に男性は幸せになれないのではないかという点に触れた。

男女の役割に関する儒教の教えは、忠孝と同様に、むしろ儒教精神の悪用に属するジャンルといえよう。いずれにせよ、日本人の国民性の中には東アジア共通の面と日本人特有の面があるように思われる。これらを分けて、自覚、認識し、その上で、それぞれ、良いところは残し、悪いところは取り除いていく必要があろう。

第 5 章

なぜ誤解が広がるのか

——統計データの正しい使い方——

1 データの誤用や欠落が誤解を生む
——誤解が広がる技術的な要因——

データの誤用が誤解を生む

前章まで、日本人が思い描いている日本人像について、種々の思い込みや誤解が生じていることを統計データで明らかにしてきた。

すでに各種の統計データが存在しており、データに基づいて客観的な現状分析が可能となっているはずであるのに、どうして、こうした思い込みや誤解は広がってしまうのであろうか。また、どうして思い込みや誤解に囚われたままなのであろうか。

理由としては、第一に、思い込みや誤解が、データの誤読や不公正な使用、すなわちデータの誤用から生じる場合が多い点を挙げねばならない。

第二に、肝心のデータがなかったり、あるいは見落としたり、無視してしまったりすることで、思い込みや誤解が解けないまま推移してしまうケースもある。

まず、最初の点について触れ、第二の点は、この節の後半と次節で触れよう。

データの誤読には、データの単純な読み間違いに基づく誤読、そして、データから読み取れないことまで読み取ってしまう誤読がある。データの不公正な使用には、主張を立証するために、データの特定部分の傾向を過剰に強調したり、都合のよいデータだけ表示したり、関連しないデータをあたかも関連しているように見せかけるケースなどがある。

かつて都道府県の生活の豊かさランキングが盛んに行われ、富山県がトップで埼玉県が最低というようなことが大きく報じられたことがあった。これは、所得や住宅状況、自然環境など県民生活のさまざまな分野の統計データのうちプラス、マイナスに価値づけできるものを網羅的に抜き出し、それらを総合指標化したものの結果から判断されたものだが、もし、これを都道府県の生活の豊かさを表す統計データだと見なすとすると、誤読というほかはない。最も豊かな富山県からは人口が流出し、最も豊かでない埼玉県には非常に多くの人口流入があるなどということは誰が考えてもおかしいことであることからも、これは明らかだ。

データの不公正な使用については、例えば、電気料金の国際比較データが挙げられる。電気料金は、日本が一番高い時期もあれば、相対的にそう高くない時期もあった（巻末図録対照表参照）。特定年次のデータだけグラフにして、「日本の電気料金は高い」あるいは「日本の電気料金は高くない」という表題をつける誘惑に負けてしまうのが普通だ。長い年次の国際比較データをグラフ化して、「日本の電気料金は高い時期も高くない時期もあった」という表題では、分かりやすくなく、インパクトも弱くなってしまうのである。それぞれの図が間違っているわけではなく、それぞれの主張がそもそも間違っているわけでもない。ただ、主張に合わない部分を省略し、読む人の勘違いを放置しているところが不公正なのである。意図が正しければ手段も正当化されるという誘惑に抗することはきわめて難しいので、こうしたデータの不公正な使用はしばしば不可避となる。

こうした統計データの誤読や不公正な使用の多くは、統計学上の問題というより、実務的な統計データ使用上の問題点であり、誤用に陥らないようにするには、また、見せかけのデータに惑わされないためには、常識を働かせ、作成者の意図を見抜きながら、指標やグラフに過度の強調などあやしいデータ表示・加工がないかを疑い、また、統計上使われる用語の定義をしっかりと確認し、統計データがどこまで信頼できるかといった原資料の性質に思いを馳せるほかに対処法はない。逆にいえば、統計データに十分に馴れ親しめば、誤用を免れることができる。

あやしいデータ表示・加工はさまざまである。

総合指標はたくさん作成されている。先に挙げた都道府県の生活の豊かさランキングのほかに、世界競争力ランキング、失敗国ランキング、貧困度ランキング、自治体の健全経営度、企業の成長力、大学の就職有利度などのランキング、男女平等度指数など統計データの総合指標に基づく各種のランキングが新聞雑誌をにぎわせている。だが、これらはインチキとまではいえないまでも、実態を正確に反映しているか否かという点ではかなりあやしい。

私の判断では、1系列に近いシンプルな統計データを使ったランキングほど信頼でき、逆に、複雑な組み合わせで作成された総合指標によるランキングほど実態とかけ離れる傾向があると考えている。後者ほど、統計データの選択やウェイトづけで作成者の主観が入る余地が大きいからである。

このほか、あやしいデータ加工の例は、①毎年順位が変動しているのに都合のよい年だけ取り上げて国際比較を行う（複数年の平均値によるランキングや毎年のランキング表示で誤解が防げるのに）、②毎年変動するデータのうち大きく落ち込んだ年と大きく上昇した年を比較して過当に大きな増加率を表示する（毎年の時系列グラフ表示で誤解を防げるのに）、③ささいな変化なのにグラフで大小や増減を強調する（指数によるグラフ表示や実数でもY軸の起点をゼロとするグラフなら誤解は防げるのに）など、枚挙にいとまがない。

ただ、この種のデータの操作に関しては、あまり心配しない方がよい。作成者の意図が見え見えである場合が多いし、常識を働かせてデータやグラフをよく見れば、大体は見破れるものだからだ。

統計用語の定義や統計調査の性質の理解は、こうしたあやしいデータ表示・加工と比較して、比べものにならないほど重要で注意すべき点である。

用語の定義については、例えば、失業者の定義は、「仕事をしておらず、かつ仕事を探している人」であることを知っていれば、日常の会話では失業者に入る場合もある人、例えば、アルバイトをしながら正社員採用に応募している人、あるいは、仕事をしたいと思っているが、実際上は仕事を探していない人は、定義上、失業者に入らないことが理解されるであろう。

失業率は、働いている人（就業者）と失業者の合計に占める失業者の割合であるが、失業率4％というようなデータを聞いても、統計上の失業者や失業率のこうした定義を理解しているかどうかで、正しい判断に結びつくかどうかに大きな違いが出てくるのである。

また、こうした失業率の定義は、国際的にほぼ統一がとられており、異なった定義や方法だと国際機関から是正勧告を受けることを知っていれば、フランスの失業率が10％と日本の2倍以上と聞けば、それだけ大変な状況になっているのだと判断してよいのだということも理解できるのである。

また、失業率を毎月算出している労働力調査という統計調査は、5年に一度日本に住んでいる人を全部調査する国勢調査の際に整備された名簿をもとに、日本全体の世帯から地域や所得水準などの偏りがないよう無作為抽出された約４万世帯（日本の５２００万世帯の約１３００分の１）のデータを集計したものである。無作為抽出されているので、抽出調査であっても、母集団である日本人全体の状態を正しく反映していると判断できる。

国や自治体の統計調査であれば、ほぼこうした信頼できるデータになっているし、信頼度を判断することができるように調査方法について必ず公開することになっているので、安心して使えるのである。

社会調査や意識調査のなかには、統計調査にならってデータの信頼性を確保している調査もあれば、テレビ局が行う、たまたま道を歩いている人１００人に聞きましたというような、簡便ではあるが国民の傾向を反映しているとはとてもいえないような調査もある。

本書で使用した国際意識調査などの統計データは、いずれも、データの信頼性確保のため科学的な設計の下に実施されている調査であり、調査方法も公開されているものである。調査の方法を確認しないまま、目の前にあるからといって、その結果を使用すると、データの誤用に結びついてしまう危険があるので十分気をつけなければならない。

本書に掲載した統計グラフには、普通見かけるよりは、かなり詳しく（注）や（資料）が記載されていることに気づかれた方もいるだろう。これは、用語の定義や資料の性質に関してポイントとなる情報を付記し、データに関してなるべく誤解や誤用が生じないようにするためである。

統計学上の知識があった方が誤用を避けやすいケース

このように常識を働かせれば、また統計データに親しめば、誤解や誤用を避けられる場合が非常に多いが、一方で、統計データを読み取る際に、平均値の理解、統計誤差の知識、相関関係の理解、混同要因の分離方法など、統計学上の知識があれば、誤用を免れる可能性が高まるような場合もある。

平均値の理解とは、データの分布が偏っていなければ、合計値を件数で割った平均値を使用すればよいし、賃金など分布が偏ったデータについては、データ配列の中央の値である中位値を代表値として使用することが望ましい、といったようなことに関する知識である。統計誤差の知識とは、正しく無作為抽出したデータであっても誤差がどのくらいの確率で生じるかという点に関する知識である。また、相関関係の理解とは、相関関係と因果関係の違い、擬似相関、相関係数、回帰式といった複数の変数の相互関係に関する知識である。

これらは、統計学の基礎知識として、教科書や解説本で取り上げられている事柄なので、ここでは省略しよう。相関関係の理解では、散布図・相関図の事例ばかりを取り上げて解説した私の著書『統計データはおもしろい！』（技術評論社、２０１０年）も参考になるかもしれない。ただし、こうした統計知識の有用性を理解するため、ここでは、本書で誤読、誤用を避けるためにしばしば使用された、混同要因の分離方法に係わる点について解説しておこう。

近年、日本では急速に高齢化が進んでいる。したがって、日本人に関する統計データを読み取る場合には、常に、知りたい要因の影響と高齢化の影響とが混同されていないか気をつける必要がある。

一般に、統計学上、検出しようとする要因と、それとは別の混同要因が分離されていないことからデータの誤読が生じることを「シンプソンのパラドックス」という。

例えば、分かりやすい例を挙げよう。２００９年の美容整形手術の件数は日本が74万件、韓国が66万件である。このデータに基づいて日本の方が美容整形は盛んといえるだろうか。この場合、人口規模という要因を無視して論じられないことは誰でもが分かる。人口一〇〇〇人当たりの件数に換算すると、日本は5・8件と韓国の13・7件の半分以下なのである。したがって、日本の美容整形は韓国の半分程度のレベルだと判断できるのである（巻末図録対照表参照）。

国際比較であると、この点は明解であるが、人口が急増した国では、時系列比較でも、対人口比で分析しないと正しい理解ができないケースが生じる。日本もかつては人口が急増していた。したがって、日本のデータでも長期推移を分析する場合は、実数ではなく対人口比で比較する必要がある。

そんなことは分かっているというかも知れない。しかし、自殺者数が3万人を超えて史上最多と報道されたときに、史上最多というからには長期比較であるので、どうして対人口比である自殺率での議論にならなかったのであろうか。人口比で議論すれば、自殺率では1950年代のピークを超えたわけではないことが分かったはずである。案外、分かっていても誤読のワナには陥りやすいのである。

第2章4節の自殺状況の推移の分析では、さらに、人口規模に加えて、高齢化という混同要因を取り除いた分析を行った。

死因統計の分析では、標準化死亡率（年齢調整死亡率とも呼ぶ）が一般に使われる。これは、年齢別の死亡率を使って年齢構成を一定とした場合の死亡率を算出する方法である。死因統計では、人口10万人当たりの死亡者数を粗死亡率と呼ぶ。例えば、がんの粗死亡率は年々上昇しているが、標準化死亡率は年々低下している。すなわち、同じ年齢、例えば65歳の人がいた場合、がんで死ぬ確率は低下しているのである。がんの粗死亡率が上昇しているのは、がんで死亡することが多い高齢者の割合が上昇しているからに過ぎない。

がんほどではないが、自殺もやはり高齢者の方が死亡率が高いので高齢者比率の上昇が自殺率の上昇に寄与している。そこで、標準化自殺率を計算してグラフで推移を追ってみると、自殺は長期的には増えておらず、また、１９９０年代末の自殺の急増は、急増ではなく、むしろ、定常的なレベルへの急激な復帰と解釈できることが分かったのである。

高齢化の要因を分離してデータの推移を追う方法としては、①こうした年齢調整による標準化の手法のほかに、②直接、年齢別のデータの推移を追う方法、③高齢化の要因を受けにくい区分の集計値の推移を追う方法、④高齢化比率との相関図で推移を追う方法、などがある。

本書での使用例をあげると、①については、図２－15（自殺）、図２－16（血圧）、②については、図２－17（年齢別自殺率）、図３－13（年齢別ＢＭＩ）、③では、図１－６（２人以上の世帯の所得格差）、図２－11（有業者の生活時間）、④については、図３－10（高齢化と医療費の相関図）があるので、再度、それぞれの方法の分析事例について振り返ってほしい。

データの不在や見落とし・無視が誤解を温存する

ガリレオは、17世紀に新たに発明され、自ら作った望遠鏡による天体観察によって、木星に衛星があること、金星の満ち欠け、太陽黒点の存在という3点を明らかにした。これにより、ガリレオは、地動説を確信したといわれている。例えば、木星に衛星があることが発見されたため、地球が太陽の周りを回っているとしたら、地球の衛星である月は軌道を保てず飛んでいってしまうはずだという天動説からの反論に対し、観測データに基づく事実によって答えることができるようになったのである。

当時、庶民の実感としては、地面は動いていないとする天動説の方が安心して信じられる理論だったに違いない。こうした思い込みを取り払うには、それが可能となるに足りる説得力のあるデータが必要だったわけである。いわばデータの欠落状態が、思い込みや誤解を存続させていたともいえよう。

統計データについても、誤解を解くのに肝心なデータがなかったり、あっても見落としていたり、気づいていても不都合なので無視して使わなかったり、といったことから、思い込みや誤解が放置されている状況が見受けられる。

本書は、まさにこうした状況の改善を目指して執筆したのである。前章までに取り上げた事例について、どのようなケースだったかを振り返ってみよう。

①データの入手が困難と見なされていた場合

大きな政府か小さな政府かの国際比較データは、同一定義の公務員数の比較などで困難と見なされていたが、ＯＥＣＤ（経済協力開発機構）が各国政府にデータ提供を求めて可能となった。見ようと思えば見ることができるのに見ようとしないのは、単なる怠慢といわざるをえない（図１－９）。

意識調査の結果は、科学的な客観データではないとして軽視されていて、分析してみれば真実に近い国際比較が可能であるのに、関心が持たれていなかったケースとしては、図２－１で取り上げた仕事のストレスの状況が挙げられる。同様に、長時間労働だからといって日本人は他国より疲れているかどうかを国際意識調査の結果から確かめていなかったケースとしては、図２－９が挙げられる。

②思い込みと異なる角度からデータを見ようとしなかった場合

公共事業の規模をＧＤＰ統計から見る仕方は普及していたが、長期的に各国と比較してみようとしなかった（図１－11）。また、都道府県のＧＤＰを世界各国のＧＤＰと比較しようとしていなかった（図１－１）。

③データの全体像を捉えようとしなかった場合

男女共同参画に係わる男の家事時間の推移、多忙を表す睡眠時間の減少、社会保障と関連する介護時間の伸びといった個別テーマに関心が向くあまり、国民の生活時間を構成するすべての行動種類の増減を視野に入れて、それらの相互関係から日本人の生活変化の特徴を全体として捉える努力が不足していた（第2章3節国民生活時間）。

④多くの国と比較していなかったので日本の特徴が浮かび上がらなかった場合

欧米との比較、東アジアとの比較ばかりでなく、それらを含んだ世界の多数国と比較すると初めて、日本の特徴、東アジア諸国との共通点や違いが明らかになる。第4章で掲げた諸例は、こうした点が当てはまる格好のケースとなっている。

⑤適切な指標化がなされていなかった場合

適切な指標化については、これまでのアジアも含めた全世界との技術貿易の指標では、欧米との技術格差の縮小、逆転といった動きが明確ではなかった。北米、欧州と比較し、指標も逆転を捉えにくい輸出対輸入倍率でなく、依存度指標にすることにより状況の推移が明解に見えてくる（図1－3技術力指標）。

⑥適切な区分で集計されていなかった場合

適切な指標化と関連して、適切な集計区分の問題がある。男女別集計をしてみれば男女で大きく結果が異なることが明らかとなるのに、男女計のデータしか見ないので、本質が見えなくなってしまうケースもある。

生活時間の分析については、男女別分析が当然になっているが（図2－11生活時間の推移）、BMIの年齢別推移（図3－13）、生まれ変わりたい性別、あるいは幸福度に関する意識調査（図4－12、図4－14）について男女別の分析をし、男女を比べてみると、思い込みによる誤解が解ける。

次に、節を改めて、データの誤用やデータの欠落（不在・見落とし・無視）がどのようにして誤解に結びついてしまうのか、その心理的・社会的な要因について見ていくこととする。

2 思い込み自体が誤解を生む
――誤解が広がる心理的・社会的な要因――

他殺の半減に誰も注目しないわけは？

厚生労働省の人口動態統計の死因別死亡者数データは、基本的には、医師の死亡診断に基づいているが、これによれば、他殺による死亡者数は、1998年に808人のピークを印した後、減少傾向が続き、ついに14年後の2012年には383人と半数以下となった（図5－1）。

これは、大いなる朗報といえる。傷害致死や殺人による犠牲者の多くが、家族や知り合いなどの人間関係のトラブルや憎み合いから生じており、これだけのテンポで他殺者数が減少しているということは、日本人の家族関係、人間関係がそれだけ急速に良好となっていることを意味しているからである。

しかし、毎日のように、死体遺棄事件や殺人事件を生々しく報道する新聞やテレビも、他殺事件の犠牲者数に関する大量観察の結果であるこうした統計データについては、一向に、報道しない。殺人はニュースになるが、殺人がなかったことはニュースにならないのである。

図5-1　他殺の半減

他殺を死因とする死亡者数の推移

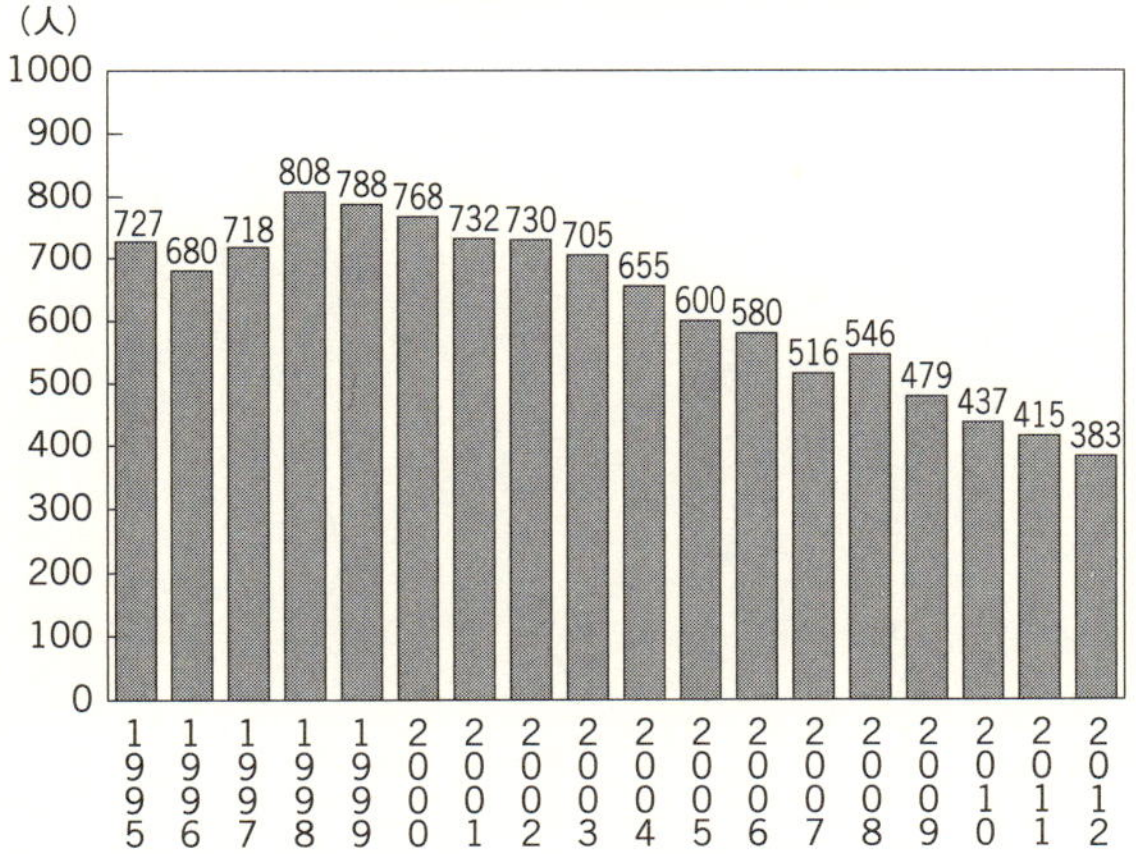

（資料）厚生労働省「人口動態統計」

米国における犯罪件数の減少を英国エコノミスト誌は“Good news is no news”という見出しで報じた（２０１１年６月４日号）。この表題は、No news is good news（便りのないのは良い知らせ）のもじりであるが、良いニュースがニュースにならない点を巧みに表現した表題でもある。

国民の関心は、悪いことや危険なことに向かいがちである。他殺が急増しているとしたら、何とか対策を練らないと不安でたまらなくなるが、他殺が減っているのであれば、別に、そうした傾向を放置しても支障はないと思うのが、ある種、当然の判断なのだろう。したがって、報道機関が、国民が知りたいと思っている情報、すなわち危険が迫っているかもしれないという情報を優先的に報道するのも当然ということになる。

第4章1節でも見た通り、日本人は、米国人など外国人と比較して、「物事の悪い方ばかりに目がいく」という傾向の国民性を持っているので、なおさら、こうして点が当てはまる。

知りたいことしか知りたがらない国民に報道機関が迎合するという傾向は万国共通であるらしい。日本では、悪い方ばかりに目がいく方向に結びつきやすいが、米国では、悪いことに目をつぶることにも結びつくようだ。

2006年4月にホワイトハウスの夕食会に招かれたコメディアンのスティーブン・コルベアが、ブッシュ大統領とホワイトハウスの記者団をジョークで痛烈に批判した。いわく、「記者の皆さんはずっといい子ちゃん。イラクに大量破壊兵器がなかったときもあまり突っ込まなかった。私たち国民が知りたくないことですからね！」（東京新聞2013年7月23日）

それでは、傷害事件や殺人事件を取り締まっている警察当局は、ある意味では、自分たちの仕事の成果ともいえる事実を、なぜ、社会にPRしないのであろうか。それは、警察の人員を削減されては困るからではないか、というのが私の見方である。他殺事件が半分に減ったのなら、それを取り締まる人員も半分にしたらどうかと、自分たちの人事を決定する権限を持っている政治家に提案されては困るからである。政治家を選ぶのは国民であるから、国民がそう思うに至り、政治家が同調することは、やはり、不都合なことだといえる。

現在の人員で頑張っているから他殺者数を減らせているのだというもっともな理屈は、なかなか通じない可能性がある。日本の警察が業務上収集している犯罪統計は、他国と比較して、かなり緻密で、誤りのないものだと信じることができよう。しかし、発表の仕方は、統計をまとめている警察に任されているのであり、よほど報道機関が注視しているデータでない限り、一般には、発表する機関にとって不都合な形で発表されることはないと考えてもよいのである。

各々の他殺事件の報道に伴って、メディアで紹介されることが多い被害者（の家族）や学識経験者、ＮＰＯ（非営利団体）などの見解も、この不幸な事件を再び繰り返してはいけないという立場からの意見となりがちである。

これは、いわば、当然である。他殺事件の被害者の家族が、このような事件は減っているけれども、たまたま、そうした事件に遭遇してしまったのは、実に悔しい、という見解を伝える報道には接したことがない。こうした事件が起こってしまう社会の欠陥を改善しないと、死んでしまった者は浮かばれない、という前向きな立場を前提とした見解の報道だけが目に付くのである。

学識経験者やＮＰＯの社会運動家は、自殺者数が３万人台と多いことなどから、社会の閉塞感について、その都度、これを嘆く立場から、また、あれやこれやの対策を講じなければならないと提言する立場から発言しており、いまさら、社会は明るい方向に変化しているなどとは、とても言い出しにくい状況にある。

かくして、社会全体が他殺者数の減少には興味を抱くことができず、「明るい社会へ向けて大きく前進――他殺者数半減」などという見出しのニュースは登場しないことになる。

常に悪化していると意識されがちな景気

総務省統計局から毎月公表される失業率については、上昇した場合は必ず報道されるが、失業率の下落は報道されないことも多い。したがって、人々は、どんどん失業率は上昇していっていると誤解しがちである。

失業率で表される実際の雇用情勢と雇用情勢に対する国民の意識は関連しているが、一致してはいないことを確認するため、各年年末の雇用情勢に対する国民意識と失業率の変化を追ってみよう（図5－2）。

まず、失業率が改善し、雇用・労働条件が良い方向に向かっているときにも、国民の意識はそう認識することは少ないのに気がつく。この図の全期間を通じて「良い方向」意識が「悪い方向」

図5-2　雇用情勢は常に悪化していると見なされている

雇用情勢に対する国民意識と失業率の推移

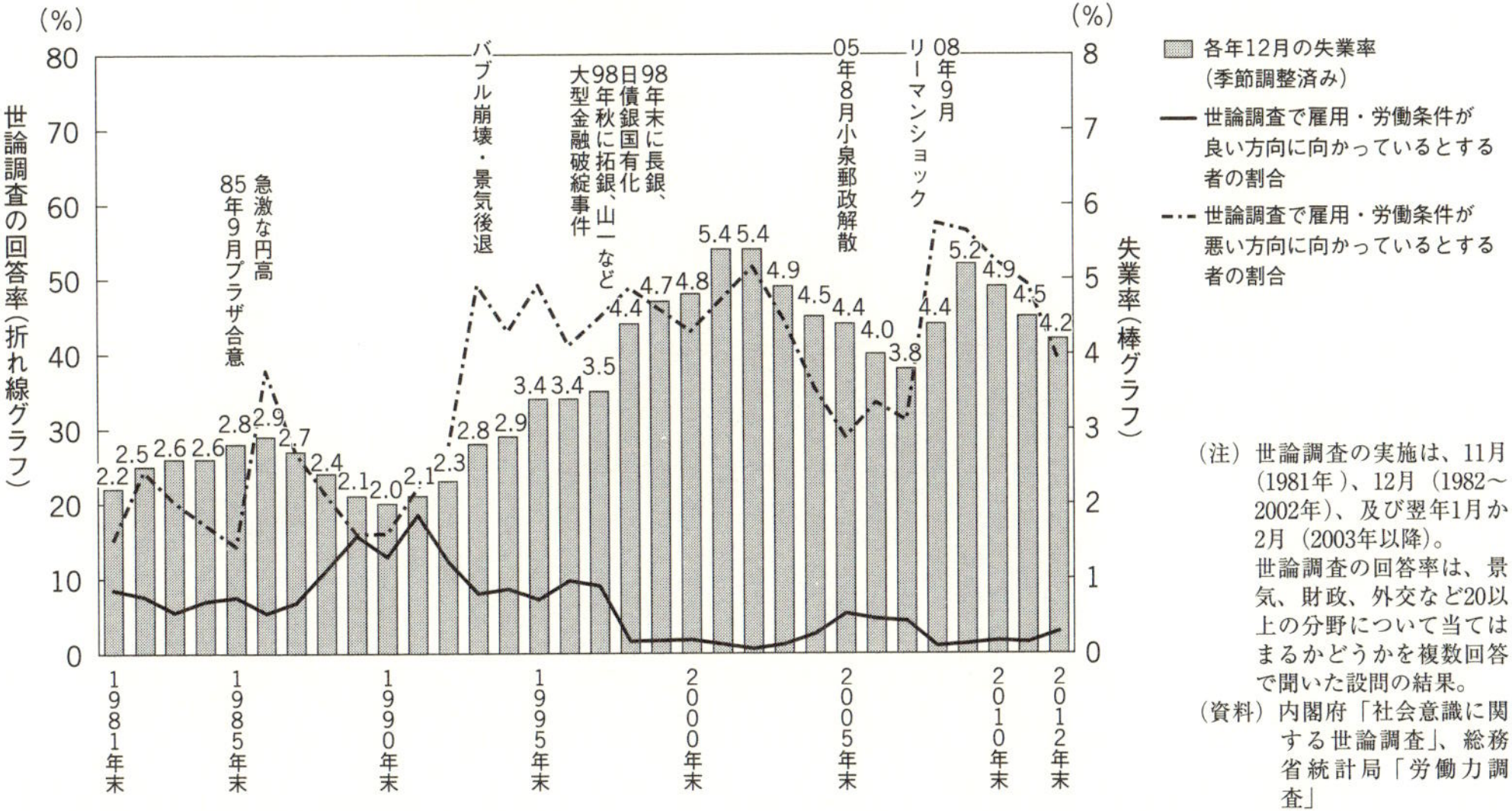
(%)
80
70
60
50
40
30
20
10
0
世論調査の回答率（折れ線グラフ）
(%)
8
7
6
5
4
3
2
1
0
失業率（棒グラフ）
2.2
2.5
2.6
2.6
2.8
2.9
2.7
2.4
2.1
2.0
2.1
2.3
2.8
2.9
3.4
3.4
3.5
4.4
4.7
4.8
5.4
5.4
4.9
4.5
4.4
4.0
3.8
4.4
5.2
4.9
4.5
4.2
85年9月プラザ合意
急激な円高
バブル崩壊・景気後退
大型金融破綻事件
98年秋に拓銀、山一など
日債銀国有化
98年末に長銀、
05年8月小泉郵政解散
08年9月
リーマンショック
1981年末
1985年末
1990年末
1995年末
2000年末
2005年末
2010年末
2012年末
各年12月の失業率
（季節調整済み）
世論調査で雇用・労働条件が良い方向に向かっているとする者の割合
世論調査で雇用・労働条件が悪い方向に向かっているとする者の割合

（注）世論調査の実施は、11月（1981年）、12月（1982～2002年）、及び翌年1月か2月（2003年以降）。
世論調査の回答率は、景気、財政、外交など20以上の分野について当てはまるかどうかを複数回答で聞いた設問の結果。

（資料）内閣府「社会意識に関する世論調査」、総務省統計局「労働力調査」

意識を上回ったことはなく、常に国民は、どちらかといえば悪い方向と考えていた。失業率は全体的には上昇傾向にはあったが、低下していた時期もなかったわけではないのにもかかわらず、である。

唯一、今では信じがたいことであるが、バブルの全盛期の1989年には「悪い方向」が15・9%と「良い方向」の15・7%と拮抗していた。当時はそれだけ、プラス方向に気分が染まっていたことが裏づけられる。バブル崩壊後は、それでも「良い方向」とする者が8〜9%と一定程度存在していたが、1998年の北海道拓殖銀行・山一証券の破綻をきっかけにほとんどいなくなり、ついに国民はバブルの夢から決定的に目覚めたといえよう。

2002年から2007年にかけて失業率はかなり改善の方向にあったが、雇用・労働条件が良い方向に向かっていると考えていた人は5%ほどに過ぎず、3〜4割は悪い方向に向かっていると考えていた。

この時期は「改革なくして成長なし」の掛け声とともに小泉政権（2001年4月〜2006年9月）の構造改革政策が進められていた時期であり、労働の分野でも後に問題となる派遣労働の規制緩和などが進められていた。失業率で表される雇用情勢は良くても、当時盛んだったリストラや成果主義の導入、あるいは雇用面の規制緩和によって、雇用・労働条件の変化が「悪い方向」だと理解される場合も多く、「良い方向」があまり増えなかったという側面もあったと考えられる。

なお、「悪い方向」の比率が急増した1986年、1993年、2008年は、それぞれ、プラザ合意後の激しい円高、バブルの崩壊、リーマンショックの時期に当たっており、雇用・労働条件の「悪い方向」は、一般的な景気情勢によって大きく揺れることも、この図から理解できる。

このように、国民の雇用状況意識は、報道のされ方の影響もあって、常に悪化していると感じる傾向にあり、好景気には、改善と感じる者は増えず、単に悪化していると感じる者が少なくなるだけなのである。

思い込みや畏れによる誤解

物事の悪い面を強調しがちなマスコミや識者の意見の影響がなくても、物事に対する人々の思い込みや畏れからだけでも誤解は生じうる。

思い込みによる誤解についてこれまで示してきた例では、

・民主教育が普及したと人々は思い込んでいるので儒教的な考え方が教育現場に残っているこ

とに気がつかない（第4章3節）

・自殺率が高いので日本社会にはうつやストレスが多いと思い込んでいる（第2章1節、4節）

・男女平等が実現されていない以上、女性の幸福度は男性より低いと思い込んでいる（第4章4節）

・日本では小さな政府が課題とされている以上、日本の政府が小さな政府のはずがない（第1章4節）

などである。正直をいうと、私も、統計データがそうではないということを示していることに気がつくまでは、そうであると信じ込んでいた。

思い込みは、ある事象に説得力のあるデータがあって、それと関連する事象に説得力あるデータが得られない場合に発生しがちである。

例えば、自殺率については、これが死因統計の一部であることから、比較的しっかりとした国際比較統計が流布している。ところが、自殺と関連する事象であるうつやストレス、労働時間などについては、調査の定義や調査方法が各国でさまざまだったりして、日本の状況の国際的な位置づけについて、しっかりした国際比較統計データが得にくい。そこで、自殺率の高さばかりが国民の確信となる。

するると、身の回りの事象も考え合わせながら、すべてのデータが揃わなくとも、例えば、「労働時間が長く、社会が複雑化」→「ストレスが多い」→「うつが多い」→「自殺が多い」という一見分かりやすい脈絡で、日本人の特徴を判断してしまうのである。データが部分的に存在したり、欠落したりしている状況が、部分的なデータから、全体の連鎖に関する思い込みを増幅しているという側面があるのである。

畏れによる誤解については、社会実情データ図録の中のロシア人の平均寿命の推移に関するデータから、これが、福島第一原発事故による将来の放射能汚染被害を示しているという誤解が生じた事例を挙げよう。

図5-3は、ロシア人の男女の平均寿命の推移を追ったグラフであり、2006年に初めてサイトに収録したものである。1991年から1994年にかけての急落（特に男の場合、60歳を下回るに至る急落）が目立っており、1991年のソ連崩壊とその後の社会主義からの体制移行に伴う社会混乱が、いかに厳しいものであったかが示されている。

ところが、2011年3月の福島第一原発の原子力事故による放射能汚染への不安が高まるなかで、ロシアの1991～1994年の平均寿命の落ち込みを1986年のチェルノブイリ事故

図5-3　寿命急減の原因は、体制移行、それともチェルノブイリ事故

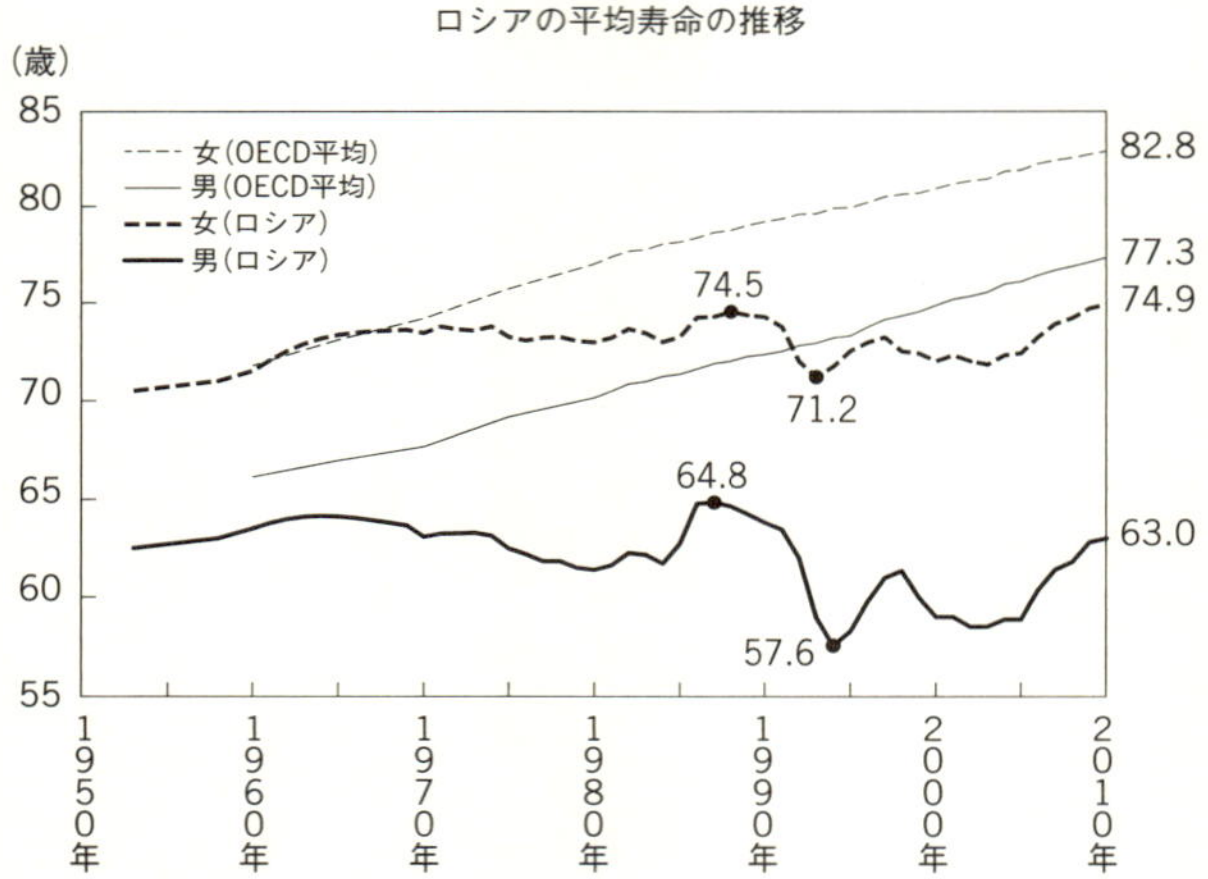
ロシアの平均寿命の推移
（歳）
85
80
75
70
65
60
55
女（OECD平均）
男（OECD平均）
女（ロシア）
男（ロシア）
82.8
77.3
74.9
74.5
71.2
64.8
63.0
57.6
1950年
1960年
1970年
1980年
1990年
2000年
2010年

（注）ロシアの1953年、1958年は、それぞれ、1950～1955年、1955～1960年の国連推計数値である。
（資料）World Bank, WDI Online 2012.6.22（OECD高所得国平均及びロシア1960年以降）、UN Demographic Yearbook 1997 - Historical supplement（ロシア1958年以前）

による放射能汚染の影響とする見方からこのデータを引用する者が多くなり、いずれは日本にも、平均寿命がロシアと同じように落ち込むほどの放射能汚染の影響がもたらされるはずだという一つの都市伝説が生まれたのだった。

驚いた私は、誤解を解くため、図5－4を作成して、同じ図録に掲載した。チェルノブイリ事故による放射能汚染の影響は、汚染地域の人口シェアからいって、ロシアよりベラルーシやウクライナ（特にベラルーシ）の方が大きかったのであるが、ロシアより影響度の大きいはずのベ

図5-4　チェルノブイリ事故の影響では説明のつかないこと

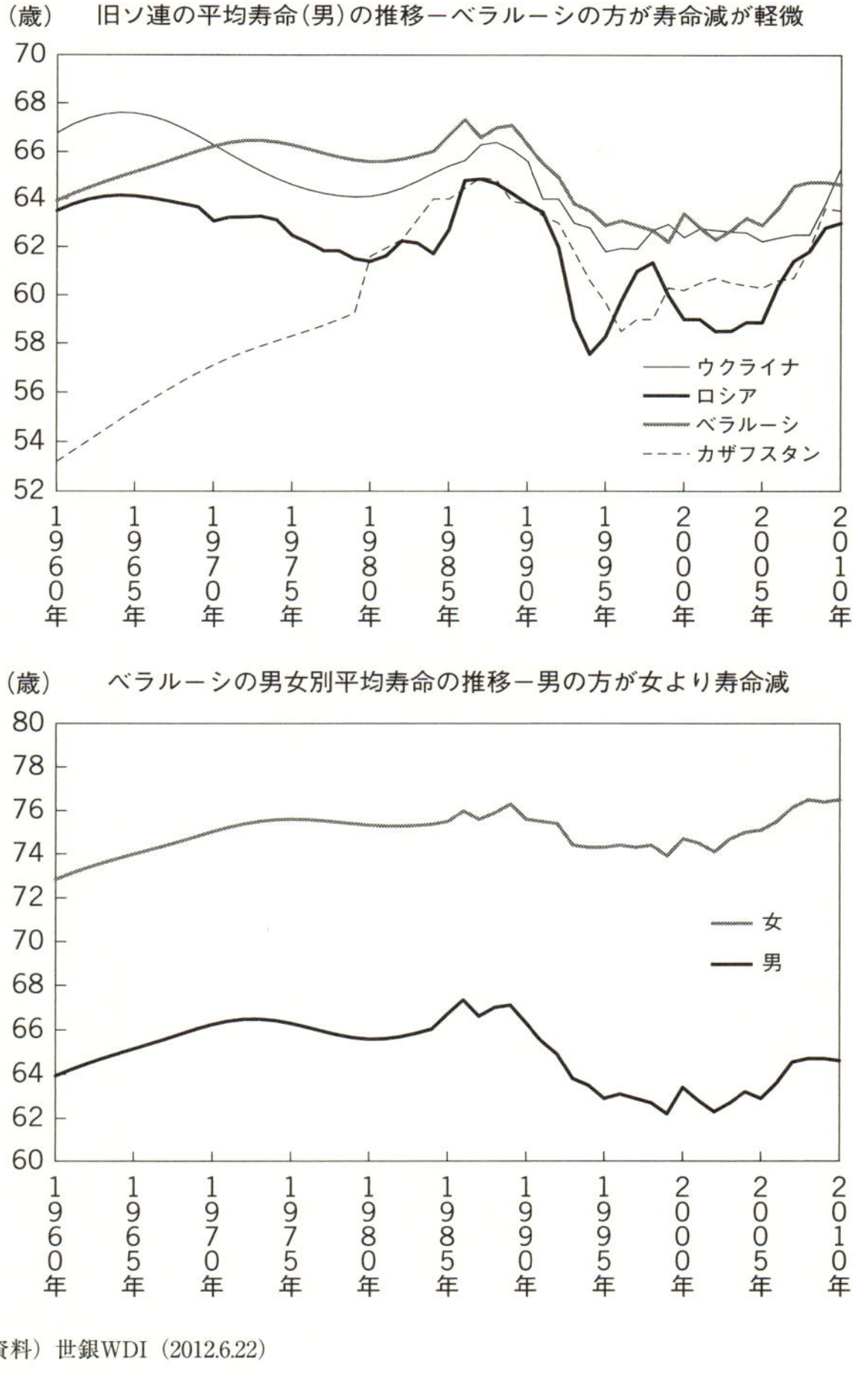

（資料）世銀WDI（2012.6.22）

ラルーシやウクライナでロシアと比較して特に際立った平均寿命の動きとなっていない。また、ベラルーシの男女別の平均寿命の動きを見ると、放射能汚染の影響であれば男女に違いがないはずであるが、実際は、女の平均寿命は男のような落ち込みが見られなかった。さらに、チェルノブイリ原発との距離が福島とモンゴルとの間ほど離れているカザフスタンでもロシアと同様の平均寿命の落ち込みがあった。

以上の3点から、平均寿命の動きに放射能汚染が影響していると見るのには無理があるだろうと指摘した。

ところが、今でも、ロシアの平均寿命のグラフを日本でもロシアと同じような平均寿命の落ち込みが放射能汚染によってもたらされるという見方から、ブログやツイッターなどで図5－3のグラフを引用してコメントする例が後を絶たない。

これは「思い込み」による誤解の一種かも知れないが、より切実なものともいえる「畏れ」からの誤解だと理解した方が適切だろう。

暗闇に何やらただならぬものが動く気配を感じたとき、そこに妖怪の姿を見てしまうのは、知性を備えた人類ならではの習性なのだといえる。人間は、漠然たる不安を漠然とした不安の状態に保つことは難しく、むしろ、何らかのストーリーの中で（それが正しくても間違っていても）、その不安を合理的に理解しないではいられないのである。

なぜ公表されるデータの偏りから誤解が生じるのか

前に掲げた他殺データの例のように、悪い面が改善されているというデータは公表されにくく、逆に、失業率など悪い面を示すデータは悪化したときばかりに公表されやすい。

他殺や失業率の例は一部である。その他、賃金カット、リストラ、不況、格差、貧困、肥満、過労死、孤独死、事故死、殺人、詐欺、行政の無駄、ＤＶ（ドメスティック・バイオレンス）、ストーカー、痴漢、児童虐待、病気、災害、飢え、食中毒、医療過誤など、悪い方向の事象を示す数字は、それが増えている、あるいは深刻化しているデータとして、人々の関心を引く形で出回ることが多い。

メディアは、悪い方向の事象の方が人々の関心を集めるので、報道する頻度も多くならざるをえない。上述のように、人々の関心が悪い事象に向かうのは、被害が自分に降りかからないか気になる、どうしたら改善が図れるかを知りたいなど、然るべき、もっともな理由が存在するとみてよい。大学の教員や研究者などの有識者も悪い方向の事象に関する傾向と対策を論ずる発言や著書が多く、それらをメディアで発表する機会もおのずから増えることになる。

政府は、予算を確保し、国民生活の安定と経済社会の改善に向けた政策を実施する以上、政策実施の背景や根拠として、悪化データを掲げることが多い。

省庁間の主張の違いで、対立するデータが取り上げられることもある。公共事業の動向に関する図1－11のうちの日本のデータについて、公共事業の対GDP比が急増した時期のデータ・グラフを財務省が作成して流布させ、公共事業の予算削減につなげた。その後、同比率が急減する時期になると、財務省に代わって国土交通省が、公共事業の復活へ向けて、今度は急減する時期のデータ・グラフを作成して、流布させようとしたが、こちらの場合は、首尾よく予算確保にはつながらなかったようだ。

温暖化対策のための環境税の創設をめぐって、推進派の環境省と反対派の経済産業省が、相互に自らに有利なデータを出し合うというような例も挙げられるだろう。日本の政治家は、独自のデータ収集能力に限界があるので、こうした省庁間の対立で真実を見極めるしかない側面が強いと私は考えている。

しかし、こうした省庁間で対立する例は、あまりない。個別担当分野については、相互に口を出さないようにしているというのが行政機関の実態である。

一般に、社会改良に向けて活動している社会運動家は、自分が取り組んでいる社会問題について、人々の関心を集め、財源を見出し、政府の政策として取り上げられるようにするため、善意からとはいえ、その社会問題の深刻さを過大に訴える傾向にならざるをえない。

こうして、悪意からではなく、むしろ善意から、人々の実感に過剰適応する形で、物事が悪化しているというデータが出回ることになるのである。

これに対して、それらが改善されているというデータは、それが公表されたり、報道されたりすることが少なく、人々の目に触れる機会は少なくなる。この結果、報道に接することが多い人、あるいは、世の中に出回る数字に反応しがちな人は、世の中は、暗く、絶望的であると感じざるをえなくなる。

悪い方向のデータは実感的であり、良い方向のデータは実感に訴えにくいというこのデータのアンバランスは、世の中を暗く見てしまいがちという一般的な懸念のほか、実際の弊害に結びつく場合もある。

薬やワクチンの副作用などは、副作用で症状が悪化した例の方が、映像的にも、また被害者の体験談にしても説得的であるのに対して、投薬やワクチン接種により罹患が阻止された事例については、個別例としては取り上げられず、統計的に確認できるだけとなる。したがって、副作用への対処の方に傾斜しがちである。

最近では、約130カ国で承認されている子宮頸がんワクチンの推奨を厚生労働省が取り消した事例がこれに当たる。

「＜現在、子宮頸がん予防ワクチンの接種を積極的にはお勧めしていません。接種に当たっては、有効性とリスクを理解した上で受けてください＞」。毎日新聞は、厚生労働省の作成したこうした内容のチラシが配布されて以降、接種のためクリニックを訪れる患者がいなくなったことを、次のような医師の言葉で伝えている。「国が否定的な内容のチラシを配り、テレビは患者がけいれんを起こす映像を繰り返し流した。これでは誰も受けません」（毎日新聞「子宮頸がんとワクチンを考える」⑥、2013年7月26日）

さらには、ロシアの平均寿命の推移の例で示したように、人々の畏れが大きい場合には、何でもないデータが恐ろしい事態を告げているデータとして誤解して流通することもある。社会心理学でデマ（流言）の拡散として研究されている分野である。

これまで述べてきたように、

①物事の悪い側面がマスコミなどで注目されがちである
②行政機関が自らの仕事を確保するために改善事項を報告しない

③社会改良家が、善意で、社会の課題を大きく取り上げる
④人々は、ある事象と関連して別の事象を証拠がなくても当然のものとして思い込む
⑤人々は、畏れから存在しないストーリーをつい信じ込む

などといった諸側面から、人々の頭の中には、断片的なものをつなぎ合わせ、さらに憶測で推測の環を補完して、だんだんと状況認識の負の連鎖が形成されてしまう。かくして、世の中には誤解が満ちあふれる状況になってしまうのである。

社会に対する誤解のない認識のためには、前節に紹介したように、統計学を正しく身につけ、統計数字のウソを見抜く技術を学習し、習得することも重要であるが、それとともに誤解が生じている事例を多く学ぶこと、そして、どうして誤解が生じるのかという点に思いを馳せることが、もっと重要である。本書がこの目的で有用であることを望んでいる。

統計学の世界的な第一人者であるインド人のC. R. ラオ博士は、こう言っている。

「統計をむやみに受け入れる人は、必要以上にだまされることになる。しかし統計をむやみに疑う人は、必要以上に物知らずになっていく」（『統計学とは何か』ちくま学芸文庫、14頁）

本書を読んでこられた方は、誤解から免れるためには、人々が頭の中で思い込んでいる社会現象に関する負の連鎖と憶測の環を断ち切るような新しい統計データの発見や、再発見が大きな役割を果たすことを実感されたのではないだろうか。

エピローグ

真実は役に立つか

「真実は役に立つか」というような設問は愚問かもしれない。一般論としては、誤解が解けて真実に近づくことは、無前提で「善」と考えられている。役に立とうが立つまいが、真実自体に価値があると見なすのが普通である。誤解したままでいれば、いずれ、しっぺ返しを食らうというのが、体験的な事実でもあるからだ。だが、ここでは、本書で取り上げたような分野の統計データの誤読、誤用、欠落などから生じる誤解に絞って考えてみよう。

まず、誤解の大きな特徴として、悪い側面のデータばかりが横行し、良い側面のデータが取り上げられない傾向がある点をこれまで何度も指摘した。人間は、特に日本人は、何事も改善を図るという立場に立ちたがるという、ある意味のプラス志向から、こうした傾向が生じると思われる。

メディアや有識者についても、こうした傾向に過剰対応する報道や言動が中心となるのは、真理追求より社会改善を優先する儒学者的性格が東アジアの知識人には強いからだと思わせるほどである。

しかし、こうした状況の副産物として、人々が自虐的ともいえる低い自己評価や希望喪失の状態に陥り、必要以上に精神的に落ち込んで、それ自体で不幸を招くというような負の側面を伴いがちである。

経済面では、景気が悪化し続けている。日本の競争力は失われた。国内の経済格差と貧困は目を覆うばかりだ。それなのに政府は無駄ばかりで役に立っていない。生活面では、ストレス社会のなかで長時間労働が常態化し、睡眠も減って、楽しいことなんか何もない。自殺も過去最高のレベルだ。

こうした思い込みと誤解が広がっているため、それだけで、日本人は不幸になってしまっている。経済発展を遂げた日本、韓国、台湾、香港といった東アジアの諸国民の幸福度が、いずれも、経済発展では劣る東南アジアの国民より低くなっている（巻末図録対照表参照）。その理由の一つはここにあると思われる。

本書が統計データで明らかにした日本社会の本当の姿はこうだ。

失業率はどんどん高まっているわけではなく、日本の経済力は高く、技術力も世界と比較して向上し続けている。経済格差も貧困も拡大しておらず、相変わらず日本は国際的には平等社会を維持している。また、世界一の「小さな政府」が効率的に機能しており、高齢化の割に医療費は非常に低く抑えられている。その中で、食べ過ぎや肥満に陥らず、世界一の平均寿命を達成し、女性は生き生きと美しく暮らしている。これらのことから、日本人は、人類全体の希望の星となっている。

本書を読んだ方が、誤解を解いて、不幸感から離脱してもらえれば、それだけでも本書は役に立ったといえそうである。

また、誤解に助けられて何事も誰かのせいにしてしまう傾向があるなかで、誤解を解いて、そうした状況から免れ、前向きに問題の解決に取り組めるようになれば、真実の効用は十分あるといってよいだろう。

自殺増加の要因として、雇用環境の悪化、ストレス、長時間労働、貧困など社会環境の悪化が指摘されることが多いが、個別ケースで、こうしたことが当てはまるとしても、マクロな観察では、時系列的な相関からも、社会環境の悪化そのものがあやしいことからも、自殺と社会環境との因果関係は、必ずしも認められないと本書では考えた。

自殺をめぐる状況は、むしろ、バブルの夢からの覚醒や、死に対する考え方の日本人独特の国民性から説明した方が真実に近いのではないかと指摘したのである（第2章4節、第4章2節）。つまり、統計データが語るところによれば、自殺は、社会のせいにすべきでなく、当人みずからの問題として克服すべき側面が強いのである。

もう一つ例を挙げるとすると、長時間労働や過労死の問題である。長時間労働を利益第一主義の経営者のせいにする見方が一般的であるが、本書では、長時間労働が多くなってはいないことを明らかにした上で、過労死は、伝統的な食生活パターンに基づく「疲れにくい」という東アジア人共通の特性から、労使ともどもも長時間労働を当然とする職場の雰囲気が生まれ、その結果、耐性のない就業者が陥るワナという側面が大きいとしている（第2章2節）。

したがって、過労死への対策は、単純に経営者へのペナルティーを科すことでは解決せず、労使ともども、効率的な時間活用を目指すとともに、一人一人の働き方に柔軟性を持たせる職場環境づくりが重要だということになる。

正しい処方箋のためには真実を知る必要があるのである。

不都合な真実は明かすべきものなのか？

ロバート・キャパの有名な作品「崩れ落ちる兵士」（1936年）は、驚いたことに、スペインの共和国軍側の兵士が戦闘中に撃たれて倒れた写真でもなければ、キャパが撮った写真でもないことが、最近、沢木耕太郎氏によってNHKの番組の中で明らかにされた。

この写真は、当時の世界的な雑誌ライフ誌に「キャパのカメラは兵士の頭が銃で撃ち抜かれる瞬間をとらえた」というコメント付きで掲載され、この写真が反ファシズムのシンボルとして用いられるようになり、社会的に大きな影響力を持つものになってしまったことで真実は長く伏せられたままとなったのである。

「真実が人々を動かすのではなくて、人々を動かすものが真実なのです」（アラン）という言葉が、まさに当てはまるケースだった。

「崩れ落ちる兵士」についての真実は、しかし、今だから明かせたといえる。当時だったら反ファシズムの気運を挫くものとして、とても、真実は明かせなかったであろう。ファシズム側から、反ファシズム・ジャーナリズムはこのように底の浅いインチキなものだと非難されることが確実だった以上、もし真実を知っていても真実を明かすことには反ファシズム側の誰もが耐えられなかったに違いない。

ガリレオの地動説も、当時のキリスト教の公式見解に反するばかりでなく、地球は不動のものとして安心して暮らしている一般の人々を無闇な不安に陥れる「不都合な真実」だったといえよう。

本書にも、そういう面があるかもしれない。

自殺は増えていない、日本人は疲れにくい、日本の政府は小さな政府である、一時期と比べ公共事業は大きく減った、経済格差は広がっていない、といった本書の指摘は、もしそれが社会的な影響力を持つことになったら、それぞれ、自殺対策、過労死対策、公務員制度改革、無駄な公共事業の削減、貧困対策への意欲を阻害し、対策を遅らせる元凶だとして非難されるかもしれない。

だが、正しい対策は正しい現状認識からしか生まれないことも事実である。

無駄な公共事業を削減するために、将来の地域生活を支えるために本当に必要な公共事業の実施を阻害することは、やはり、問題であろう。すでに日本は小さな政府であることを踏まえれば、国益に対する省益優先や天下りの弊害を防ぐためだからといって公務員全体の給与を削減し、全体の公務員数を削減した結果、行政の停滞や行政不足によって国民生活が害されるとしたら、それこそ本末転倒である。公務員制度改革のためには別の対策を練った方がよいということになる。

本書では、正しい現状認識に基づけば、正しい対策は、こうなる、という政策論の中味には十分に踏み込めなかった。それはまた別種の研究蓄積が必要だからである。誤解を解くことの意味が誤解されることを私は恐れるが、誤解されても「それでも地球は回っている」と言うしかないだろう。

参考文献

（英文）
OECD, *Divided We Stand: Why Inequality Keeps Rising*, 2011.
（和文・あいうえお順）
新井映子・柳沢幸江・新山みつ枝『ビジュアルワイド食品成分表』東京書籍、2006年
石毛直道『世界の食べもの　食の文化地理』講談社学術文庫、2013年（原著1995年）
加地伸行『儒教とは何か』中公新書、1990年
北岡孝義『スウェーデンはなぜ強いのか』PHP新書、2010年
篠田統『すしの本』岩波現代文庫、2002年（原著柴田書店、1970年）
土居丈朗『地方債改革の経済学』日本経済新聞出版社、2007年
冨高辰一郎『なぜうつ病の人が増えたのか』幻冬舎ルネッサンス新書、2010年
冨高辰一郎『うつ病の常識はほんとうか』日本評論社、2011年
鳥居邦夫「栄養生理学・脳科学からみる嗜好の成立」（伏木亨編『味覚と嗜好（食の文化フォーラム）』ドメス出版、2006年）

中尾佐助「油脂の歴史と文化」(中尾佐助著作集〈第2巻〉『料理の起源と食文化』北海道大学図書刊行会、2005年)
NHKスペシャル取材班『女と男～最新科学が解き明かす『性』の謎～』角川文庫、2011年
西久美子・荒牧央「仕事の満足度が低い日本人～ISSP国際比較調査「職業意識」から～」(NHK放送文化研究所『放送研究と調査』2009年6月号)
林知己夫『日本らしさの構造―こころと文化をはかる』東洋経済新報社、1996年
林知己夫『日本人の国民性研究』南窓社、2001年
林知己夫・櫻庭雅文『数字が明かす日本人の潜在力――50年間の国民性調査データが証明した真実』講談社、2002年
日比野光敏『すしの歴史を訪ねる』岩波新書、1999年
平沢豊『日本の漁業』NHKブックス、1981年
宮崎市定「論語の新しい読み方」岩波書店『図書』1969年(同『論語の新しい読み方』岩波現代文庫、2000年)
宮崎市定『論語の新研究』(宮崎市定全集第4巻、岩波書店、1993年、原著1974年)
C.R.ラオ『統計学とは何か』ちくま学芸文庫、2010年(原著1997年)

巻末図録対照表

本文の各節の図表や引用データとネット上の社会実情データ図録サイトの図録コードとの対照表を以下に掲げる。社会実情データ図録の各図録ページには、カラー版の元グラフや取り上げているテーマと関連する図録へのリンクがあるので、興味あるテーマについて、さらに突っ込んで知りたいという場合は、このWEBサイトを訪問されたい。なお、本書のグラフと社会実情データ図録サイトのグラフはグラフ形式や年次、項目数が異なるなど必ずしも同一ではない。

図録コードのページにアクセスするには、グーグルなどの検索サイトで単純に「図録9414」と打ち込んで検索すると最初に出てくる場合が多い。より確実なのは社会実情データ図録サイトのトップページあるいは各図録ページのサイト内検索で「9414」と打ち込むことである。

◎社会実情データ図録サイト　http://www2.ttcn.ne.jp/honkawa/

目次	カッコ内は社会実情データ図録のコード番号
まえがき	図1（3852）経済成長率（4400）誰に相談するか（2428）
第1章　日本は世界一「小さな政府」	
1　身近に捉える経済規模	図1－2（4550）
2　日本の技術力は高まっている	図1－3（5700）図1－4（5950）
3　経済格差は拡大したのか	図1－5（4654）図1－6・7（4663）図1－8・表1－2（4655）表1－3（4653）中流意識（2288）
4　誤解されている政府の大きさ	図1－9（5194）図1－10（5193a）
5　無駄な公共事業が多いというのは本当か	図1－11（5165）図1－12（5166）
第2章　本当に仕事で多忙なのか	
1　日本はむしろ仕事のストレスの少ない国	図2－1（3274）図2－2・3・4・8（3276）
2　日本人の労働は長くて辛い？	図2－5（3123）図2－7（3130）
3　睡眠時間の減少は多忙のせい？	図2－8・図2－9・表2－1（3277） 図2－11（2320）図2－13（2325）ファッション・流行年表（3550）
4　意外な自殺率の動き	図2－15（2758）図2－16（2175）図2－17（2760） 図2－20（2770）図2－21（2140）図2－22（2142）

第3章　日本人は食べ過ぎではない	
1　日本人は食べ過ぎなのか？	図3－1（0200）図3－2（0280）図3－3（0218）
2　日本人は寿司が好き？	図3－4（0332）図3－5（7762）表3－2（0330）図3－6（8035）
3　日本人は食品の品質に厳しい？	図3－7・8（8040）図3－9（1964）中国の食の安全（8204）
4　日本の医療費は高い？	図3－10（1900）図3－11（1640）
5　ダイエットはそんなに必要？	図3－12（2220）図3－13（2200）図3－14（2205）
第4章　日本はいまだに儒教国	
1　控え目であいまいなのは日本人の弱点か？	図4－1（4682）図4－2・3（8016）図4－4（9520）図4－5（8598）
2　日本人の倫理的態度の特徴	図4－6・7（2783）
3　熱血先生だから言うことを聞く？	図4－10（3942e）図4－11（3942a）表4－3（8070）
4　女は女に生まれたい	図4－12（2475）図4－13（2470）男女金メダル（3980）図4－14（9484）諸国民の幸福度（9480）
第5章　なぜ誤解が広がるのか	
1　データの誤用や欠落が誤解を生む	電気料金国際比較（4105）美容整形国際比較（2485）
2　思い込み自体が誤解を生む	図5－1（2776）図5－3・4（8985）
エピローグ	諸国民の幸福度（9480）

本川 裕　ほんかわ・ゆたか

統計データ分析家。経済研究者。1951年生まれ。東京大学農学部農業経済学科卒業。同大学院単位取得済修了。(財)国民経済研究協会研究部長、常務理事を歴任。現在、アルファ社会科学(株)主席研究員、立教大学兼任講師などを務める。インターネット上の統計データサイト「社会実情データ図録」を主宰。著書に『統計データはおもしろい!』(技術評論社)など。

日経プレミアシリーズ｜223

統《とう》計《けい》データが語《かた》る 日《にっ》本《ぽん》人《じん》の大《おお》きな誤《ご》解《かい》

二〇一三年一一月八日　一刷

著者　本川 裕
発行者　斎田久夫
発行所　日本経済新聞出版社
http://www.nikkeibook.com/
東京都千代田区大手町一―三―七　〒一〇〇―八〇六六
電話　(〇三)三二七〇―〇二五一　(代)

装幀　ベターデイズ
印刷・製本　凸版印刷株式会社

ISBN 978-4-532-26223-5　Printed in Japan

日経プレミアシリーズ215

異文化主張力

グローバルビジネスを勝ち抜く極意

T・W・カン

日米中韓欧5地域を往来し、国際ビジネスの最前線で問題解決のプロとして活動する著者が、40年以上にわたる日本との関わり、自らの異文化奮闘の経験をもとに、日本語で書き下ろす本物のグローバル人材への条件。異なる文化の土俵の上で駆け引きに勝ち、目標を達成するための成功の鍵を提供する。

日経プレミアシリーズ184

中国台頭の終焉

津上俊哉

中国が「今後も7%以上の成長を続け、GDPで米国を追い抜き、世界ナンバーワンの大国になる」という見方は楽観に過ぎる。いまのままでは遠からず成長が失速し、深刻な停滞を迎えることになる。中国の経済・ビジネス事情に通暁した著者が説き明かす経済大国の真実。

日経プレミアシリーズ198

リスクとの遭遇

植村修一

なぜ人間は、「滅多に起きないが影響が甚大」な災害には敏感なのに、日常の失敗や危険への対策はおろそかになるのか――。『リスク、不確実性、そして想定外』の著者が、生活シーンから歴史的事件など豊富なエピソードを用いて、「リスク管理」で失敗しないための基礎知識をわかりやすく解説する。

日経プレミアシリーズ202

日本企業は何で食っていくのか

伊丹敬之

政権交代を契機に環境が好転換しつつある日本経済。だが油断してはならない、新たな成長源は、依然として明確ではないのだ！　電力生産性、ピザ型グローバリゼーション、複雑性産業など、第一級の経営学者が、日本企業が挑むべき6つの突破口を明示する。

日経プレミアシリーズ204

金融依存の経済はどこへ向かうのか

米欧金融危機の教訓

池尾和人＋21世紀政策研究所編

いま経済は、大規模な金融緩和への依存度をますます強めている。この実態は、どのような状況を招き得るのか。リーマンショック、欧州債務危機の経験から、私たちは何を学ぶべきなのか——。一級の研究者が、金融と実体経済の関係について、多様な側面から検証する。

日経プレミアシリーズ208

東京ふしぎ探検隊

河尻　定

東京には「ふしぎ」があふれる。銀座の一等地には住所のない場所があり、なぜか国道1号は第二京浜で、神田には1丁目がない町がある……。なぜなのか。大都会のミステリーの核心に迫ると、日本の意外な歴史の真相にたどり着く。日経電子版の大人気連載企画、待望の書籍化。

日経プレミアシリーズ 209

税務署は見ている。

飯田真弓

調査対象に「選ばれる」ステップとは、調査官を燃えさせる三つの言葉って何……。長年の実務経験を持つ元国税調査官が、豊富なエピソードとともに税務調査の実態を語る。なかなか知ることのできない、「税務署の仕事」を詳しく紹介。

日経プレミアシリーズ 211

日本経済論の罪と罰

小峰隆夫

脱成長論、人口減少・市場縮小論、公共投資主導型成長論、反TPP論――。ひょっとしてあなたもこれらの考えを信じていませんか。もっともらしく聞こえる「経済論」の多くは間違いなのです。日本を衰退させる危ない議論を一刀両断する。

日経プレミアシリーズ 214

保険会社が知られたくない生保の話

後田 亨

「『医療保険』は検討に値しない」「いまどき『保険で貯蓄』は疑問」「難解な商品は避ける」――。生命保険のカラクリ、業界の裏話から、数少ない「おすすめ」商品まで、生保会社の営業として長年勤務した経験のある保険アドバイザーが、具体的な企業名や商品名を挙げて明かす生保のすべてがわかる本。